부동산 마케팅

[전략과 기법]

서상혁 · 고종욱 · 이선영

經 文 社

머리말

우리나라만큼 부동산에 대한 관심이 지대한 나라도 별로 없을 것이다. 선진국의 경우와 달리 국내에서는 주거용 아파트와 주택 등은 소유해야 한다는 고정관념을 가지고 있고 집 장만이야말로 모두의 꿈이자 여타 요소의 희생을 정당화하는 요소이기도 하다. 또한 일부 고가의 명품브랜드들은 분양이 순조로운 반면, 미분양사태가 속속 출현하는, 이른바 분양의 양극화현상이 나타나고 있다. 돌이켜보면 최근까지 부동산시장은 소비자가 상품을 만져보지도 못하고 수년 전부터 계약금, 중도금, 잔금 식으로 미리 대가를 지급하고 구매해야 했던 공급자시장(seller's market)이었다. 아울러 이 책이 출간되는 현 시기만큼 국가 전체적으로 부동산정책이 화두가 된 적도 별로 없다.

상술한 바와 같이 부동산에 대한 국민적 관심은 지대하지만 역대정권의 부동산 관련정책들은 수요자의 구매욕구나 자산증식수단으로서의 거래행위를 제대로 관리·통제하지 못하였다. 아울러 부동산 관련 입법 및 규제활동(legislations and regulations)들이 원래 의도하던 것과는 다른 효과를 거두는 예가 많아 대다수 국민들의 원성을 사는 경우마저 생겼고, 각종 선거의 단골 이슈이기도 하다.

부동산은 인간이 의식주 해결을 위해 구매하는 제품 중 가장 고가이며 거래횟수가 낮은 상품이다. 또한 사회적 특성이 높아서 어느 커뮤니티, 어느 브랜드에 거주하느냐가 주거인의 사회적 신분을 표시하기도 한다. 더불어 제품의 부동성으로 인해 입지의 중요성이 매우 높다. 국내의 경우에는 부동산매매가 일반소비자들에게도 매우 중요한 투자수단이다. 부동산 개발사나 건설사 등 공급자의 입장에서도 매우 높은 리스크와 외부환경요인의 영향으로 인해 시장에 대한 철저한 분석과 예측이 매우 중요하다. 나아가 부동산

비즈니스시장에는 여러 이해관계자들이 존재함으로써 시장을 제대로 이해하기가 쉽지 않다.

이상을 요약하면 공급자와 수요자 공히 부동산거래에서 높은 리스크를 느끼고 있으며, 특히 공급자의 경우 고객을 제대로 이해하는 것이 어렵고도 중요하다.

이 책은 이러한 맥락에서 저술되었다. 즉, 국내의 부동산 비즈니스에 이제는 마케팅이 핵심적인 기능으로서 자리 잡아야 한다는 점에 착안하였다. 국내에 부동산마케팅이라는 주제의 책이 한두 권 나와 있으나, 이론적·실제적으로 깊이 있게 연구하고 체계화시킨 단행본이 아직 없는 실정이다. 이에 제대로 된 부동산마케팅 전문서적을 출간하기로 한 것이다. 단지 부동산마케팅기능을 수행하는 것과 부동산마케팅원리를 충분히 이해하고 최적의 전략을 구사하는 것은 큰 차이가 있다.

이 책의 저자는 세 사람이다. 그 중 서상혁은 프랑스에서 서비스마케팅 분야 박사학위를 취득하고 귀국한 이래 혁신마케팅분야에서 줄곧 일을 해왔으며, 최근 지역산업 혁신정책 및 프로그램, 지역균형발전정책 등의 분야에 가담하고 있다. 고종욱은 미국에서 조직사회학 박사학위를 받은 후 현재 도시행정학분야를 연구하면서 지역의 도시행정정책, 지역산업기반정책 등에 참여하고 있다. 이선영은 현재 부동산 컨설팅에 종사하고 있으며, 여러 지역의 부동산 컨설팅 및 분양대행에 책임자급으로 참여하고 성공적인 성과들을 축적해오고 있다. 이들 세 사람의 공통점은 학문뿐만 아니라 현실세계에의 경험이 적지 않다는 점이다. 실제로 현직 교수인 두 사람은 교직보다는 연구소, 기업 등에서 더 오래 근무하였다.

이 책을 쓰기 위해 세 명의 저자들은 해외의 부동산마케팅 전문서적들을 섭렵하면서 동시에 국내 사례들을 살펴보았다. 그 과정에서 과문한 탓인지 모르나 해외에도 이 분야의 전문서적들이 그다지 많지 않음을 알게 되었고, 앞으로 지속적으로 탐구해야 할 주제임을 확인하게 되었다.

새로운 분야를 대상으로 책을 출간한다는 것은 모험적인 일이다. 또한 부동산마케팅에 대한 필요성은 모두 인식하고 있으나 아직 시장의 반응도 미지수이다. 따라서 이 책의 발간은 마케팅을 전공한 교수로서 매우 비마케팅적인 일을 도모한 셈이다. 그러나 국내의 경우처럼 마케팅서적들이 주로 마케팅총론을 중심으로 출간되기보다는 기술마케팅, 비영리마케팅, 프로젝트마케팅, 공공서비스마케팅 등 다양한 분야로 파급되고 저변을 확대하는 것이 이 분야를 전공한 학자들의 사명이기도 할 것이다. 또한 이렇게 부동산에 대한 열기가 식을 줄 모르고 있고, 부동산서비스 비즈니스가 향후 국내에서 가장 유망한 업종이라는 분석이 있을 정도로 중요성이 높아지고 있는 실정임을 감안하면 이 책의 출간은 더 이상 미룰 수 없는 일이다.

이 책이 완성되기에는 '테라마케팅연구회' 회원들의 성원과 지지가 크게 도움이 되었음을 밝힌다. 갓 설립된 모임인 이 연구회의 회원들은 상호 신뢰감을 가지고 공동 관심사를 논의하고 연구하고 있으며, 앞으로 이 분야의 발전에 큰 기여를 할 것으로 확신한다. 회원들이 써준 서평과 추천사들은 이 책의 앞부분에 실을 예정이다.

그저 이 책을 통해 국내 부동산 비즈니스분야에 좀더 과학적이고 체계적인 마케팅원리와 전략이 적용되고, 보다 우수한 마케팅기법 및 사례들이 개발되어, 향후 더욱 합리적인 부동산 거래문화 정착에 벽돌 한 장의 역할을 할 수 있기를 기대해 본다.

2006년 8월
더위가 무르익는 계절,
창 밖의 밤비소리가 듣기 좋은 여름밤에
서초동 연구실에서
대표저자 ***서상혁***

추천사

부동산시장 환경변화를 가속화시키고 있는 하나의 요인으로 소비자들의 삶의 질에 대한 높아진 관심을 들 수 있다. 즉, 의식주를 비롯한 생활의 전영역에 걸쳐서 '웰빙붐'이 일고 있다. 웰빙붐으로 상징되는 삶의 질의 추구는 구체적으로 환경과 건강에 대한 높아진 관심으로 나타나고 있으며, 따라서 소비자들의 수요특성도 고급화·다양화되고 있다. 이와 같은 변화된 시장환경에 적응하면서 개발사와 주택건설사들이 지속적으로 발전하기 위해서 지금은 새로운 경영전략이 필요한 시점이라고 할 수 있다. 다시 말해서, 철저한 시상조사에 근거하여 변화하는 소비자들의 수요특성을 파악하고 소비자들의 선호와 욕구를 충족시킬 수 있는 주택상품을 개발하려는 노력은 물론, 개발된 상품을 효과적으로 판매할 수 있는 마케팅전략이 필요한 상황이 된 것이다.이런 상황에서 우연히 일독을 하게 된 '부동산마케팅 — 전략과 기법'은 건설사를 운영하고 있는 내가 목말라 애타게 찾고 있던 바로 그 오아시스였다. 변화하고 있는 시장환경 속에서 생존·발전해 나가기 위해서 절실히 필요로 하는 부동산마케팅의 원리와 실제적인 적용기법을 이 책에서 발견할 수 있었기 때문이다. 부동산마케팅 전략과 기법을 배우고 이를 현장에 적용하고자 하는 모든 개발사와 주택건설사 임직원들이라면 반드시 이 책을 일독하기를 권한다.

*— **권홍사**, 대한건설협회 회장, (주)반도 회장 —*

먼저 저자들의 열정에 박수를 보낸다. 그리고 부동산 마케팅분야의 새로운 대안을 제시하였다는 것 자체만으로도 후한 점수를 주고 싶다. 우후죽순처럼 생겨나는 부동산 관련서적들이 단지 욕심 많은 사람들의 도구로 활용될지 모르겠으나 이 책은 일반적인 내용보다는 전문적인 시각에서 다뤄졌다는 점에서 부동산 마케팅분야의 새로운 지침서로서 활용되어질 수 있다고 생각된다. 어렵게 만들어진 노력의 결과인 만큼 부동산마케팅분야의 발전에 초석적인 역할을 기대해 본다.

*— **신동선**, (주)쉘윈 대표이사 —*

부동산마케팅은 단순한 학문이 아니라 인간과 호흡하며 살아가는 수련과정이다. 지금 이 순간 누구나가 가슴으로 공감하며 새겨야 할 대목이다. 열과 성을 다해 부동산마케팅에 매진하고자 하는 전문가는 놓치지 말고 읽어야 하는 인생마케팅의 지침서이기도 하다. 자신×고객×국가를 위한 플러스방정식을 풀게 하는 기발한 발상을 경험해보라.

*— **여민규**, 한경비즈니스 부동산팀장 —*

어느 분야이건 여러 가지 요소들이 얽히고설켜서 점점 전문성이 모호해지는 경향이 뚜렷한 요즘에 부동산마케팅에 관하여 차별성을 지닌 전문성과 이론정리가 잘 조화된 책 한 권을 발견한 느낌이다. 부동산의 여러 가지 분야 중에서, 특히 마케팅, 마케팅의 여러 분야 중에서, 특히 부동산, 떼려야 뗄 수가 없고 독립적이라고 생각하기에는 그 중요성이 너무나 큰 두 가지 요소가 결합되어 한 권의 지침서가 나왔다고 생각한다. 건설, 건축, 시행, 시공이나 컨설팅 등 부동산분야에 종사하는 직업인이나 부동산분야에 관심이 많은 일반인들도 쉽게 읽고 도움을 받을 수 있을 듯싶다. 계절의 바뀜을 날씨나 온도의 변화에서 느끼듯이 부동산 마케팅분야의 흐름을 이 책을 통해서 느낄 수 있는 좋은 계기를 주신 저자 분들께 감사의 말씀을 전한다.

— ***서기수***, *재테크포털사이트 모네타 수석연구원, 호원대학교 부동산학부 겸임교수* —

오랫동안 기다려왔던 책이다. 시중에 부동산재테크 책은 넘쳐나고 있지만 상대적으로 마케팅에 관한 책은 거의 전무했기 때문이다. 부동산마케팅을 정통으로 배우고 싶은 부동산 관련업계에 종사자, 학생들에게 일독을 권한다.

— ***박상언***, *유엔알 컨설팅 대표* —

부동산 비즈니스업계에 몸담고 있는 전문가 입장에서 볼 때, '대박물건'이란 타고나는 것이 아니라 만들어진다. 단지 운이 아니라, 요동치는 시장의 수요를 읽는 힘이 결국 지금까지 없던 상품을 창출해 내기조차 하기 때문입니다. 그런 점에서 이 책은 토털 부동산마케팅 프로젝트의 첫 단계인 과학적인 기획력을 키워주기에 충분하다고 생각한다. 거기에 창조적이고 매력적인 당신의 마인드만 보탠다면 당신은 이미 전략가이다.

— ***이용곤***, *ERA코리아 마케팅매니저* —

부동산부문에 있어서 마케팅이 차지하는 비중이 점차 커지고 있다. 반면에 그간 부동산마케팅에 관한 체계적·종합적 전문서적이 없었던 것이 사실이다. 이제 우리나라에도 제대로 된 부동산마케팅 책을 읽을 수 있게 되었다. 이 책은 부동산개발 혹은 건설업에 종사하는 사람들뿐만 아니라 부동산분양대행업, 부동산컨설팅업 및 부동산중개업에서 일하는 사람들이 반드시 읽어야 할 책이다.

— ***장성규***, *(주)C&D 대표* —

부동산개발은 시장과 고객을 제대로 알지 못하면 사상누각의 비즈니스가 될 수밖에 없는 고위험·고부가가치 사업이다. 철저한 마케팅기획부터 시작하여 과학적 실행과 미학적 컨셉트의 제시, 사회에 기여하고자 하는 공공의 마인드 없이는 고객의 마음을 사로잡기 어려울 것이다. 이러한 종합적인 실무에 크게 도움이 되는 책을 보게 되니 복잡한 실타래가 풀리는 기분이다.

— ***이영헌***, *SH자산운용(주) 선임운용역, 부동산펀드매니저* —

우리나라에서는 부동산업에 종사하는 사람들이 꼭 읽어야 할 만한 부동산마케팅 안내서가 없었다. 그리고 이제야 이 분야의 이론과 실제를 겸비한 지침서가 나왔다. 이것이 내가 이 책을 여러 사람들에게 꼭 읽어보도록 권유하는 이유이다.

— ***남희용***, *건설산업협회 정책실장* —

그동안 짓기만 하면 팔리던 시대에서 이제는 고객감동의 부동산상품이 아니고서는 시장에 설 수 없는 수요중심 시대가 도래하였다. 더구나 강화된 부동산정책으로 인하여 시장은 더욱 불황의 위기를 겪고 있다. 부동산 관계자들은 다시 부동산시장을 점검하고 사업의 마인드를 재정비해야 한다. 이러한 시점에 본서는 부동산시장의 위기탈출의 실마리를 제공할 것이다.

*— **이문숙**, LMS 대표 —*

마케팅이란 고객을 잘 찾아서 구매로 이르도록 설득하는 학문이라고 본다. 이 책은 종합적인 시각에서 고객의 집합인 시장을 예의분석하고 마케팅기법을 적용하는 방법을 제시하고 있다. 국내의 경우 특수마케팅에 관한 교재를 보면 일반마케팅을 억지로 꿰어 맞추는 느낌을 주는 경우도 있다. 이 책이 돋보이는 이유도 이런 점에 있다.

*— **김인수**, (주)인탑 대표 —*

잘 팔기 위해서는 잘 만들어야 한다. 잘 사기 위해서는 잘 판단하여야 한다. 우리 모두는 고객이자 공급자이다. 공급자일 경우는 소비자처럼, 소비자일 경우는 공급자처럼 생각하고 분석하는 능력이 필요하다. 부동산개발 사업관계자들은 내가 살 커뮤니티를 상상하고 팔아야 한다. 본서를 통해 함께 고민하는 진정한 개발자들의 출현을 기대해 본다.

*— **박형섭**, 집현전법률사무소 변호사 —*

국내에서 부동산비즈니스에 많은 경험을 가지고 있는 베테랑들도 한 번씩은 반드시 읽어봐야 할 내용이다. 부동산 거대시장을 체계적으로 접근해갈 수 있는 지침서가 필요하다는 시점에 '부동산 마케팅전략'은 가깝게 두고 싶은 안내서가 될 것이다.

*— **이유진**, 라스베가스 코스모폴리탄 분양전문가 —*

이 책은 국내 부동산업계에 새로운 지평을 열어주는 책이다. 부동산업에 종사하고자 하는 사람들은 필히 읽어보아야 할 책이다.

*— **강인기**, (주)CI&D 상무 —*

최근 부동산개발 여건은 더욱 어려워지고 있고 소비자시장도 침체되어 부동산개발에 대한 새로운 시각과 접근이 필요한 시기가 되었다. 본서는 부동산상품을 과학적이고 체계적으로 개발할 수 있도록 그 전략과 방법을 제시한다는 점에서 부동산개발 담당자들에게 추천하는 바이다.

*— **원현수**, 코오롱건설(주) 부사장 —*

이제 부동산거래에도 합리적이고 과학적인 마케팅원리와 기법의 활용이 시급하다. 이 책은 부동산마케팅에 관한 기본적 원리와 이론뿐만 아니라 국내 및 해외의 다양한 사례를 다루고 있다. 부동산개발과 중개업 종사자뿐만 아니라 부동산투자를 고려 중이거나 부동산을 처분하려 하는 사람, 부동산가치를 제대로 판단하고 싶은 사람들은 모두 큰 도움을 얻을 수 있을 것이다.

*— **이성수**, 산업기술연구회 전문위원 —*

이 책은 부동산마케팅전략의 바이블이자 길잡이이다. 앞으로 부동산산업에서 마케팅의 중요성을 누구나 절감하게 될 것이며 그때쯤 이 책의 가치를 모두 인정할 수 있으리라.

*— **정도철**, CCIM 컨설턴트 —*

CONTENTS · CONTENTS · CONTENTS · CONTENTS · CONTENTS

차 례

p·a·r·t·o·n·e

부동산마케팅의 전략과 계획수립

chapter 1

부동산 마케팅이란 무엇인가?

chapter 3 부동산 유형별 시장성 분석

chapter 4 사업타당성 분석

p·a·r·t·t·w·o

2 부동산마케팅 전략의 실행

chapter 6 부동산 상품의 컨셉트와 가격결정

chapter 7 부동산 홍보, 광고 및 촉진활동

Real Estate

본서는 제1부와 제2부로 구성되어 있다. 제1부에서는 부동산마케팅전략, 시장조사, 시장성 분석, 타당성 분석에 이어 부동산상품의 선택으로 구성된다. 즉, 전략을 세우고 시장을 분석한 다음 부동산 프로젝트를 선정하는 과정을 다룬다.

Marketing

1 part one

부동산마케팅의 전략과 계획수립

우림필유 단지 내 정원

고급수요층을 겨냥한 저밀도 특화빌라로 새로운 틈새상품으로 관심이 집중된 필유 게이티드 하우스 주변공원·약 11만 3000여 평에 달하는 센트럴공원의 조망이 가능하다

chapter 1

부동산 마케팅이란 무엇인가?

◀ (주)도시와 사람 — 창원 City7 조감도

내 용

	내용
부동산 마케팅 개요	**1. 부동산마케팅 전략의 개요** • 새로운 부동산마케팅시스템 • 부동산마케팅의 전략기획, 예산수립
부동산 시장 분석	**2. 부동산시장조사 분석** • 부동산시장 분석의 개요, 원리, 주안점 • 영역규정, 수요 분석, 공급 분석 • 시장 분석, 수요충분성 분석 **3. 부동산유형별 시장 분석** • 주택시장 • office시장 • 호텔 및 리조트시장
부동산 상품 선택	**4. 사업타당성 분석** • 총비용 산정 • 가치평가, 타당성 추정 • 리스크통제기법 **5. 부동산상품의 분석과 선택** • 아이디어 창출의 원천과 기법 • 제품의 정의과정 • 커뮤니티, 상품, 디자인
부동산 마케팅 활동	**6. 부동산상품의 컨셉트와 가격결정** • 이미지, 포지셔닝, 가격전략 수립 **7. 부동산 홍보, 광고, 촉진** • PR, 광고, 머천다이징 M/H 운영
고객 관리 및 영업	**8. 유망고객 창출의 전략기법** • 조사, 프로필 구축, 고객 포착 **9. 인적마케팅** • 인적마케팅 개념 • 인적마케팅 전술 **10. 마케팅전문가 선발** • 팀 구성 • 전문가 선발

기업의 규모와 상관없이 모든 개발사와 건설사들은 근본적으로 동일한 마케팅기능을 가지게 된다. 대규모 기업의 경우 각각의 기능들이 개별적인 부서로 나뉘어 조직·운영되지만 중소기업에서는 한 사람이 여러 기능을 동시에 수행하기도 한다.

이 책은 이러한 기능들을 명확히 하고 비용효과적인 전략과 기법들을 제시하여, 개발사나 건설사들에게 도움이 되고자 하는 목적으로 저술되었다. 본서의 첫 장에서는 먼저 부동산전략의 특징과 마케팅의 정의를 살펴보고, 다음 장에서 부동산마케팅시스템과 부동산마케팅의 전략 및 기법을 논의할 예정이다. 이에 제1장의 주요 내용은 다음과 같이 구성된다.

- 부동산상품[1]의 특징과 부동산마케팅의 정의
- 부동산마케팅시스템: 마케팅기획 및 실행단계
- 부동산마케팅의 전략과 기획: 전략, 목표, 계획수립 및 예산 설정

먼저 부동산상품의 특징과 마케팅의 개념을 살펴보자.

1) 마케팅에서 일반적으로 product를 '상품'(유통단계에 진입한 상태의 제공물)보다는 생산 이전의 단계까지 포괄하는 개념인 '제품'이라는 용어를 쓴다. 그리고 최근에는 제품, 서비스, 정보 등을 합하여 '제공물'(offerings)이라고 표현하는 추세이다. 그러나 부동산의 경우 상품이라는 용어가 더 적합하다고 보고 본서에서는 주로 이 용어를 사용하기로 한다.

부동산상품의 특징과 부동산마케팅의 정의 제1절

1. 부동산의 특징

부동산마케팅은 부동산을 마케팅하기 위한 활동이며 마케팅은 거래활동을 기본적인 요소로 한다. 따라서 거래의 대상인 부동산이 어떤 특성을 가지고 있는지 제대로 파악하는 것은 부동산마케팅의 선결과제이다. 부동산상품은 일반적인 제품이나 서비스 등에 비해 다음과 같은 특징을 가지고 있다.

- 부동산은 인간이 의·식·주를 해결하기 위해 구매하는 제품

중 대체로 가장 고가이며, 거래 구매횟수가 그다지 많지 않다. 따라서 구매 시에 느끼는 리스크가 매우 높다. 이러한 리스크를 해결하기 위하여 소비자들은 구매 전에 매우 신중한 정보탐색을 하고 장기적인 의사결정단계를 거치는 것이 일반적이며, 최근 브랜드에 의존하는 선택의 경향이 높아지고 있다.

- 외국의 경우도 그렇지만 국내의 경우 부동산상품은 사회적 특성(social characteristic)을 강하게 나타낸다. 따라서 주거단지 및 주거용 부동산브랜드는 거주자의 신분과 부를 상징하는 경향이 있다. 최근 명품브랜드 아파트가 활발하게 분양되고 이에 따른 부동산경기의 양극화현상이 두드러지고 있는데, 이는 이러한 특징을 반증한다고 볼 수 있다.
- 부동산마케팅은 제품 컨셉트의 개발 및 기획과 시장조사가 매우 중요하다. 이를 통해 타당성 분석과 개발 아이디어 정제과정을 거치며, 이에는 개발지역 내의 주거환경, 개발정책, 교통여건, 각종 규제, 산업 및 물류 인프라 분석 등이 긴요하다. 그럼에도 불구하고 부동산의 시장자료는 매우 불확실하다. 개발사들은 대체로 정교하게 구조화된 데이터베이스를 가지고 있지 않다. 입지와 시장의 독특성, 지역경제와 건설 주기의 변덕스러운 변화들 때문에 개발사들이 시장을 알기 위해서는 다른 사업자들보다 더 열심히 노력해야 한다.
- 부동산상품은 상당히 분화되어 있다. 즉, 상이한 소비자들이 원하는 다양한 기능을 충족시키기 위해 일반상품에 비해 더 가변적인 스타일로 생산된다.
- 부동산상품은 무엇보다도 입지의 중요성에 의해서 다른 상품들과 구별된다. 사람들은 부동산을 집으로 가지고 갈 수 없으며, 그 상품으로 옮겨와야 한다. 따라서 입지관리(location)가 그만큼 더 중요하다.
- 공급에 대한 제약이 일반제품보다 훨씬 더 가변적이다. 사업지의 확보 및 개발권 확보의 불확실성에 의해 공급량이 통제

되고 개발기회가 좌우된다.

- 대부분의 프로젝트는 고객수요에 맞춰져야 하므로 대량생산되거나 대량판매될 수 없다. 개발사들은 거대기업들처럼 효율적으로 제품을 생산할 수 없다.[2)]

이상을 종합하면 부동산은 일반상품에 비해 구매 리스크가 훨씬 더 높고, 소비자관여도가 높으며 외부환경 요인의 영향을 많이 받는다. 따라서 치밀한 시장조사와 정보분석 등 사전적 활동과 지속적인 고객관리가 매우 중요하다.

2. 마케팅의 정의

현존하는 대표적인 마케팅학자 중의 한 사람인 필립 코틀러는 마케팅의 개념을 다음과 같이 규정한 바 있다. 즉, 마케팅이란 제품 서비스 혹은 아이디어의 고안(concept), 가격결정(pricing), 유통(distribution) 및 촉진(promotion)활동을 계획, 실행하는 활동이라고 보았다. 또한 이에는 마케팅활동의 기본전제인 교환(exchange)행위가 포함된다.

마케팅이란	개인과 조직의	목표달성을 위해 거래를 통해	제품이나 서비스 혹은 아이디어	의	고안, 가격설정, 유통 및 촉진활동	을	계획하고 실행	하는 활동이다.

이 책의 제목이 부동산마케팅 전략이므로 부동산과 마케팅, 그리고 전략의 개념에 관해 어느 정도의 정의는 있어야 하겠으나 자칫 추상적이고 이론지향적으로 흐르는 것을 경계하면서 간략히 이들의 의미를 정리해 보자.

경영학분야의 그루 중의 구루(guru of all management gurus)라고 일컬어지는 피터 드러커 교수는 마케팅이란 "인간의 여타 활동과

2) 최근 부동산산업계에서도 대량 맞춤식 생산(mass-customization)의 경향이 나타나고 있다. 즉, 디자인과 외관 등은 일정부분 표준화되지만 동일한 면적 내에서도 내부 구조, 스타일 등을 사전에 개별 고객 맞춤식으로 설계하여 분양함으로써 좋은 반응을 얻고 있다.

비즈니스를 구분해 주는 독특하고 차별적인 기능"이라고 설파한 바 있다. 기업활동을 하는 사람의 입장에서는 마케팅기능이 기업의 성패에 얼마나 중요한 것인지 잘 알고 있다. 마케팅이 가장 발달한 미국 사회에서도 최근 마케팅이야말로 기업활동의 중심이고 성장의 유일한 통로(the only path to growth), 성과를 촉진하는 엔진이라고 인식하고 있다. 이렇게 마케팅은 기업활동의 요체이며, 표적시장에서 자사의 제품이 경쟁사의 제품보다 더 가치 있는 것으로 인지되도록 도와주는 도구인 것이다.

또한 마케팅의 중요성은 기업의 규모나 연혁과도 무관한 것으로 나타나고 있다. 최근의 한 연구에 의하면 초고속 성장 중인 500개 기업들은 다른 전략과 비교하여 판매 및 마케팅전략이 기업의 가장 큰 강점임을 확인시켜 주고 있다(표 1.1 참조).

표 1.1 ▸ INC 500대 기업*의 강·약점

	강 점	약 점
판매 및 마케팅 전략	145	19
인력관리	112	89
재무전략	53	75
정보기술	28	19
제품혁신	12	2
기타	59	35

* INC 500대 기업 : 초고속 성장 중인 500개 기업
자료 : Lodish, Leonard et al.(2001)

마케팅은 고객(customers), 경쟁자(competitors) 및 자사(company)에 대한 분석을 기초로 한다. 마케팅은 어디까지나 고객과의 커뮤니케이션을 중요시하고 고객과의 관계를 구축하는 활동이므로 고객이 최우선적인 관심대상이다. 아울러 적을 알고 나를 알면 백전불태(百戰不殆)라는 말이 있듯이 자사와 경쟁사의 전략, 강·약점, 특징 등을 예의 분석해야 한다.

마케팅이 기업의 중요한 경영활동이기는 하지만, 마케팅을 단지

마케팅 3C's ◂ 그림 1.1

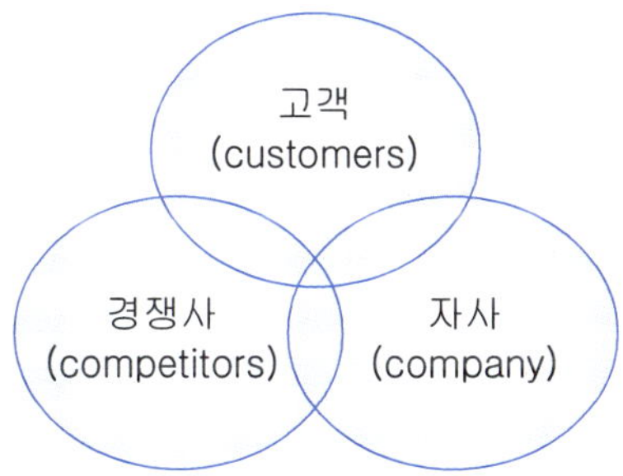

기업에게만 유익한 행위라고 간주해서는 안 된다. 마케팅의 요체가 고객의 필요와 욕구를 효율적·효과적으로 파악하고 충족시키는 것이므로, 이러한 활동의 결과는 당연히 고객과 기업에게 공히 유익하다. 즉, 고객에게는 욕구충족이라는 이익이, 기업에게는 수익창출이라는 이익이 발생하는 것이다. 부동산상품이 시간과 공간 등을 초월한 명품으로 탄생하려면, 소비자의 필요와 욕구를 철저히 분석하고 여기에 끊임없는 연구개발을 수행하는 장인정신이 어우러져야 한다. 국내에서도 일부 명품 부동산브랜드의 경우 철저한 시장조사와 표적고객의 주거행태 분석을 토대로 아파트를 건설하여 주변의 여타 경쟁자보다 훨씬 더 높은 가격임에도 불구하고 분양에 성공하는 사례들이 나타나고 있다.

마케팅전략은 기업의 미션과 비전 및 목표에 따라 시장을 세분화(segmentation)하고 이를 통해 표적시장을 선택(targeting)하며 결국 소비자들의 마음속에 제대로 위치화(positioning)하는, 이른바 STP과정이 그 기초를 이룬다.[3)]

3) 이에 관해서는 제5장과 6장에서 더 구체적으로 서술할 것이다.

마케팅 STP와 마케팅 실행 ◂ 그림 1.2

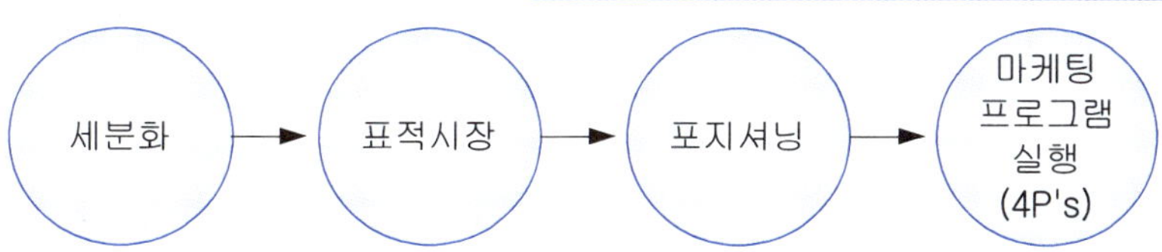

여기서 구축된 전략과 포지셔닝을 통해 이미지를 형성하고 마케팅 실행계획을 추진하게 된다. 마케팅실행프로그램은 이른바 마케팅 4P's, 즉 제품(product), 가격(price), 유통(place) 및 촉진(promotion) 등 마케팅의 기본적 결정요소들을 통하여 실행된다. 이러한 요소들의 최적혼합을 마케팅 믹스(marketing mix)라고 부르며, 오늘날 이를 좀더 세분화하여 다음과 같이 제시되기도 한다.

• 제품기획	• 프로모션	• 가격결정
• 패키지	• 브랜드전략	• 디스플레이
• 유통채널	• 서비스	• 인적판매
• 물류	• 광고	• 조사·분석

이상의 요소들은 마케팅활동의 분야에 따라 그 비중이 달라질 수 있으며, 지금부터는 부동산마케팅에 관해 살펴보자.

3. 부동산마케팅의 정의

앞에서 제시된 마케팅의 개념정의에 따라 부동산마케팅을 정의하면 다음과 같다. 즉, 부동산마케팅이란 부동산상품[4)] 혹은 부동산 아이디어의 기획, 가격결정, 유통 및 촉진을 계획하고 실행하는 활동이라고 볼 수 있다.

4) 부동산상품 또는 부동산개발프로젝트(development project)의 개념을 포괄하는 뜻으로 사용된다.

부동산 마케팅이란	개인과 조직의	목표달성을 위해	부동산 혹은 부동산 아이디어	의	기획(개발), 가격설정, 유통 및 촉진	을	계획하고 실행	하는 활동이다.

결국 부동산마케팅의 개념에는 이미 개발된 부동산상품을 촉진하고 판매하는 활동보다는 훨씬 더 많은 요소들이 포함된다. 여기

에는 부동산 건설 사업지의 확보에서부터 부동산상품 설계, 그리고 거주자 만족·불만족까지 관리하는 모든 활동들이 포함된다. 국내외의 수많은 개발사나 건설사들이 원하는 만큼의 성과를 얻지 못하는 이유는 견실한 마케팅원리를 따르지 못했기 때문이다. 무슨 부동산을 건설할 것인지, 어떻게 가격을 설정할 것인지, 각 디자인에는 어떤 특성을 부여할 것인지, 유망고객에게 어떻게 접근할 것인지, 그리고 어떻게 판매원을 선발·관리할 것인지 등은 기업활동의 성패에 핵심적인 영향을 미치는 요인들이다. 부동산마케팅에서 중점적으로 다루어야 할 요소들을 좀더 구체적으로 열거해보면 다음과 같다.

- 부지확보 및 타당성 분석
- 시장조사, 환경 분석, 경쟁 분석
- 시장세분화, 표적시장 선정 및 포지셔닝
- 부동산상품 컨셉트 설계 및 믹스
- 표적고객 발굴 및 접근
- 가격전략
- 표적시장 대상 광고
- PR 및 홍보전략
- 인테리어 머천다이징 및 이벤트 관리
- 현지마케팅 설계(location marketing design)
- 중개사 협력 프로그램 운영
- 마케팅예산의 수립·관리
- 판매원 교육 및 동기부여
- 입주자관계 관리(tenants relations management)

부동산마케팅은 사회지향적 마케팅[5](societal marketing)과 메가마케팅(mega marketing)의 접근이 필요하다. 사회지향적 마케팅이란 소비자 개개인의 만족뿐만 아니라 사회 전체적 복지를 보존, 향상시키기 위해 노력하는 것을 말한다. 부동산 프로젝트를 기획하고 실행할 때 주변의 생태적 환경이나 주민들의 복지를 최대한 배려할

5) 사회지향적 마케팅은 비영리기관이 마케팅 컨셉트를 활용하는 사회적 마케팅(social marketing)과 다른 개념이다. 또한 이는 이제 선택사항이기보다는 필수적으로 고려해야 할 사항이다.

때 마케팅노력의 효과가 한층 제고된다.

메가마케팅이란 특정 시장에의 진출 시 여러 이해당사자들의 협조를 얻기 위하여 경제적 · 심리적 · 정치적 및 공중관계를 전략적으로 조정하는 접근방법이다. 예컨대, 특정 해외지역에 대규모의 공장을 건설할 경우 단지 건설단가의 경쟁력이나 납기의 단축뿐만 아니라 지역발전에 도움이 될 수 있도록 생산기술의 이전이나 유통, 수출, 고용효과 등을 위한 지원을 추가할 때 여러 이해관계자들의 승인을 얻기가 훨씬 더 용이하다.

즉, 시장진출을 하고자 할 때 기존의 마케팅 4P's활동 이외에 추가적인 노력으로서 정책(politics)과 일반 대중여론(public opinion)을 중요시하는 것을 메가마케팅이라고 한다.[6] 예컨대, Olivetti사는 현지 직원들을 위한 주택건설과 지역예술 및 자선활동을 지원하고 커뮤니티 내의 경영교육, 훈련을 추가함으로써 신규시장 진출을 용이하게 진행하고 있다.

6) 이에 관해서는 제2장 제1절에서 좀더 구체적으로 서술할 것이다.

제 2 절 새로운 부동산마케팅시스템

본서는 앞에서 제시한 마케팅개념과 부동산의 특성에 입각하여 부동산마케팅전략을 논의하고자 한다. 또한 여기서 다루는 종합적인 부동산마케팅시스템은 부동산마케팅의 모든 측면을 다루며, 정보의 피드백(feedback), 성과평가 및 정규적 프로그램 수정을 통해 수시로 변화하는 부동산마케팅 환경조건에 적절히 반응하는 체계를 말한다. 다음 [그림 1. 3]에 나타난 바와 같이 부동산마케팅시스템은 마케팅기획과 마케팅활동 등 두 개의 단계로 구분해 볼 수 있다. 이러한 두 개의 단계는 서로 명백히 다르나 상호작용을 한다.

부동산마케팅시스템 ◂ 그림 1. 3

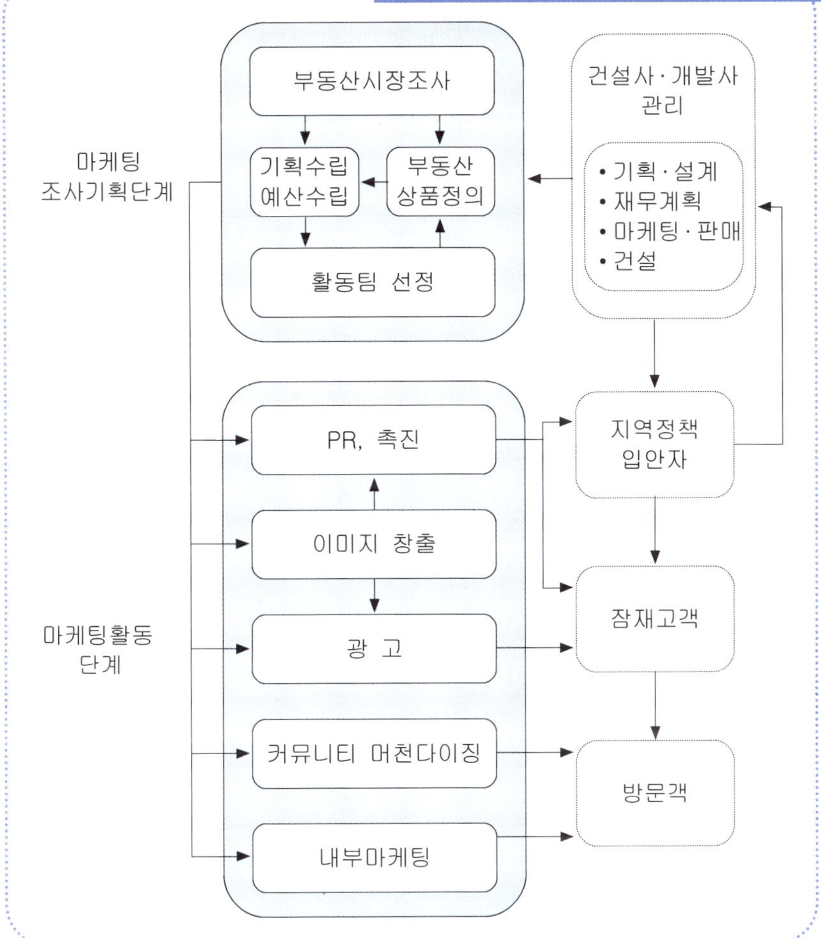

자료 : C. R. Clark et al. (1989), 수정

- 마케팅이 효과적이려면 신중히 고안된 계획과 현실적인 예산 편성, 그리고 호감을 주는(appealing) 상품이 있어야 한다.
- 성공적인 기획과 호감을 주는 상품은 시장조사를 통하여 얻어지는 정확한 소비자수요와 경쟁사 제품 분석에 기반을 둔 것이어야 한다.

그리고 개발사들의 직관과 창의성은 소비자의 특성, 선호, 재무적 능력에 관한 견고한 지식과 조화를 이룰 때에 효과적이라는 점을 항상 인식하여야 한다. 즉, 마케팅 프로그램의 지속적인 효과는 정확하고 견실한 정보의 축적에 달려 있는 것이다. 이러한 정보는 정기적인 조사와 병행할 경우 마케팅계획을 수립하고, 변화하는 시장여건에 따라 계획을 수정하기 위한 기초가 된다. 앞에서 제시된 그림을 좀더 세부적으로 서술해보자.

1. 마케팅조사 기획단계

이 단계는 다음과 같은 내용을 기획하고 통제하기 위한 기획단계이다.

- 소비자의 수요와 선호에 따른 제품과 마케팅자료의 포지셔닝
- 부동산상품에 대한 새로운 문의 횟수
- 고객문의(inquiry)당 비용예산
- 유능한 마케팅팀 선택 및 지도

이 기획단계는 다음 단계인 마케팅활동단계와 긴밀하게 연계될 경우 최상의 판매실적을 보장해 준다. 기획단계는 다음과 같은 활동으로 구성된다.

- 조사(research): 이 과정은 소비자시장 및 경쟁사의 범위와 특징을 알아내고, 개발 가능성에 영향을 미치는 물리적 환경의 특징에 관한 분석을 포함한다.
- 부동산상품 정의(product definition): 조사단계에서 나타난 결과를 토대로 부동산제품의 유형, 디자인, 가격범위 및 최대매출액 등을 결정한다.
- 기획수립 및 예산설정(planning and budgeting): 이 두 기능은 앞서 수행된 조사 및 제품정의 결과를 이용한다.
- 팀 구성: 부동산상품, 기획 및 예산에 따라 필요한 마케팅전문가의 선정을 의미하며, 이에는 PR, 판촉, 광고, 커뮤니티 머천다이징 부문 및 내부 시설 전문가들이 포함될 수 있다.[7)]

7) 이에 관해서는 제10장에서 세부적으로 서술되어 있다.

2. 마케팅활동단계

마케팅활동단계에서는 고객조회(문의)수, 전환율 및 순매출액에 따라 목표를 설정한다. 만약 매출액이 X이고, 전환비율(매출건수/문의수)이 Y일 경우 필요조회수 Z는 X/Y가 된다. 예컨대, 매출액을 10으로 설정하고 이 건설사의 전환율이 0.05(5%)인 경우에 10/0.05 = 200, 즉 200건의 새로운 문의가 필요한 것이다.

이러한 목표와 이를 달성하기 위한 광고 및 매체전략이 연간 마케팅계획 및 판매계획에 포함되어야 한다. 이에 대한 수정은 시장관측 및 평가자료에 의해 연간 언제든지 이루어질 수 있다. 이러한 마케팅활동은 다음과 같이 다섯 개의 요소로 구성된다.

- PR 및 촉진 : 시장, 금융기관 및 부동산중개사들에 대한 개발사의 이미지를 긍정적으로 향상시킨다.
- 이미지 창출 : 이는 광고물이나 판촉에 지속적으로 사용되는 로고, 디자인이나 색상, 그리고 브로슈어, 사인(sign) 및 부가자료들을 개발하는 과정이다.
- 광고 : 광고가 효과적이려면 비용효과적인 매체를 선정하고 개발사의 부동산상품을 호감 있게 제시할 수 있는 창조적인 전략을 개발해야 한다.
- 커뮤니티 머천다이징(community merchandising) : 이 형태의 머천다이징은 유망고객이 현장에 도착하는 순간부터 모델하우스에 들어가는 순간까지 호의적인 효과를 창출하기 위한 것이다. 여기에는 건물의 구성, 진입표지판, 방향지시, 조경, 모델하우스 식별표지 및 정보센터 등이 포함된다. 아울러 정보센터의 설비, 진열 그리고 분양사무소, 관리사무소 및 판매대상 구역의 디자인 등이 이에 속한다.
- 인테리어 머천다이징(Interior merchandising) : 이는 색상, 공간배치, 조명, 구조, 윤색 등의 작업을 통해 모델하우스를 판촉수단으로 전환시키는 것을 말한다.

마케팅 TIP

잭 게잌의 상가투자 중개입문(Introduction to Commercial-Investment Brokerage)에 의하면 어떤 부동산에든 마케팅을 위한 세 가지의 간단한 단계가 있는데 이는 다음과 같다.*

1) 누가 이 부동산의 잠재고객인가?
2) 그 고객들이 지금 어디에 있는가?
3) 우리가 이들을 어떻게 접촉할 것인가?

우선 표적고객이나 유망소비자를 선별하기 위하여 부동산이 충족시켜 주어야 할 잠재적 욕구를 파악해야 한다. 그런 다음에 표적고객을 접촉하기 위한 방법이 강구되어야 한다. 마케팅의 흐름은 다음과 같은 시나리오에 따라 진행할 수 있다.

1) 마케팅조사 및 기획수립 2) 유망고객 접촉
3) 문제해결 4) 거래종결

부동산마케팅이 성공적이기 위해서는 마케팅기획이 구매자 및 목표지향적이어야 한다. 또한 마케팅노력을 기획하는 모든 단계는 논리적이고 필수적인 것이어야 한다. 기획수립을 위해 시간을 투자하는 것은 마케팅성공에 있어서 커다란 차이를 줄 것이다. 마케팅기획은 다음과 같은 사항을 유의하는 것이 좋다.

- **단순하게 하라.**

매일매일의 업무 압력이 있긴 하겠지만 마케팅기획은 간편하게 조회할 수 있는 것이어야 한다. 부동산마케팅이란 본래 복잡하고 경쟁적인 업무이므로 수많은 결정대안 중 가장 타당성 있는 접근책을 찾기 위해 마케팅계획이 도움이 되어야 한다.

- **계획을 유연하게 수립하라.**

마케팅의 금언 중 하나는 "어느 한 가지 프로그램에 전적으로 의존하지 말라"는 것이다. 예컨대, 유망고객을 접촉하기 위해 오직 한 가지 표지만을 사용하는 것은 좋지 않다. 또한 더 많은 정보가 가용해짐에 따라 계획을 재구성, 조정할 수 있어야 한다. 물론 필요 이상으로 계획을 수정하는 것은 피해야 한다.

* Arnold, Lee.E.Jr(2004).

● 마케팅기획 팀을 구성하라.

마케팅기획 수립을 위해 팀이나 위원회 등을 구성하는 것이 좋다. 그룹이 주는 시너지효과가 있다. 최선의 표적은 마케팅 팀 구성원들의 열정적인 참여에 의해 창출된다.

● Loose-leaf(갈아 끼우기 쉬운) 매뉴얼을 만든다.

예컨대, 구멍이 세 개 달린 노트북 형태의 매뉴얼을 만들어 각 페이지에 특별한 활동계획이 수록되어 있다면 주간계획 및 매일계획을 확인하기 쉬우며, 수정하기도 용이할 것이다.

● 문서작업은 최소화하라.

계획은 문서로 작성하되 문서량에 의해 업무가 성취되는 것이 아니고 거래종결이 중요하다는 점을 명심해야 한다. 집단 간의 의사소통을 개선하고 구성원 간의 마케팅계획 관련 동의를 통해 창의적 아이디어를 창출하며 개인 간 관계를 구축하도록 노력해야 한다. 문장을 쓰는 시간에 마케팅전략에 관해 토의하는 것이 좋다.

● 시간을 생산적으로 사용하라.

마케팅계획을 위임하면 안 된다. 마케팅 실행책임자는 계획을 점검하고 개선해야 한다. 의사결정은 실제상황과 매우 가까운 위치에 있는 사람에게 맡겨야 한다. 마케팅 계획을 수립하기 위하여 별도의 시간, 즉 상담이나 계약체결 등 일상업무 이외의 시간을 따로 배정해야 한다.

필요하다면 사무실에서 나오는 것이 좋다.* 맑은 공기를 마시면 생각이 열리게 된다. 전화를 휴대하지 말고 업무스트레스나 기타 책임을 해소시킨 상태가 좋다. 생산적인 시간에 회의를 갖는 것이 좋다. 이 시간은 사람에 따라 늦은 오후가 좋기도 하고 이른 아침이 좋을 수도 있다. 훌륭한 계획은 길게 잡은 점심시간에 개발될 수도 있다. 어떤 사람에게는 일요일 아침이 가장 적합하다. 어떤 연구자들에게는 공원이나 부동산현장에서 포도주 한 병을 마시고 있을 때 가장 창의적인 아이디어를 얻기도 한다. 긴장을 하게 되면 지각능력이 낮아진다. 한 손에 중요한 계획을 가지고 있으면서 신경이 이완되고 다른 업무에 몰두하기란 어려운 일이다.

* "세상을 바라보기에 가장 위험한 장소는 다름 아닌 사무실 내 책상이다."(존 르 까레)

제 3 절 부동산마케팅의 전략과 기획

모든 비즈니스에는 비전이 있어야 한다. 비전은 그 기업의 장기적인 미래상, 또는 바람직한 발전모습을 말한다.[8)]

8) "실행이 따르지 않은 비전은 백일몽에 불과하다. 그러나 비전이 없는 실행은 악몽이 된다."(일본속담) 맥도널드의 비전: 세계에서 가장 뛰어난 퀵서비스 레스토랑이 되는 것이다.

전략(strategy)이란 비전을 실현하기 위해 기업이 단기적으로 달성할 목표와 그 목표의 달성을 위한 기본노선을 말한다. 따라서 전략의 핵심은 목표, 목표달성을 위해 필요한 행동, 그리고 그 행동을 위해 필요한 자원의 분배를 들 수 있다.

기획이란 수많은 활동의 공통적인 과정이다. 대부분의 사람들은 미래 발생하게 될 일에 대체하거나 원하는 바대로 성취하기 위하여, 또는 일어나길 원하지 않는 일들을 미연에 방지하기 위하여 계획을 세운다. 가장 이상적으로는 계획을 구상하기 전에, 모든 발생가능한 결과들을 미리 고려하여 최상의 결과를 얻기 위해 계획을 세우는 것이다.

부동산마케팅의 기획 역시 이와 다르지 않다. 마케팅계획을 수립하고 그 계획을 달성하기 위해 예산을 추정함으로써 개발사는 특정기간 중 발생가능한 문제를 해결하고 성공기회를 최대화할 수 있다. 개발사는 환경에 따라 어떤 목적과 목표가 달성되어야 하는지 결정하고 이 목표를 성취하기 위해 어떤 활동과 이벤트가 필요한지 결정해야 한다.

마케팅목표를 효과적으로 달성하기 위해서는 계획과 예산은 문서로 작성되어야 하며 계획실행 도중에 진전사항을 정기적으로 검토하고 필요하다면 계획은 수정해야 한다. 마케팅활동을 성공적으로 전개하기 위해서는 이와 같이 문서화하여 계획을 집행해나가는 것이 필수적이다.

다음 [그림 1.4]는 부동산마케팅의 기획과 예산배정에 대해 요

마케팅 및 판매기획 및 예산 ◂ 그림 1.4

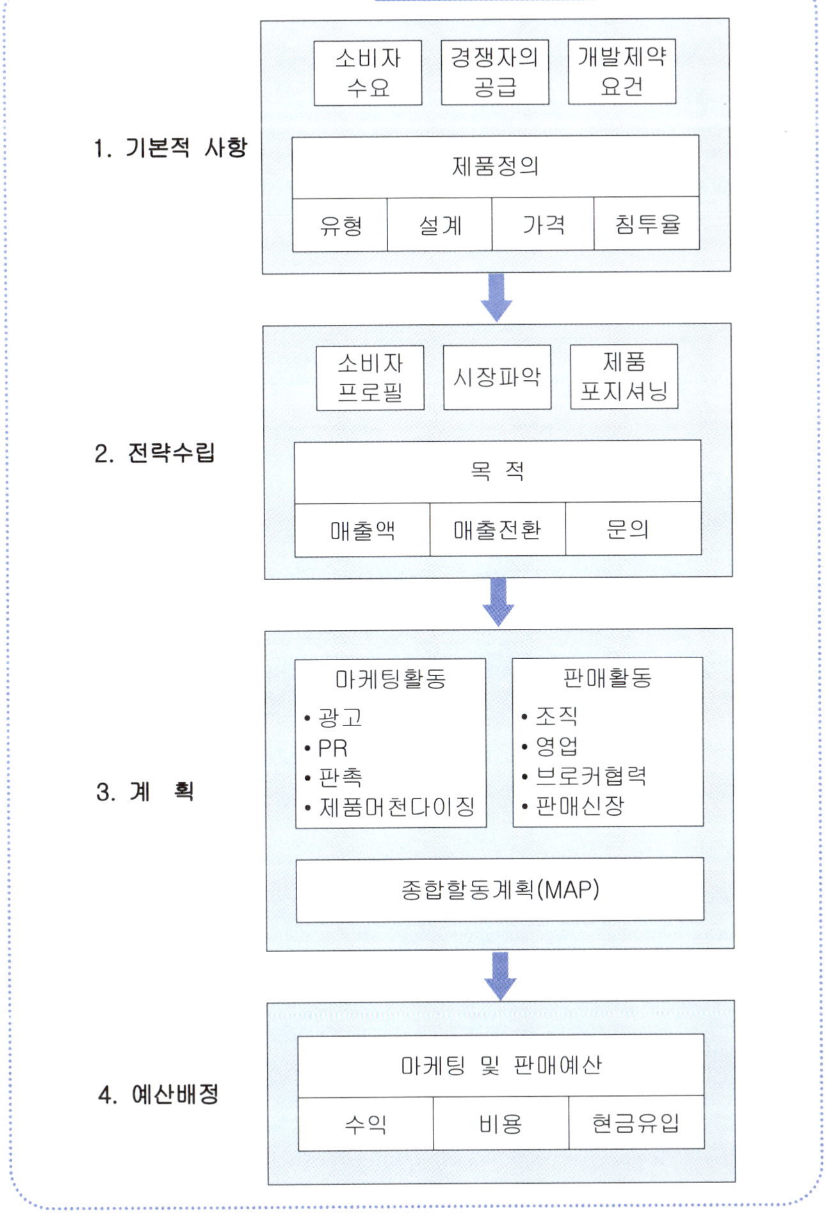

자료 : C. R. Clark et al. (1989), 수정

약한 것이다. 여기에는 다음의 4가지 측면이 고려된다.

① 기본적 사항
② 전략수립
③ 계획
④ 예산배정

1. 개 요

견실한 마케팅계획을 수립하는 기본은 신중하게 조사된 마케팅 포지션과 이에 부합되는 제품정의이다. 앞의 [그림 1. 4]는 전략적 목적이란 '소비자수요, 경쟁사의 공급 및 개발 제약요건'에 대한 실제적 평가가 없이는 수립될 수 없음을 보여준다. 이러한 요소들은 시장 내에서 최적의 분양률을 달성하기 위한 상품(건물, 주택)의 정의와 결합되어 고려되어야 한다. 부동산 건설시점과 마케팅계획을 문서로 작성하는 단계에서 개발사는 계획의 진전도를 점검할 때 사용할 핵심적인 자료를 미리 결정해 두어야 한다. 예컨대, 소비자수요, 경쟁사의 제품 공급상황, 보조자료(도표, 그림자료 등), 현재 및 장래 예상되는 개발제약 요건 등을 간략히 작성해두면 후속적인 계획점검 시 신속하게 참고할 수 있을 것이다. 상품(건물)의 유형, 규모, 가격, 가치, 수익 등에 대해 서술하는 요약자료들은 마케팅계획과 예산수립을 구체화할 때 필수적이다.

2. 부동산마케팅전략

마케팅전략은 매출목표를 달성하기 위한 방식이다. 이는 최상의 실제 분양률을 창출하기 위해 고안된 마케팅 프로그램과 판매활동을 명시해둔 것이다. 이러한 목적은 부동산에 관한 적합한 포지셔닝과 광고 및 PR[9]을 통한 효과적인 커뮤니케이션에 의해 달성될

9) PR(Public relations)은 공중관계로 번역되며, 홍보(publicity)보다는 더 넓은 개념이다. 이에 관해서는 제7장에서 상술할 것이다.

수 있다. 요약하면 전략단계의 기본적인 요소는 다음과 같다.

- 소비자 프로필 구축
- 시장파악
- 제품 포지셔닝

(1) 소비자 프로필 구축

마케팅 타당성 분석의 결론 중 하나인 소비자 프로필은 기획과정에서 재점검되어야 한다. 예상된 구매자들의 프로필은 광고, 홍보 등 커뮤니케이션 계획과 광고물 지면배치 등을 정할 때 기초가 된다. 예컨대, 다음과 같이 소비자집단별로 입주율이 추정되었다고 가정하자.

시장집단	추정구매자 비율(%)
미혼집단	5
독거부모	10
전문직 부부	25
전통적 부부	15
황혼기 부부	5
유자녀 부부	40

이 경우는 근교 소규모 부지의 독립형 주택에 대해 첫 구매 또는 초기 입주 소비자로 표적화할 수 있다. 이들 중 90% 정도의 구매자들이 비교적 젊거나 독거부모이고, 그들 중 50% 이상이 어린 자녀를 가지고 있다.

(2) 시장파악

시장이란 원래 고객들의 집단을 말한다. 물론 이에는 현재의 고객뿐만 아니라 잠재적 고객들도 포함된다. 시장파악단계에서는 시장조사단계에서 미처 파악되지 않은 시장의 특성을 재검토하는 일이 필요하다.

시장의 파악은 마케팅 전략수립과 표적화(targeting)를 위한 것이며 다음 내용을 핵심적 요소로 한다.

- 표적시장을 대상으로 하는 포지셔닝 방향이 그 시장의 고객이 원하는 제품가치와 일치하는가? 즉, 고객의 편익(benefit)[10] 가치를 기초로 표적화하고 차별화되었는가?
- 표적시장에 어떻게, 얼마나 신속하게 접근가능한가?(분양대행조직, 광고매체 등을 통해)
- 표적시장 규모
- 표적시장을 둘러싼 환경조건 변화에 대한 시장의 반응
- 표적시장에서 경쟁력을 지니기 위해 어떤 노력을 해야 하나?

10) 편익(benefit)이란 고객이 비용을 지불하고 얻게 되는 반대급부로서 유형적(tangible)인 것과 무형적(intangible)인 것으로 구분할 수 있다.

① 지역규모(market area size)

어떤 부동산상품에 대한 지리적 시장규모가 경쟁자들의 공급지역보다 더 넓은 경우가 흔히 있는데, 이를 간과하고 지나치기 쉽다. 경쟁자들이 도시 근교의 커뮤니티에 집중하고 있을 때 거대도시 전지역에 거주하는 소비자들을 대상으로 마케팅활동을 전개할 수 있다. 이러한 상황은 휴가용 주택 커뮤니티나 은퇴자용 커뮤니티의 경우 특히 두드러지게 나타난다. 소비자 수요지역에 대해 과소평가하는 것은 대규모의 잠재고객을 무시하는 결과를 낳게 된다.

② 부수적 시장

개발사들은 특정 지역신문이나 DM광고에 적합한 부수적 시장을 파악해야 한다. 예컨대, 임대아파트와 같은 전체시장 내의 조그만 부수시장 혹은 세분시장(submarket)은 표적우편(targeted mailing)과 같은 특별촉진활동의 좋은 대상이 될 수 있다. 소규모 건설사들은 최근의 부동산구매자들에 의해 형성된 인근의 부수시장을 찾아낼 수 있다. 또한 초기 구매자들은 건설사들에게 과거의 이웃들을 추천해줄 수도 있다.

(3) 제품 포지셔닝

부동산 포지셔닝(positioning)은 부동산상품이 표적시장에서 어떻게 인식되도록 할 것인가 하는 질문에 답하는 것이다. 즉, 고객의 마음속에 보다 의미 있고 특이하고 경쟁적인 것으로 자리매김(position)하는 것을 말한다. 자사의 "부동산상품이 왜 선호되어야 하는가?", "경쟁사와 대비하여 독자적 제품가치는 무엇인가"를 사전에 결정하여 강력하게 인식되도록 해야 하며, 이 포지셔닝은 자사의 브랜드, 슬로건 및 홍보, 광고자료에 노출된다. 이를 위해서는 차별화 역량[11](distintive competence)과 지속적 경쟁우위(sustainable competitive advantage)가 있어야 한다. 이를 통해 경쟁사가 대적할 수 없는 핵심적 역량을 갖추는 것이며, 이는 기업가의 사명이어야 한다. 여기에는 우수한 디자인 능력, 품질, 우수한 고객서비스, 지명도, 가격, 판매방식 등이 포함된다.[12]

제품 포지셔닝은 매체광고, DM, 홍보, 촉진이벤트, 신문, 표지, 정보센터, 진열 및 브로슈어 등을 통하여 잠재고객들에게 이러한 포지션을 전달하기 위하여 가동되어야 한다. 소비자 대상의 커뮤니케이션 설계, 제작 및 매체지면 확보 작업은 매우 많은 비용이 들 수 있으며 따라서 디자이너나 작가에게만 맡길 수는 없다. 마케팅 활동을 비용효과적으로 수행하려면 공급제품에 대한 신중하고도 정확한 포지셔닝이 있어야 한다.

부동산상품은 표적소비자에게 직접적으로 마케팅되어야 한다. 따라서 시장수요와 공급에 관한 정보가 설계팀에게 제공되듯 마케팅노력에 연관된 보는 사람들에게도 제공되어야 한다.

11) "어느 사업의 경쟁자들을 누를 만한 독특한 이점을 가지고 있지 못하다면 존립할 근거가 없다."(BCG창업자 브루스 핸더슨)

12) 부동산 포지셔닝과 컨셉트전략은 제6장에서 더 구체적으로 서술할 것이다.

3. 마케팅목표

목표란 기업이 달성하고자 하는 성과(performance)를 말하며 구체적인 수치를 사용하여 서술된다.[13] 마케팅목적은 전략적 계획과 예산의 지침이 지향하는 표적을 말한다.

13) 예컨대, 2004년도 삼성전자의 매출목표 51조 원, 순이익목표 7.7조 원 등 계량화되어 표현한다.

(1) 판매목표

월별 및 연간 분양계획은 최종적으로 제품정의와 건설일정에 비추어 재검토되어야 한다. 많은 사람들의 의견과는 달리 분양은 개발기간 중에 균등하게(예컨대, 월 15건) 발생하는 것은 아니다. 매출액은 특별공급방식이나 마케팅캠페인, 탁월한 판매원 등에 의해 좌우된다. 개발이 완료된 경우는 개발 이전의 상태나 부분적으로 개발이 진행되고 있는 경우보다 더 신속하게 분양된다.

또한 거주자가 전혀 없는 경우보다는 어느 정도 입주된 상태에서 빠르게 분양될 수 있다. 신규 유망고객들은 이미 거주자가 있는 단지에서 분양받는 것을 더 편하게 생각한다. 이는 이미 입주한 거주자들이 다른 거주자들을 유인하는 준거집단 역할을 하기 때문이다.

① 매출목표 설정

새로운 단지나 건축물의 분양목표는 기존의 경쟁사 제품보다 상당히 더 낮게 잡아야 한다. 첫 번째 입주민들이 이주해 온 이후 매출목표액은 상향조정될 수 있으며, 개발이 성숙(mature)단계에 이르면 분양완료까지 상향조정할 수도 있다. 개발 성숙시점이란 대체로 건물의 강력한 토대, 주요 하부구조, 주된 입구 등이 완성된 경우를 말한다. 여기서 '강력한 토대(strong nucleus)'라는 것은 단지의 물리적 특성에 따라 다양하게 나타날 수 있다.

② 매출목표의 모니터링

단지의 특성에 따라 다르기는 하지만 분양은 보통 80~90% 완료시점에서 하락하기 시작한다. 예컨대, 단일 독립가구 개발의 경우 분양률은 평균적으로 다음과 같이 나타날 수 있다.

개발단계	연간 분양률(%)
개발 전 단계	30
개발초기단계	60
최종입주	80
개발성숙기	100
최종개발	60

(2) 마케팅목표

마케팅목표는 고객의 문의, 즉 제품구매 욕구를 가진 고객단위(부부, 가족)의 수에 의거하여 설정된다. 이 고객문의량을 분양지역 '방문객수'와 다르게 나타내기 위하여 고객성명, 주소, 전화번호 등에 의해 고객단위별로 계산한다. 마케팅성과는 오직 파악된 유망고객의 수를 기준으로 하여 평가하며 판매는 이들을 대상으로 이루어진다.

① 전 환

판매전환율은 고객문의당 매출의 수로 표시한다. 이 판매전환율은 초기단계에서는 저조하나 개발성숙단계에서는 최고의 수준에 이른다. 개발사들은 개발성숙단계에 부지를 선택하는 것이 확실히 더 유리하다.

다음 <표 1.2>는 미국의 독립형 주택개발 커뮤니티의 판매 및 마케팅계획 사례이다. 이 사례에서 연간 1,300~1,400건의 고객문의량이 있었음을 알 수 있다. 매출전환율은 3%에서 최고 5%까지 이르며, 타개발사의 평균치보다 약간 더 보수적으로 잡혀 있다. 이는 지역적 특성과 더불어 개발사의 과거 우수실적(track record)이 미흡한 데에 기인한 것으로 보인다. 이 사례는 6년 이내에 366개의 분양이 이루어졌고 연간 최고수준이 70건이었음을 보여준다. 마케팅목표는 6년 동안 해마다 1,400건의 소비자 문의를 생성시키고 현장 머천다이징과 협동 광고물을 통해 판매원활동을 지원하는 것이었다.

표 1.2 ▸ 판매 및 마케팅목표

기 간	판매량	판매율(%)	전환율(%)	문의량	문의율(%)
1988. 2.	15		3	500	
1988. 3.	15		3	500	
1988. 4.	12		3	433	
연간 총계	42	11		1,300	16
1989. 1.	12		4	300	
1989. 2.	16		4	400	
1989. 3.	20		4	400	
1989. 4.	15		4	300	
연간 총계	63	17		1,400	17
1990. 1.	15		5	300	
1990. 2.	20		5	400	
1990. 3.	20		5	400	
1990. 4.	15		5	300	
연간 총계	70	19		1,400	17
1991. 1.	15		5	300	
1991. 2.	20		5	400	
1991. 3.	20		5	400	
1991. 4.	15		5	300	
연간 총계	70	19		1,400	17
1992. 1.	15		5	300	
1992. 2.	20		5	400	
1992. 3.	20		5	400	
1992. 4.	15		5	300	
연간 총계	70	19		1,400	17
1993. 1.	15		5	300	
1993. 2.	16		4	400	
1993. 3.	12		3	400	
1993. 4.	8		3	250	
연간 총계	51	14		1,350	16
총계	366			8,250	

② 마케팅비용

표지, 정보센터, 모델, 브로슈어 등에 대한 마케팅비용은 임의적으로 책정할 수 있다. 또한 새로운 고객을 창출하기 위한 광고, 홍보 및 촉진비용들은 제품유형, 건설사 규모 및 건축 위치와 상관관계를 가진다. 미국의 경우 대체로 대중적인 가격대의 주택을 판매하는 중견개발사들은 주택가격의 0.1%를 창출된 소비자 문의당 비용으로 지출한다. 예컨대, 가격이 10만 달러인 경우 문의고객 1인당 평균 100달러를 지출한다. 만약 가격이 더 비싸거나 리조트용 건물일 경우 마케팅비용을 소비자의 문의당 200달러씩으로 상향조정될 수 있다. 소규모의 개발사들은 자사제품에 대한 소비자의 관심을 끌기 위해 더 높은 비율의 비용을 지출하는 계획을 세워야 할 것이다.

4. 마케팅계획의 설계

부동산마케팅시스템 중 시장 측면을 구성하는 다음의 요소들은 개발사업 추진 시 마케팅계획의 수립을 위한 기본적 틀이라 할 수 있다.

- PR
- 촉진
- 이미지 형성
- 광고
- 커뮤니케이션 머천다이징
- 인테리어 머천다이징

마케팅계획에 있어서 이러한 구성요소들에 대한 비중은 각 건설사들이 가진 개발계획의 특징에 따라 달려 있다.

표 1.3 ▸ 부동산 출시 MAP 사례

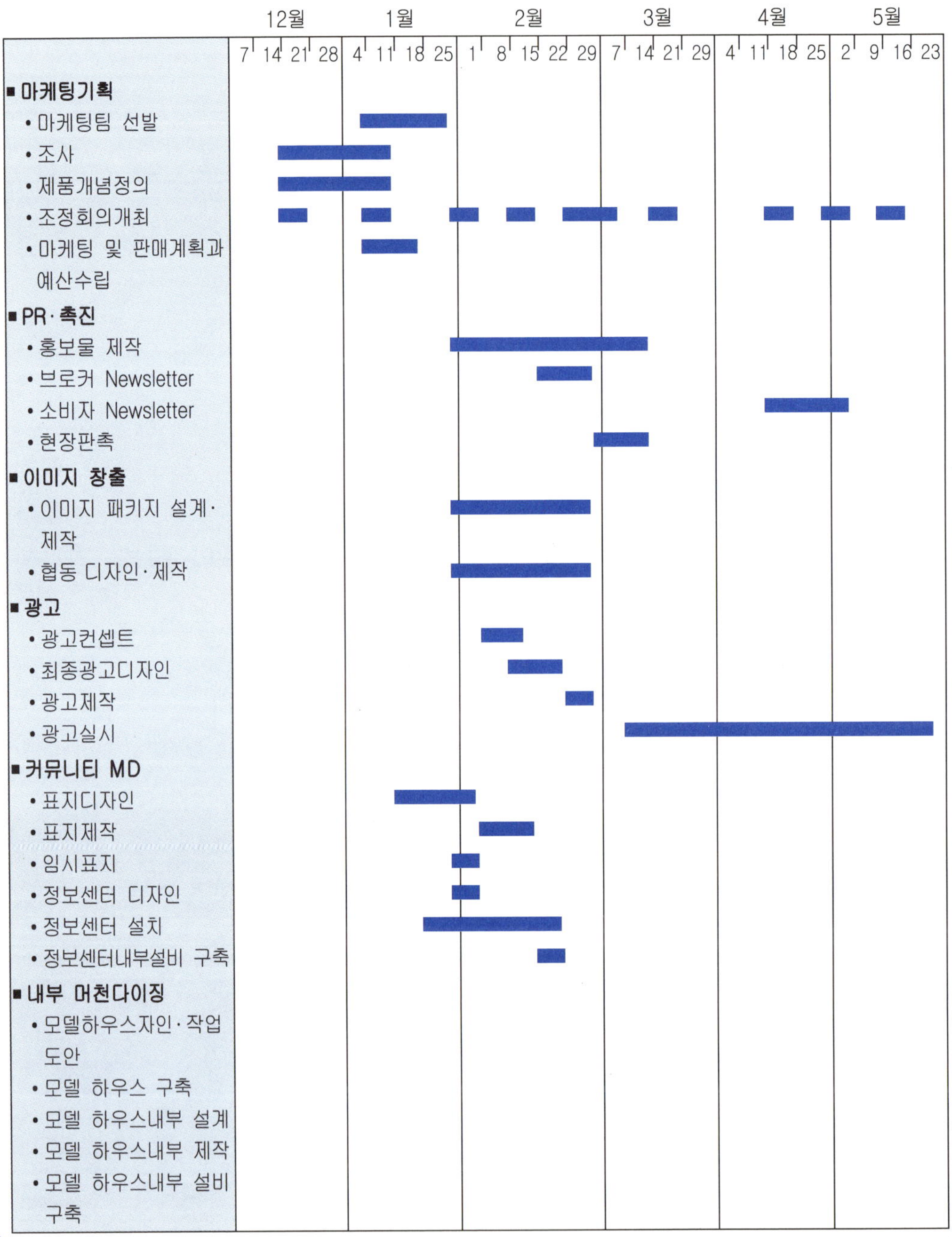

■ 기본적 실행계획(MAP : Master Action Plan)

종합계획 프로그램은 마케팅계획의 각 구성요소들에 대한 실행 순서를 세부화한 것이다. 앞의 <표 1. 3>은 Bar Chart로 설계된 전형적 주택건설 MAP이다. 여기에는 각각의 요소들에 대해 필요한 소요시간이 명확히 나타나 있다.

종합마케팅실행 프로그램은 모든 마케팅요소들이 표적시장을 중심으로 구축되고 모델하우스와 잘 부합되도록 매달 점검되어야 한다. 만약 건설상의 지연이 발생하면 이에 따른 마케팅일정도 조정하여 불필요한 비용이 발생하지 않도록 유의해야 한다. 반대로 시공이 앞당겨지게 되면 신제품(건물) 출시가 제때에 이루어지도록 마케팅요소들이 적절히 배치되어야 한다.

마케팅예산 제 4 절

마케팅예산은 마케팅계획을 실행하기 위해 필요한 경비를 종합적으로 추정한 것이다. 이러한 비용은 주어진 분양기간 동안 부동산의 매출목표를 달성할 수 있도록 충분히 배정되어야 한다.

(1) 예산배정과 분양

마케팅경비는 대체로 시간과 관련된다. 따라서 특정 개발사업에 대해 정확한 예산배정을 위해 분양률을 추정하는 것은 매우 중요하다. 예컨대, 만약 분양률이 계획보다 더 높거나 낮다면 광고 및 PR비용은 그만큼 축소되거나 확대될 수 있다. 따라서 예산배정의 첫 번째 규칙은 필수적인 계획과 예산파악을 위해 소비자 수요 및 경쟁자의 경쟁품을 감안하여 수입목표와 분양목표를 재평가하는 것이다.

(2) 예산설정과 수입

초기에 예산을 경직적으로 설정하기보다는 유연하게 설정하는 것이 중요하다. 예컨대, 광고 및 PR비용은 분양이 계획보다 더 많거나 적음에 따라 상당히 축소되거나 확대될 수 있다. 따라서 예산책정의 첫 번째 규칙은 소비자수요 및 경쟁제품과 관련하여 수입 및 분양목표를 재평가하여 기본계획 및 예산을 확정하는 것이다.

예산책정의 두 번째 규칙은 마케팅비용이 수익과 직접적으로 비례한다는 고정적 통념을 배제하는 것이다. 단지 수익의 일정비율을 마케팅에 배분하는 것은 바람직하지 않다. 관행적으로 총비용의 몇 퍼센트를 마케팅비용으로 배정하고 있기는 하지만 실제로 모든 부동산 마케팅상황에서 독특한 수요, 공급 및 건설제약조건이 있게 된다. 비록 부동산의 가격이 낮은 상황에서도 경쟁이 극심한 경우에서는 매우 많은 마케팅비용을 지출해야 하는 경우도 있고, 반면에 포지셔닝이 매우 잘된 상황에서는 낮은 마케팅비용만을 지출할 수도 있는 것이다. 이러한 부동산상품의 유형과 시장의 상황을 무시하고 총비용 대비 일정비율을 마케팅비용으로 할당하는 것은 매우 비합리적이기도 하고 낭비를 초래하기도 한다. 다음 <표 1. 4>는 신규 부동산 개발경비 혹은 건설사의 연간 운영비를 요약한 예이다.

(3) 예산통제와 시장비용

시장조사, 제품정의, 기획 · 예산, 마케팅관리비 등 마케팅관련예산은 특정 기간별로 구분할 수 있다. 예컨대, 시장관련 비용은 다음과 같이 두 개의 뚜렷한 부분으로 나눌 수 있다.

- 새로운 유망고객의 문의를 창출하기 위한 광고 및 PR · 활동 (APR : Advertising & PR)
- 판매과정의 지원을 위한 제품 머천다이징(PM : product merchandising)

마케팅예산 — 예산서식 요약 ◂ 표 1.4

항목	금액	비율
1. 기획단계		______%
조사	₩______	
모니터링·평가	₩______	
계획수립·예산설정	₩______	
마케팅관리	₩______	
2. 마케팅활동		______%
광고	₩______	
신문	₩______	
잡지	₩______	
라디오·TV	₩______	
옥외광고	₩______	
DM	₩______	
광고사수수료	₩______	
광고제작비	₩______	
지원광고(리조트광고 등)		______%
PR		______%
직접 PR수수료	₩______	
홍보제작	₩______	
판매촉진비		______%
현장 판촉	₩______	
외부 판촉	₩______	
판촉제작비	₩______	
제품 머천다이징		______%
이미지 패키지	₩______	
현장표지판	₩______	
분양사무소 설계	₩______	
분양사무소 운영	₩______	
모델하우스 내부시설	₩______	
모델하우스 정비	₩______	
공공요금	₩______	
조경비	₩______	
판촉지원자료	₩______	
후속작업	₩______	

APR(광고 및 PR)비용은 대체로 일정한 반면 PM비용은 각 제품의 공급상황에 따라 다양하게 책정되는 경향이 있다.

(4) 광고 및 PR 예산(APR)

APR 비용을 추정할 때 건설사는 그 해 마케팅시장상황에서 필요한 소비자수에 고객 1인당 문의비용을 곱하여 산출하며, 고객 문의당 비용은 과거경험에서 도출할 수 있다. 만약에 고객 문의당 비용산출자료가 충분치 않은 경우에는 수요 및 공급의 상황에 따라 1인당 15만 원에서 20만 원을 추정해 놓을 수 있다.

APR의 총비용이 책정된 이후에는 비교적 고정적인 총 PR비와 판촉비를 배정한 다음 개별적인 광고비용을 배분한다. 이러한 비용들은 물론 분양률에 따라 마케팅기간별로 분산시켜야 한다. 예컨대, 홍보비는 PR전문가에 의해 월별 또는 일별로 배정하거나 전체 판매기간 중 균등하게 배분할 수 있다. 신문이나 판촉비용도 기간 중 일정하게 책정할 수 있다. 이렇게 기간별로 예산이 일단 배정된 다음에는 총 PR 및 판매촉진예산을 산출할 수 있다.

총 APR예산에서 PR 및 판매촉진비용을 차감하여 총광고비용을 산출한다. 판매기간 중 총예산을 배분할 때 정상적인 매체노출을 확보하기 위하여 현지의 매체이용료를 감안해야 한다.

(5) 제품 머천다이징 예산

제품 머천다이징(PM) 비용에는 다음과 같은 세 가지 주요 요소가 포함된다.

- 이미지 창출(APR과 PM에 공히 매우 중요)
- 커뮤니티와 사업지 현장 머천다이징
- 내부 혹은 모델하우스 머천다이징

이상의 세 가지 요소별 실제 비용의 규모와 무관하게, 판매에 대한 각 요소들의 긍정적 효과를 분석하고 우선순위를 결정해야 한다. 여기서 중요한 점은 APR비용은 판매기간 중에 계속 배정할 수 있지만 PM은 일반적으로 개발의 초기에 책정되어야 한다는 점이다. 따라서 PM비용은 실제로 모두 초기에 현금지출이 되는 것이다(여기서 브로슈어 재인쇄비와 모델하우스 개설비용만은 나중에 지출할 수 있다).

■ 설비비용

설비는 리스형태로 마련할 수 있다. 만약 설비를 구매했다면 모델하우스의 이용기간에 따라 설비비용은 부분적으로 회수될 수 있다. 다음은 모델하우스 설비비용회수(cost recovery)에 관한 일반적인 지침이다.

모델하우스 기간	비용회수(%)
1년차	60
2년차	40
3년차	30
4년차	25
5년 이상	10~20

참고 문헌 Reference

김민근(2005), 부동산디벨로퍼론, 박영률출판사

김민주(2002), 마케팅 어드벤처, 미래의 창

김상일(2004), 대한민국 소비 트렌드, 원앤원북스

김정구(2000), 미래형 e-마케팅, 영진Biz.com

김해련(2005), 히트 트렌드 전략, 해냄출판사

박상언(2004), 통통 튀는 한국형 부동산마케팅, 무한

박치관 · 박준병 · 김응규 · 최종인 공역(2003), 이노비즈마케팅, 북코리아

서상혁(2003A), 시장분석의 요소와 주안점, 한남대학교 출판부

서상혁(2003B), 시장수요예측과 시장조사, 한남대학교 출판부

서상혁 · 박현우(2005), 기술마케팅, 산업자료센터

서성한(1998), 소비자행동의 이해, 박영사

손진수(2006), 부동산개발론, 부동산114

신종칠(2004), 신경제시대의 Kotler 마케팅, 시그마프레스

안효빈(2004), 부동산마케팅과 컨설팅, 새로운 제안

유승삼 · 김기원 옮김(2002), 제프리 A. 무어 지음, 캐즘 마케팅, 세종서적

윤훈현(2004) 옮김, 마케팅관리론, 석정

이문숙(2006), "아파트 브랜드 자산에 관한 연구", 성균관대학교 경영학과 박사학위 논문

이유재(2004), 서비스마케팅, 학현사

이은석 · 심형석 옮김(2002), 오리야마 카즈히사 지음, 건설 · 부동산 비즈니스 마케팅전략, 박영률출판사

이창석(2005), 부동산컨설팅, 형설출판사

이창석 · 강해규 · 김용민 · 정상철 · 오준석 · 김영혜 · 박용광 · 남찬희 공편저(2004), 재건축 · 재개발 컨설팅 이론과 실무, 형설출판사

이충노(2004), "부동산 분양마케팅 전략에 관한 연구 — 주거용과 업무용 부동산의 성공 및 실패사례를 중심으로 —", 고려대학교 경영대학원 석사학위논문

이훈영(2002), e-마케팅 플러스, 무역경영사
임종원 · 김재일 · 홍성태 · 이유재(2006), 소비자행동론(제3판), 경문사
전인수(1998), 서비스마케팅, 석정
조성근(2005), 한국의 디벨로퍼들, 이다미디어
최기열 · 박성신 공역(2005), 크리스티안 미쿤다 지음, 환상적인 체험을 제공하는 공간연출 마케팅 제3의 공간, 미래의 창
필립 코틀러(2003), 홍수원 역, 마케팅 A to Z, 세종연구원
한국생산성본부(2006), 부동산마케팅 및 분양전략실무
한상분(2005), 트렌드를 알아야 부동산이 보인다, 동아일보사

Arnold, Lee E., JR(2004), *Commercial Investment of Real Estate*, South-Western Thomson Learning.
Boyett, Joseph H., Jimmie T. Boyett(2003), *The Guru Guide to Marketing*, John Wiley & Sons, Inc.
Clark, Charles R., David F. Parker and Clark Parker Associates(1989), *Marketing New Homes*, National Association of Home Builders.
Cross, Carla(1994), *The Real Estate Agent's Business Planning Guide*, Dearborn.
Gaillard, Jean-Michel(2000), *Marketing et Gestion dans la Recherche et Développement*, ECONOMICA.
Hamilton, Dan(2006), *Real Estate Marketing and Sales Essentials*, Thomson South-Western.
Hopkins, Tom(2004), *Mastering the Art of Selling Real Estate*, Portfolio.
Kotler, Philip(2003), *Marketing Management*, 11th edition, Prentice Hall.
Lodish, Leonard and Howard Lee Morgan, Amy Kallianpur(2001), *Entrepreneurial Marketing*, John Wiley & Sons, Inc.
Lovelock, Christopher and Lauren Wright(2002), *Principles of Service Marketing and Management*, Prentice Hall.
Martichoux, Claire(2004), *La promotion des ventes en pratiques, d'Organisation.*
Miles, Mike E., Gayle Berens, Marc A. Weiss(2005), *Real Estate Development*, Urban Land Institute.
Millier, Paul(2002), *Stratégie et marketing de l'innovation technologique*,

DUNOD.

Randall, Mary Ellen and Jamie M. Edwards(2005), *Real Estate Advertising Made Easy*, Seldon Griffin Graphics Inc.

Schmitz, Adrienne and Deborah L. Brett(2005), *RealEstate Marketing Analysis*, Urban Land Institute.

Stone, Dave(1989), *New Home Marketing*, Dearborn.

chapter 2

부동산시장의 조사·분석

◀ 르메이에르건설사의 청평스포츠타운
수려한 자연경관과 어우러지게 기획된
레저와 주거공간을 접목시킨 부동산상품

내 용

부동산 마케팅 개요

1. 부동산마케팅 전략의 개요
- 새로운 부동산마케팅시스템
- 부동산마케팅의 전략기획, 예산수립

부동산 시장 분석

2. 부동산시장조사 분석
- 부동산시장 분석의 개요, 원리, 주안점
- 영역규정, 수요 분석, 공급 분석
- 시장 분석, 수요층분석 분석

3. 부동산유형별 시장 분석
- 주택시장
- office시장
- 호텔 및 리조트시장

부동산 상품 선택

4. 사업타당성 분석
- 총비용 산정
- 가치평가, 타당성 추정
- 리스크통제기법

5. 부동산상품의 분석과 선택
- 아이디어 창출의 원천과 기법
- 제품의 정의과정
- 커뮤니티, 상품, 디자인

부동산 마케팅 활동

6. 부동산상품의 컨셉트와 가격결정
- 이미지, 포지셔닝, 가격전략 수립

7. 부동산 홍보, 광고, 촉진
- PR, 광고, 머천다이징 M/H 운영

고객 관리 및 영업

8. 유망고객 창출의 전략기법
- 조사, 프로필 구축, 고객 포착

9. 인적마케팅
- 인적마케팅 개념
- 인적마케팅 전술

10. 마케팅전문가 선발
- 팀 구성
- 전문가 선발

앞 장에서는 마케팅대상으로서 부동산상품의 특징, 마케팅의 개념, 마케팅시스템의 구성요소와 마케팅기획 및 전략의 개요를 살펴보았다. 이어서 본 장에서는 부동산기획의 첫 단계이자 가장 중요하다고 볼 수 있는 부동산시장의 조사 분석에 관해 논의하고자 한다. 논의의 초점은 부동산시장 분석의 주요 요소, 수요공급, 경쟁 분석의 주안점 및 방법 등이 될 것이다. 따라서 본 장에서 주로 서술되는 내용은 다음과 같다.

- 시장조사의 개요와 요소
- 시장세분화
- 타당성 분석
- 시장영역의 결정
- 수요 분석

제 1 절 부동산시장 분석의 이해

1. 마케팅과 시장조사의 중요성

효과적인 마케팅전략을 성공적으로 수립하기 위해서는 부지매입을 전후한 마케팅조사가 필수적이다. 조사는 부동산개발업에서 신경안정제 역할을 해준다. 조사결과를 제대로 해석하고 적용한다면 마케팅조사는 리스크를 줄이고 기회를 확대시켜 준다.[1] 부동산을 설계하고 건설하기 전에 주택시장의 성격을 충분히 분석하지 않는다면 그것은 재앙을 부르는 일이다. 부동산시장을 조사하는 일은 의사결정과정에서 필수적 단계이다.

1) "정탐에 쓴 시간이 헛된 경우는 드물다." (손자병법)

다양한 커뮤니티와 주택 컨셉트의 선택을 제공하는 부동산환경에서 마케팅전략을 창출하는 것은 쉬운 일이 아니다. 따라서 마케팅관리자들은 부동산부문의 전문가들과 시스템에 대한 접근을 항상 유지함으로써 각 프로젝트에 대한 특정의 문제와 기회에 대처할 수 있다.

부동산사업의 전략을 수립하기 위해 후속 단계의 마케팅 로드맵(road map)으로 넘어가기 전에 다음과 같은 사항을 점검하고 그 조사결과를 분석해야 한다.

- 제시된 사업지와 주택디자인에 대해 잠재시장이 있는가?
- 시장기회가 많은가?
- 유망고객의 프로필은 무엇인가?
- 향후 몇 개월 혹은 몇 년간 이 지역에 적당한 시장침투율이 예상되는가?
- 수요에 부합되는 설계기준의 확인과 함께 이에 적합한 건축은 가능한가?
- 표적집단의 구매동기를 결정적으로 자극하는 것은 무엇인가?
- 건물디자인이 경쟁력을 가지려면 어떤 핵심가치지표들(key value indicators)이 충족되어야 하는가?
- 표적고객에게 어떻게 효율적으로 접근할 것인가?
- 고객의 반응을 자극하기 위하여 어떤 핵심적 마케팅메시지가 전달되어야 하는가?
- 사업지의 매입, 개발, 건설, 판매촉진의 과정이 현지의 마케팅기준에 부합되도록 하기 위해서는 어떻게 일정을 잘 조정해 나갈 것인가?

이상의 문제들은 마케팅책임자가 신중하게 검토하여야 하며 건설과정이 진행되기 이전에 그 답들이 나와야 한다. 건설이 시작되기 전에 종합적인 마케팅계획을 준비해야만 부동산개발사는 이익을 창출할 수 있는 기회를 가질 수 있다. 의사결정은 공백상태에서 이루어져서는 안 된다. 현명한 마케터는 무엇이 잘못되고 있는지를 항상 스스로 점검한다. 마케팅계획은 그 계획을 수행하는 사람들의 지침으로서 우선적인 관심사가 되어야 한다.

시장조사는 모든 개발의 출발점인 아이디어 창출의 바탕이 되므로 개발사는 프로젝트를 시작하기 전에 반드시 시장을 이해해야 한다. 시장에 대한 이해가 개발을 위한 아이디어 창출의 필수조건이기 때문이다.

아울러 마케팅담당자는 역동적인 마케팅전략을 개발해야 한다. 즉, 제품, 시장, 개발사, 경쟁사 및 환경이 끊임없이 변화하기 때문에 마케팅전략도 연속적·역동적이어야 한다. 마케팅은 시장 분석, 시장 포지셔닝, 제품설계, 마케팅 판매기획, 시장반응의 평가 등과 같은 일련의 활동을 통하여 지식을 축적하는 연속적인 순환과정이다. 이런 누적된 지식에 바탕을 두어야만, 개발사는 현재의 시장역학을 더 잘 이해하고 내일의 시장에 더 잘 대비할 수 있다.

(1) 마케팅과 시장조사의 기초

과거의 성공으로 자만에 빠져서 다음 번 프로젝트도 성공할 것이라고 믿는 개발사가 있을지도 모른다. 그러나 공급이 수요를 창출할 것이라는 그런 가정은 부동산개발에는 적용되지 않는다.

다른 사업가들과 마찬가지로, 부동산개발사들도 고객에게 주의를 기울여야 한다. 마케팅은 제품을 파는 과정으로 좁게 해석되어서는 안 되고, 인간의 필요(needs)와 욕구(wants)를 충족시키는 것으로 넓게 이해되어야 한다. 오늘날과 같이 매우 경쟁이 심화된 부동산사업에서, 시장에 사려 깊은 주의를 기울이는 개발사들이 그렇지 않은 개발사들보다 훨씬 더 사업을 잘하는 것은 자명하다. 여기서 마케팅원리를 다시 한 번 잠시 음미해보자.

- 마케팅은 개인과 집단들이 가치 있는 제품을 만들고 교환함으로써 자신들이 필요로 하는 것을 얻는 사회적·경영적 과정이다.
- 사람들의 욕구, 필요, 수요가 있기 때문에 마케팅이 생겨난다.
- 사람들이 제품을 선택한다면, 그 선택은 보통 그들의 가치관과 기대에 의해 좌우된다.[2)]
- 여러 가지 방식으로 제품을 얻을 수 있지만, 대부분은 거래에 의해서 재화를 획득한다. 따라서 시장은 자신들의 특정 욕구[3)]를 충족시키기 위해서 교환에 참여하거나 참여할 수 있는

2) "고객이 자신의 상품을 사주기를 바라는 것처럼 고객의 마음을 헤아려 마케팅하라."(마케팅 황금률)

3) "우리고객이 이처럼 큰 만족을 느끼는 한 가지 이유는 우리가 만족할 줄 모른다는 점 때문이다."(혼다의 광고)

잠재적 고객들로 구성된다. 시장규모는 얼마나 많은 사람들이 그 욕구나 소망을 공유하고 있으며, 타인들의 관심을 끄는 자원을 가지고 있고, 그 자원들을 자신들이 원하는 것과 기꺼이 교환할 수 있는지에 달려 있다.

- 마케터는 가치의 교환에 참여할 잠재고객을 찾는 사람이다.
- 마케팅관리는 표적집단과의 교환을 성사시키기 위한 마케팅계획의 수립과 집행, 재화, 서비스, 아이디어, 가격책정, 촉진 및 유통과정이다.

경제학자들은 수요와 공급의 측면에서 시장을 설명할 때 구매자와 판매자 모두를 포함시킨다. 그러나 마케팅전문가들은 판매자를 산업으로 간주하고 구매자만을 시장으로 본다. 마케팅목표는 경영기능의 일부가 되어야 하지만, 실제로는 고객을 찾고 유지하는 업무가 전적으로 마케팅담당자들에게 맡겨지는 경우가 많다. 그러나 어느 기업에서든지, 제품이 어떻게 생산되고 금융지원은 어떻게 받는가를 마케팅담당자가 이해하고, 직접 고객들과 거래하면서 배운 것을 프로젝트 담당자에게 전달할 때 그 프로젝트는 더욱더 성공적이 된다.

(2) 부동산마케팅 기획의 5요소

겉으로 보기에는 복잡한 개념처럼 보일지 모르나, 마케팅업무를 조정하거나 계획을 달성하는 데 지나치게 시간이 많이 걸리거나 어려운 것은 아니다. 마케팅계획을 정기적(예컨대, 각 4분기마다)으로 관리하며 집중하는 데 있어서 요구되는 다섯 요소는 다음과 같다.

- 수요 및 공급의 측면에서 시장을 평가한다.
- 건설되고 있는 부동산의 유형 및 디자인을 평가한다.
- 시장에 반응하기 용이한 새로운 부동산유형을 정의한다.
- 마케팅계획 및 예산을 확정·검토·수정한다.
- 마케팅계획을 집행할 개인이나 기관을 선정·검토·교체한다.

(3) 잠재고객의 표적화

'고객우선'이라는 표현은 진부하지만, 여전히 핵심적인 마케팅 개념이다. 즉, 회사는 목표고객의 욕구를 파악하고, 그 욕구를 경쟁사들보다 더 잘 충족시키려고[4] 노력함으로써 조직목표를 달성한다. 이러한 접근방법이 모든 사업의 기초가 되어야 한다.[5] 그런데 종종 놀랍게도 기업들은 고객의 이해보다는 다른 이해를 우선시한다. 그런 이해들로는 생산개념, 제품개념, 판매개념 등이 있다.

4) "고객을 유지하는 최선의 방법은 적게 받고 많이 주는 방법을 끊임없이 연구하는 것이다."(잭 웰치)

5) "품질의 표준은 고객이 결정한다. 우리는 그런 표준을 따르면 된다."(브랜드 파워, 홍수원(2003))

생산개념은 효율적 생산과 대량유통을 통해 가격을 낮춤으로써 판매를 증진할 것을 강조한다. 제품개념은 제품품질의 지속적 개선을 강조한다. 판매개념은 소비자의 잠재욕구를 자극하는 판매 및 촉진 노력에 초점을 맞춘다. 이런 목표들도 가치 있는 것들이기는 하지만, 그것들이 고객의 확인과 욕구충족이라는 개발사의 일차적 목표를 대체할 수는 없다.

(4) 고전적인 마케팅전략과 마케팅믹스

마케팅전략은 마케팅목표를 달성하기 위한 상세한 계획으로, 여기에는 표적시장에 대한 명확한 정의, 그 시장을 공략하기 위한 측정 가능한 목표, 마케팅예산 그리고 마케팅믹스(marketing mix)가 포함된다. 마케팅믹스는 제품(product), 유통(place), 가격(price), 촉진(promotion)의 4P로 구성된다.

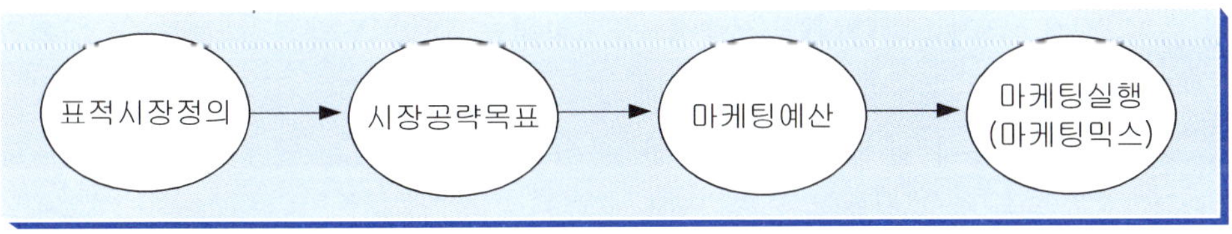

부동산시장에서 제품(product)은 아파트, 사무실, 창고(warehouse) 등과 같은 부동산유형을 가리키며, 품질, 브랜드, 패키징과 서비스에 의해서 구분된다. 품질은 그 프로젝트의 건축양식, 공사, 배치,

마감 등과 관련된다. 브랜드명은 개발사의 명성이나 오피스빌딩의 등급을 좌우한다. 부동산상품의 패키징은 특정 고객의 마음을 움직이기 위해서 부동산에 덧붙여진 물리적 특징, 기능, 혜택 등을 가리킨다. 서비스는 보안서비스 제공과 같은 개발사의 지속적인 부동산관리를 의미한다.

부동산시장은 사무실, 쇼핑센터, 주거, 호텔, 산업단지 등과 같은 부동산유형에 따라 범주화되며, 각각의 부동산유형은 다시 입지요인과 가격대 등에 따라 더 작은 시장으로 세분화될 수 있다. 예컨대, 호텔은 특급리조트호텔, 도심 컨퍼런스 호텔, 모텔 등으로 나누어볼 수 있다.

장소(place)는 부동산의 유통을 말한다. 부동산상품의 특징상(부동성) 물적 흐름은 없으나 소유권의 이동을 중심으로 보면 일반적 마케팅의 유통개념을 그대로 적용할 수 있다. 즉, 직접유통, 간접유통(분양대행, 브로커 · 중개사 활용)으로 구분할 수 있으며, 유통구조의 설계전략 역시 부동산고객, 시장환경, 유통기구 등에 따라 달리 수립되어야 한다.[6)]

가격(price)에는 고객별 맞춤형 공간공사비용, 기간연장 옵션과 항목들이 포함된다. 부동산은 비싼 내구재이기 때문에 지급기간과 신용조건이 특히 중요하다. 가격결정이론과 기법에 관해서는 제5장에서 설명한다.

촉진(promotion)은 부동산에 대한 홍보 · 광고와 영업활동을 가리킨다.

전략실행에는 전술을 구체화하는 것이 포함되며, 전술을 계획하는 데는 마케팅믹스의 네 요소, 그리고 특히 각 요소의 타이밍과 비용에 대한 더욱 정밀한 분석이 요구된다. 소규모 개발의 경우에는 전략과 전술의 구분이 모호하지만, 대규모 프로젝트의 경우에는 양자가 명확하게 구분된다. 예컨대, 개발팀이 전략을 수립하고 마케팅담당자들이 전술을 만든다. 마지막으로, 개발사는 마케팅전략을 집행하고 통제해야 한다. 마케팅계획의 집행을 모니터하고 통제하기 위해서는 숙련된 관리가 요구된다.

6) 이 요소(place)를 부동산마케팅에서는 입지(location)라고 보는 견해도 있다. 그러나 입지는 부동산마케팅의 4P's 중에서 첫 번째, 즉 제품(product)요소로 포함시키는 것이 타당하다고 본다. 부동산상품이 가진 여러 특징적 요소(FAB) 중 입지야말로 가장 중요한 요소이기 때문에 product에 포함시켜야 하는 것이다.

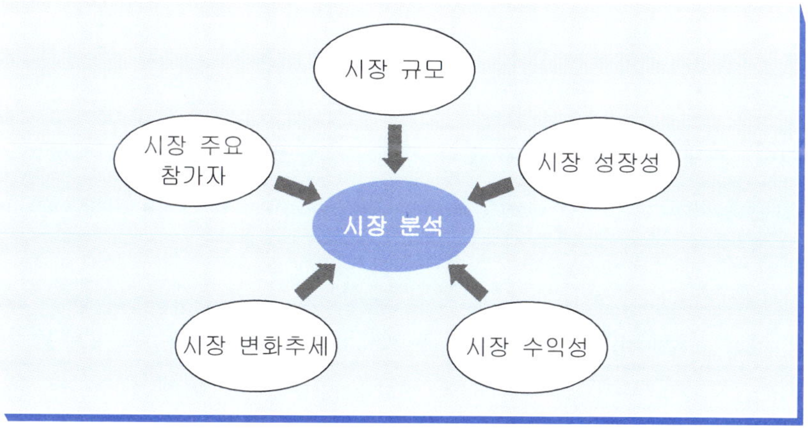

<자료 : 서상혁 · 박현우(2005)>

ness)와 시장 역동성(dynamics) 및 시장참가자에 대한 내용을 주된 요소로 한다.[7)]

- 얼마나 좋은 시장인가? : 시장규모, 성장성, 수익성, 진입장벽
- 시장의 변화는 얼마나 역동적인가? : 시장의 변화추세, 새로운 기회 · 위협요소, 변화영향요인

이상의 요소별 세부내용과 주안점에 관해 간략히 살펴보자.

부동산개발사가 어떤 부동산유형의 개발 프로젝트를 검토하고 있든 간에 모든 시장 분석은 기본적으로 다음의 세 가지 문제를 다룬다.

- 구상 중인 프로젝트를 임대하거나 구매할 사용자가 있을 것인가?
- 구상 중인 프로젝트가 시장에서 얼마나 빨리, 그리고 얼마의 가격(혹은 임대료)에 분양(absorb)될 것인가?
- 시장에서 경쟁력을 갖기 위해서 그 프로젝트를 어떻게 계획 혹은 마케팅할 것인가?

부동산시장 분석은 특정 부동산상품에 대한 수요와 공급을 파악하고 연구하는 것이다. 수요 측면에는 사용자가 있고, 공급 측면

7) 시장의 정의(definition)는 제품시장이 지리적 범위를 기준으로 하거나(예 : 지역시장, 국내시장, 국제시장) 제품군과 관련하여 범위를 결정할 수 있다. 제품군으로서는 레지던스 아파트, 주상복합, 실버주택들을 예로 들 수 있다.

은 경쟁자들로 구성되어 있다. 현재 행해지고 있는 시장 분석의 경우 자료의 과학적인 수집·분석 과정이 미흡한 상태로 자료를 제공하는 치명적인 결함을 보이는 경우가 많다. 부동산은 고정된 입지에 존재하기 때문에 수요와 공급은 입지 특정적이다. 시장영역(market area)은 수요의 대부분이 발생하고 대부분의 경쟁자들이 입지해 있는 지리적 지역이다.

대부분의 부동산시장 분석은 구상 중인 프로젝트의 최대시장(market potential)[8)]과 시장성(marktetability)을 검토한다. 최대시장 분석은 공간에 대한 유효수요와 공급을 이해하기 위해서 총수요 및 공급 자료를 검토하는 것이다. 그런데 공급보다는 수요 측면이 훨씬 더 이해하고 예측하기 어렵다. 즉, 얼마나 많은 수요가 존재하고, 그 수요가 어디에서 기원하며, 그 수요를 어떻게 충족시킬 것인가를 예측하는 일은 분석뿐만 아니라 경험과 직관도 필요로 한다.

8) 학자에 따라서는 잠재시장이라고 표현하기도 하나 market potential이란 maximum number of customers, 즉 최대 고객수를 말하므로 최대시장이라는 용어가 적합하다.

(1) 시장규모 분석

시장규모의 측정은 다음과 같은 분석요소를 대상으로 한다.

- 기존고객(existing customers) : 현재의 고객
- 잠재고객(potential customers) : 미래시장의 수요, 새로운 용도, 새로운 사용자집단, 사용빈도 증가 등에 기인
- 최대시장규모(market potential) : 이상적인 조건 하에서 모든 기업이 달성할 수 있는 최대매출액
- 최대매출규모(sale potential) : 최대시장규모 중 자사가 차지할 수 있는 최대매출액
- 구매교체 및 신고객 구매율
- 시장점유율 및 잠재시장 점유율

이러한 분석차원들이 명확히 이해되어야 시장의 현재 및 미래 수요에 대한 평가가 가능할 것이다.

여기서는 최대시장규모와 시장점유율에 관해서만 살펴보기로 하자.

① 최대시장규모

여기서 특히 유의해야 할 개념은 최대시장규모(market potential)이다. 즉, Potential이라는 용어 때문에 잠재시장이라고 간주하면 혼란이 생긴다. 최대시장규모의 추정방법은 여러 가지가 있지만 여기서는 생략하기로 한다.[9)]

다음 그림은 최대시장규모 대비 시장침투율을 나타낸 것이다. 이 예에서는 2000년 현재 대도시 실버주택시장은 40% 정도 개척되어 있다.

9) 2차 자료의 분석, 연쇄비율법, 의견조사법, 시장테스트, 선행지표 조사 등이 있다.

대도시 실버주택시장(예) ◂ 그림 2.2

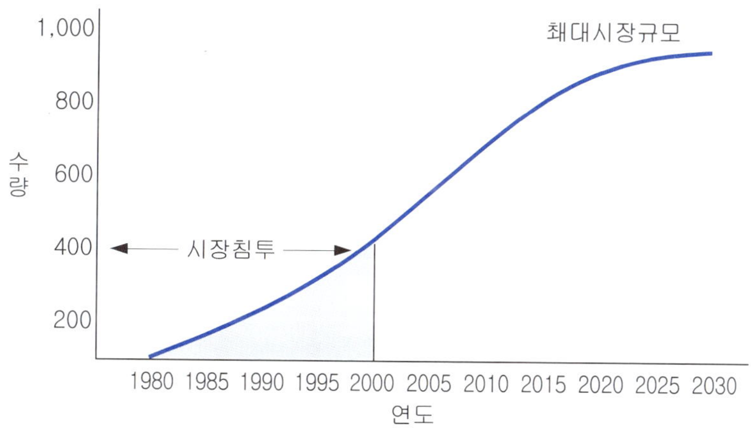

자료: 서상혁(2003B) 부분수정

② 시장점유율

최대시장규모, 시장성장률, 제품수명주기(PLC)형태 등은 현재 및 미래 수요에 관한 통찰력을 제공한다. 자사의 매출액은 시장수요에 시장점유율을 곱한 것이 된다.

■ **시장점유율 나무**: 시장점유율을 추정하는 것은 복잡한 수학

적 전제조건 등이 필요하지만, 단순한 마케팅논리 추론방식인 점유율 개발나무(share development tree)를 사용할 수 있다. 나무의 가지들은 부동산상품 인지, 선호, 구매의사 등으로 구성된다. 이 예에서는 시장점유율이 7.6%(0.076)이다.

그림 2.3 ▸ 시장점유율 나무

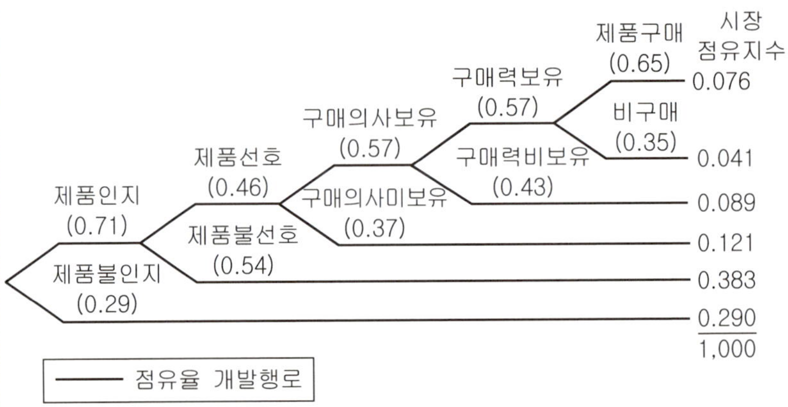

자료 : 서상혁(2003B) 재인용

(2) 시장성장성 분석

① 추동력

시장규모의 추정 다음에는 시장의 성장률 분석이 중요하며, 이때에는 무엇보다 시장 매출액의 변화를 결정하는 추동력(driving force) 파악이 필요하다.

② 시장성장 촉진요인

소비자의 제품관련 인지율과 제품가용성이 충분하다는 전제하에 시장성장률 결정요소는 크게 고객관련요인, 제품관련요인, 시장관련요인 등 세 가지로 분류할 수 있으며, 이는 다시 11가지 세부항목으로 구분할 수 있다.

	완만한 시장성장		급속한 시장성장
(1) 고객관련요인			
필요인식	저		고
리스크	고		저
혁신성	저		고
의사결정단위	집단		개인
(2) 제품관련요인			
상대적 이점	최소		고
상대적 비용	고		저
복잡성	대		소
사용간편도	불편		간편
(3) 시장관련요인			
관찰가능성	불가		가시적
사용가능성	사용불가		사용용이
마케팅효과	최소		집중적

<자료 : 서상혁 · 박현우(2005) 재인용>

예컨대, 외국인전용 레지던스 아파트시장을 보자. 이 경우 고객이 느끼는 필요성이 높을수록 급속한 성장성을 보일 것이며, 반대로 의사결정단위가 개인보다는 집단인 경우 완만한 성장성을 나타낼 것이다.

3. 부동산 수요와 공급 분석

수요 분석과정에는 기본적으로 다음과 같은 요인들을 검토한다.[10)]

- 인구, 가구 및 인구 통계적 특성
- 소득과 구매능력
- 산업별·직업별 고용
- 이동 및 통근 유형

10) 이에 관해서는 다음 절에서 더 구체적으로 서술할 것이다.

또한 경쟁사들의 공급 분석에는 다음과 같은 요인들을 고려한다.

- 현존 공간의 재고
- 공실률과 공실 재고의 특성
- 최근 분양률
- 건설 중이거나 계획 중인 프로젝트
- 시장 판매가격이나 임대료 그리고 제품의 입지와 품질에 따른 가격이나 임대료의 차이
- 현존 프로젝트와 계획 중인 프로젝트의 특징, 기능 및 장점
- 임대 혹은 판매의 조건과 혜택

경쟁 분석은 부동산의 수요특성을 평가하는 것이며, 이를 바탕으로 개발사는 시장에 더 적합하게 하기 위해서, 그리고 특정 선호를 가진 사용자들을 끌어들이기 위해서 부동산상품, 가격 및 머천다이징을 바꿀 수 있다. 경쟁 분석에는 일반적으로 표적고객들의 프로필, 제품의 특징과 쾌적시설(amenities) 및 서비스, 그리고 가격결정전략이 포함된다. 경쟁력을 분석하면 구상 중인 제품에 대한 수요를 판별할 수 있을 뿐 아니라 그 프로젝트가 원하는 시장점유율을 확보할 수 있을지도 결정할 수 있다. 경쟁 분석에 관해서는 다음 절에서 더 구체적으로 설명하게 된다.

(1) 좋은 부동산상품의 선택

많은 부동산전문가들이 인용하는, 성공적 개발을 위한 세 가지 요인은 첫째도 입지(location), 둘째도 입지, 셋째도 입지이다. 입지에 대한 정의는 보통 다소 추상적이지만, 그 사업지(site)를 둘러싼 지리적 영역이 그 부지의 개발에 유리하거나 불리한 특징을 보여줄 수 있다는 것을 시사한다.

개발을 위한 좋은 부동산과 부동산 유형을 선택할 때 많은 개발사들은 '그 부지(the territory)'에 대한 직관적 지식에 의존한다. 그런데 그들은 "이 부지 위에 만들어진 부동산의 구매에 누가 관심을 가질 것인가?"라는 더 중요한 문제를 종종 간과한다. 그러므로 개발할 좋은 부동산과 제품을 선택할 때에 그 땅을 아는 것만으로

는 충분하지 않다. 잠재적 구매자에 대한 지식이 더 중요하다.

① 경 쟁

잠재적 구매자 수요에 대한 평가에 덧붙여, 개발사는 경쟁사들이 그 수요를 충족시키기 위해서 무엇을 하고 있는지도 검토해야 한다. 예컨대, 소비자수요에 대한 어떤 개발사의 평가 결과, 임대주택을 찾는 젊은층이 폭발적으로 증가하고 있고 다른 개발사들이 남아돌 정도로 많은 임대아파트를 건설하고 있다면, 아파트 건설에 뛰어드는 것은 현명하지 못한 일이 될 것이다. 그러므로 수요가 공급을 초과하는 시장기회를 찾기 위해서 소비자수요와 더불어 경쟁사의 제품공급도 동시에 검토해야 한다.

② 타이밍

의사결정과정에서 중요한 또 하나의 요인은 타이밍이다. 시장기회를 활용하기 위해서 제품을 개발하는 데 얼마나 오래 걸릴 것인가? 만약 6개월이 걸린다면, 6개월 앞서 소비자 트렌드와 경쟁사의 제품공급에 대한 분석을 통해서 시장요인들을 투영해 보아야 한다. 제품을 시장에 출시하는 데 1년 이상 걸린다면, 시장조사 전문가에게 도움을 의뢰할 수도 있다. 이러한 시간제약은 일반적으로 토지의 소유권과 물리적 특징뿐만 아니라 용도구역제와 분할승인 같은 토지개발제한과도 관련되어 있다.

다음 [그림 2.4]는 토지와 제품의 효율적 선택을 위한 핵심적인 의사결정과정을 보여주고 있다. 이 그림에는 최종 의사결정 이전에 수행되어야 할 여덟 가지의 분석이 포함되어 있다. 그림의 오른 쪽에 있는 분석들은 토지 및 개발비용과 관련된 것들이다. 그리고 그림의 왼쪽에 있는 분석들은 주택유형, 가격 및 분양률 등의 측면에서 개발사가 시장성을 평가하는 데 도움을 주는 것들이다. 비용 측면의 자료들과 더불어 수입 측면의 이 자료들은 개발사가 자신의 이윤목표와 관련하여 재무적 타당성(financial feasibility)을 판별하는 데 도움을 줄 것이다.

그림 2.4 ▸ 적합한 부동산선택

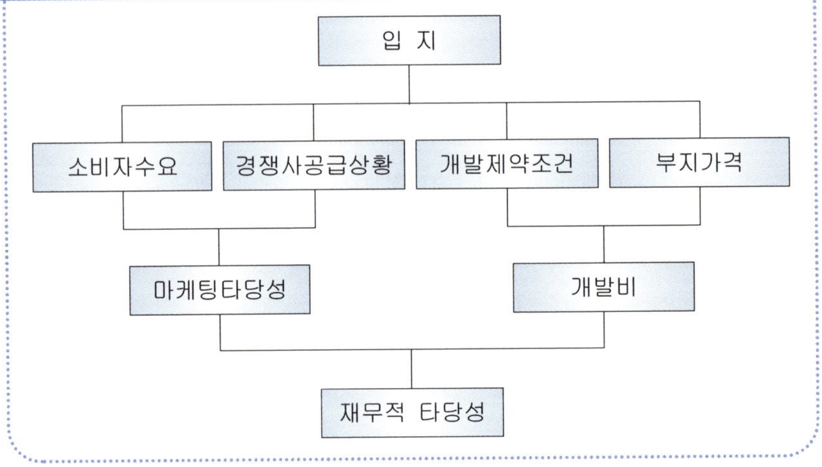

자료 : C. R. Clark et al. (1989), 수정

(2) 입지 분석

입지 분석(site location analysis)은 직관적이기보다는 연역적인 과정이 되어야 한다. 물론 경험 많은 개발사와 토지개발사의 자체 현장평가보다 좋은 것은 없다. 그러나 최고의 개발사들조차도 자신들의 판단을 체계적인 분석으로 뒷받침한다.

다음 [그림 2. 5]는 활용하기 쉽고 효용성이 입증된 입지 분석과정을 보여주고 있다. 여기에는 부지의 물리적 특성에 따라 조직화된 다음과 같은 입지요인들이 포함되어 있다.

- 지역, 지구 및 사업부지의 토지이용
- 자연적 · 인위적 환경요인
- 공적 · 사적 개발통제

위의 각 요인들에 대한 평가는 각 단지와 그 입지의 특수한 개발제한요인들과 개발기회를 밝혀줄 것이다.

다음은 특정 사업지의 입지 분석 예이다.

- 지역(region)의 측면에서, 개발 분위기, 그 부지의 뛰어난 교통편의성, 진취적인 정치지도자 등

그림 2.5 물리적 특성

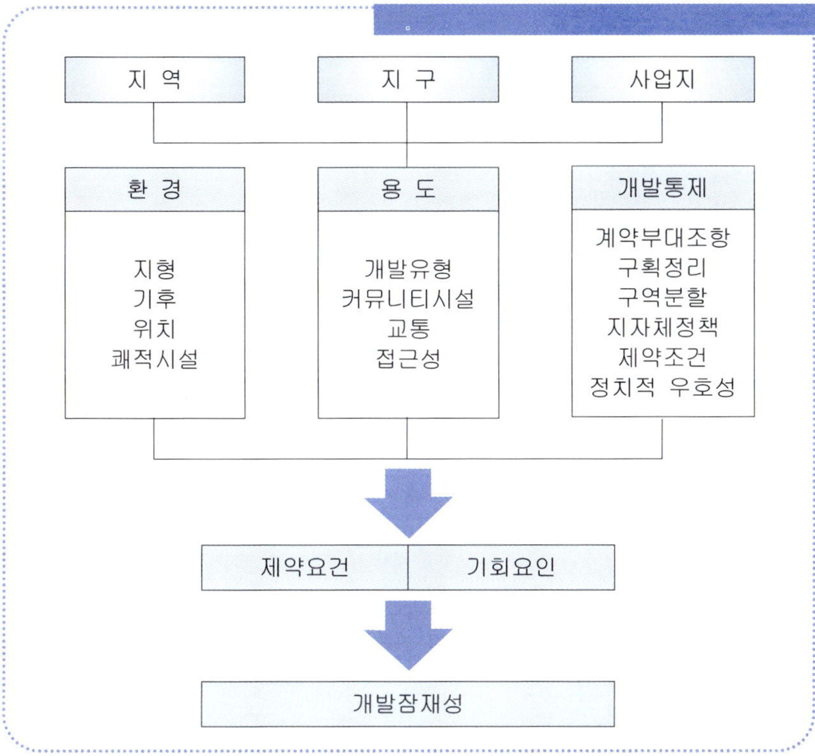

자료 : C. R. Clark et al. (1989), 수정

- 지구(local)의 측면에서, 그 부지가 개발에 성공한 고가의 단독주택과 인접해 있고, 명문학교들이 근처에 있으며, 이미 단독주택개발지로 용도지정이 되어 있다면 해당 부지의 개발기회는 촉진될 것이다.
- 다른 한편, 그 사업지(site) 지형의 급격한 변화, 그리고 특정 규모 이하의 주거지 건축을 금지하는 법규 때문에 가장 잘 팔리는 1,800평 규모의 주택을 지을 수 없는 제약 등에 의해 개발이 제한될 수도 있다.

이런 식으로 그 부지의 이점과 제약요인 등의 불이익을 비교하여 개발잠재력을 평가하여야 한다. 다음은 마케팅조사 목록에 포함되어야 할 주안점들이다.

표 2.1 ▸ 마케팅조사의 주요 내용

1. 지리적 요인	1.1 지역특징(위치, 역사, 배경 등) 1.2 부지여건(쾌적성 등) 1.3 개발계획
2. 사회·경제적 요인	2.1 국가 및 지역 트렌드 2.2 국지적 특성 2.3 정부의 개발통제
3. 시장요인	3.1 지역구매특징(인구통계) 3.2 구매자
4. 제품요인	4.1 신규 건설 트렌드 4.2 지역부동산 공급 트렌드 4.3 지역개발 4.4 신규 건설 부동산 프로필(제품특징, 쾌적시설, 옵션 등) 4.5 경쟁상황(가격, 분양률, 판매정보 규모 등)

(3) 아이디어의 창출

시장상황은 보통 수요와 공급의 측면에서 논의된다. 수요와 공급에 대한 지식은 아이디어 창출을 위한 필요조건이다. 그러한 지식은 광범위한 전국적 차원의 상황에 대한 지식에서부터 시작되어야 하고, 지역 차원의 상황에 대한 지식도 포함되어야 한다.

엄청난 자료를 단순하게 수집만 하는 것은 아이디어 창출에 별로 도움이 되지 않는다. 자료를 주의 깊게 선택해서, 구상 중인 프로젝트와 시장을 연결하고 현재와 미래를 연결하는 의미 있는 틀속에 위치시켜야 한다. 이와 관련하여 도움이 되는 아주 간단한 모델이 현재와 미래, 그리고 부동산과 시장을 연결하는 설계(그림 2.6 참조)이다.

이용가능한 거의 모든 자료는 현재 시장에 관한 것이다. 따라서 거시적 수준의 현재 자료에서 미시적 수준의 부동산의 미래를 도출해내는 것이 중요하다. 이와 관련하여 가장 가치 있는 자료는 고용성장과 소득수준, 연령구조, 산업구조, 공급추이 등에 대한 추세

주택소비자특성 ◂ 그림 2.6

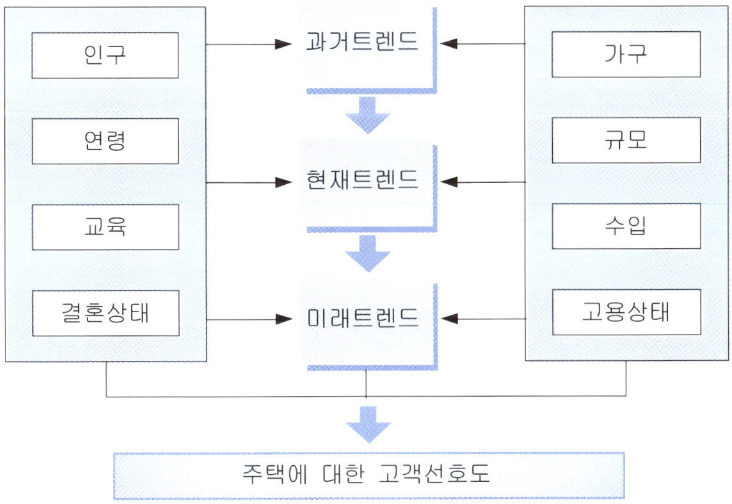

자료 : C. R. Clark et al. (1989), 수정

시장연구의 두 핵심차원 ◂ 표 2.2

	현 재	미 래
거시적	**현재 및 과거** • 포괄적 세분시장 • 수요특징 -선호사항 -소득 -거주자 유형 • 분양률 및 공실률 • 임대료와 소비자가치	**시장예측** • 세분시장별 수요·공급 • 수요특징 -고용증대 -인구증가 -공간수요(고용 및 인구성장) • 분양률 및 공실률 • 임대료와 소비자가치
미시적	**마케팅 대상 부동산 및 경쟁상품** • 부동산 규모와 품질 • 수요특징 -선호사항 -소득 -거주자 유형 • 분양률 및 공실률 • 임대료와 소비자가치	**부동산의 미래성과** • 추정임대율 • 경상비 • 분양률과 공실률 • 순영업이익 • 시장가치 목표

자료 : Miles Mike E.(2005) 재인용

자료이다. 이러한 거시적 수준의 추세자료는 전국, 대도시 및 지역에 대해서 수집되어야 하며, 지역의 공급 및 수요에 관한 예측을 하는 데 유용하게 이용된다. 수집된 거시적 수준의 자료는 구상 중인 프로젝트의 미시적 수준의 수요와 연결되어야 한다(표 2.2 참조).

(4) 시장세분화(market segmentation)

개발사들은 자사의 부동산프로젝트에 가장 적합한 세분시장을 판별하려고 노력한다. 역사적으로 부동산개발은 공간적으로 세분화된 산업이었고, 대부분의 개발사들은 단지 몇 개의 입지에서 일하면서 한두 유형의 제품만 생산하였다. 그러나 최근에는 기업규모의 성장과 더불어 개발사들의 지리적 범위와 제품 믹스도 증가하고 있다. 최근 개발사들은 지리적·기능적으로 세분화된 다양한 시장에서 개발사업을 추진하며 잠재고객들의 사회경제적·행태적 차이들을 탐구한다. 이러한 요인들에 대한 조사연구를 통해서 상이한 수요자와 생활양식, 구매력, 장소의 조합으로 구성된 표적시장을 판별한다. 부동산개발과 관련하여 시장조사가 갖는 가장 중요한 기능은 바로 이러한 새로운 시장을 판별하는 것이다.

시장세분화는 다음과 같은 절차를 따른다(그림 2.7 참조). 먼저 부동산상품의 시장을 정의[11)]한다. 그런 다음 세분화기준을 선정하여 세분화하고, 이에 따라 도출된 세분시장(segment)을 평가한다. 끝으로 표적화할 시장을 결정한다. 시장세분화의 기준이 되는 요소로서는 소비자의 개인적 특징과 부동산상품에 대한 소비자특성으로 구분할 수 있다(표 2.3 참조).

시장세분화 결과 자사의 부동산상품이 가장 적합하다고 보이는 세분시장을 선택하게 된다. 예컨대, 도시형 고급 실버주택의 경우 대도시에 거주하는 60세 이상 부유층 전문직 퇴직자 및 사업가로 판별될 수 있다.

11) 시장의 정의(definition)는 제품시장이 지리적 범위를 정의(예 : 지역, 시장, 국내시장, 국제시장)하거나 제품군과 관련하여 범위를 결정할 수 있다. 제품군으로서는 레지던스 아파트, 주상복합, 실버주택 등을 예로 들 수 있다.

시장세분화절차 ◀ 그림 2.7

조사단계

목표소비자 대상 설문조사, 속성별 중요성 등급화,
제품사용유형, 응답자의 인구통계적·심리묘사적 변수 포함

↓

분석단계

상관관계가 높은 변수도출을 위해 자료요인 분석

↓

세부요약 및 프로필

각 군집별 특성에 따라 구분, 명명, 표적시장화

시장세분화의 기준변수 ◀ 표 2.3

■ 개인적 특정변수
• 지리적 변수 대도시, 중소도시, 읍, 면 아파트, 일반주택 • 인구통계적 변수 나이, 성별, 소득, 가족규모, 직업, 교육수준, 세대(X-세대…) • 사회계층, 라이프스타일, 개성
■ 제품관련 소비자 특성변수
• 추구하는 편익 • 특정제품(군)의 소비·사용량, 사용 여부 • 특정제품(군)을 소비·사용하는 사람과 상황 • 브랜드애호도 • 구매준비상태 • 태도

효과적인 세분화의 조건은 다음과 같다.

첫째, 세분시장의 규모가 측정할 수 있어야 한다(measurable). 둘째, 어느 정도의 규모가 되어야 한다(substantial). 셋째, 그 세분시장에 접근이 용이해야 한다(accessible). 끝으로 차별화할 수 있어야 한다. 이러한 단계를 거쳐 도출된 시장을 표적화(targeting)하기 위해 반드시 고려해야 할 점은 다음과 같다.

① 세분시장의 매력도, 즉 세분시장의 규모, 성장성, 수익성, 진입장벽 등을 고려한다. 시장규모가 너무 작거나 성장성, 수익성이 저조하거나 진입장벽이 높은 시장인지 점검한다.

② 개발사의 목적 및 경영자원과 부합하는지 여부를 검토한다. 아무리 매력적인 시장이라도 기업이 가진 자원(자금조달능력, 기술, 인력, …)과 부합되어야 한다.

(5) 시장 분석을 개발과정에 맞추기

시장 분석은 부동산 프로젝트를 위한 초기의 사업타당성 분석과정의 핵심부분이지만, 거기에서 끝나지 않는다. 즉, 시장 분석은 개발 및 관리단계의 전과정에 걸쳐서 그 프로젝트를 진행해나가는 데 있어서 핵심적인 역할을 수행한다. 개발초기 단계에 시장 분석가는 개발잠재력이 있는 몇몇 지역을 검토('시장 스크리닝'이라 불림)하고, 구상 중인 개발에 가장 적합한 사업지를 찾는다. 그러나 오늘날 개발 가능한 토지의 부족을 고려하면, 특정 사업지를 염두에 두고 그 사업지를 분석하는 경우가 더 일반적이다.

특정 사업지가 개발잠재력이 있는 것으로 판명되면, 분석가는 구매가격 협상을 위해서 그 사업지의 가치평가에 필요한 기초자료를 제공한다. 때때로 분석가는 구상 중인 프로젝트를 주민들이 수용하고 제때에 필요한 승인을 얻을 수 있는지, 아니면 개발을 지연시키거나 방해하는 다른 어려움들은 없는지 등 그 지역의 개발 분위기를 파악한다. 이어서 수행되는 추가적인 세부시장 분석을 통해 특정 틈새시장(niche)과 가격결정의 측면에서 잠재고객과 그들의 수요에 대한 세부사항을 파악한다. 그리고 프로젝트가 개발된 후에, 분석가는 그 프로젝트의 판매 혹은 임대실적을 평가한다. 현명한 개발사는 새로운 고객들을 자극하여 수요를 창출할 뿐만 아니라 회사의 목표달성을 위한 수요관리도 한다. 시장 분석가는 가장 경쟁력 있고 가장 적합한 제품유형을 추천하기 위해서 새로운 토지계획 및 설계 추세에 뒤쳐지면 안 된다.

4. 사업타당성 분석

사업타당성 분석[12)]은 구상 중인 프로젝트가 성공가능성이 있는지를 보여주는 것이다. 사업타당성 분석에는 보통 시장 분석, 기초설계, 비용추정, 재원조달의 조건과 원천에 대한 정보, 규제기관에 대한 고려, 환경평가, 프로젝트의 재무적 타당성(financial feasibility)에 대한 결정 등이 포함된다.

12) 사업타당성 분석은 매우 중요한 과정이므로 제4장에서 구체적으로 다루기로 하고, 여기서는 절차 및 주요 항목 등을 개괄적으로 소개하기로 한다.

개발규모와 복잡성에 따라서 타당성 분석은 깊이와 범위, 그리고 비용 면에 있어서 상당히 달라질 수 있다. 예컨대, 프로젝트가 소규모 근린 쇼핑센터를 건설하는 것이고 동일한 하청업체 및 대출업자를 이용해서 기존 쇼핑센터의 건축 설계도를 활용하기만 하면 되는 것이라면, 타당성 분석은 이미 입증된 과정을 따라서 새로운 하위시장에 시장정보를 적용하는 단순한 일이 될 것이다.

비용이 많이 드는 복잡한 장기프로젝트의 경우에는 건축가, 토지계획자, 토양공학자, 유해폐기물 처리 전문가, 마케터 등과 같은 외부전문가들이 참여하는 고비용의 복잡한 타당성 분석이 필요하다. 개발사는 이들 전문가들이 함께 사업타당성을 결정할 수 있도록 그들의 활동을 조율해야 한다(표 2.4 참조).

시장 분석은 사업타당성 분석의 핵심부분이다. 시장 분석을 통해서 개발아이디어의 구체화과정에서 초기에 확인되었던 모든 경제적 추세를 분석하고, 이 분석자료를 현재의 지역상황과 연결시켜서 어느 기간 동안 어떤 가격에 얼마나 많은 부동산상품이 표적시

표 2.4 ▸ 시장성조사 및 경제성 검토

조사유형	응답해야 할 문제	사용자	정보제공자	초 점
평가	이 사업지의 가치는 얼마인가?	사업지소유자	평가자	개발대상부동산
비용효익 분석	일반대중에 대한 이 프로젝트의 순가치는 얼마인가?	정부기구	경제학자	프로젝트의 공공투자
기초적 경제성 분석	이 도시의 성장 전망은?	기획기관	도시 분석가	도시의 경제
경제적 효과 분석	이 개발사업이 주변지역에 대해 미치는 경제적 효과는?	정부기관	도시 분석가	도시 및 시장지역
최고최상 조건 분석	이 사업지의 최적 사용은?	투자가 부동산소유자 임대인	평가자 시장 분석가	대지
대지사용 조사	이 지역의 대지 사용 패턴은 무엇인가?	기획기관	기획전문가	대지
시장조사	이 지역에서 이 유형이 부동산에 대한 수요 상황	개발자	시장 분석가	시장지역
시장성 분석	시장점유율 확보를 위해 필요한 가격, 규모, 기능 및 특징	개발자	시장 분석가	모든 경쟁 프로젝트와의 비교
재무적 타당성 분석	현재의 제약조건 하에서 프로젝트의 재무적 성과는?	개발자 투자가 임대인	부동산 투자 분석가	프로젝트의 개인적 투자

자료 : C. R. Clark et al. (1989), 수정

장에서 분양될지를 예측한다. 세분시장의 전체적인 분양률을 예측할 수 있으려면 비슷한 제품의 특징, 기능, 장점 등에 대한 정의에 기초하여 시장을 분할할 필요가 있다. 그러면 개발사는 해당 부동산이 가지는 고유의 특징에 대한 가치를 추정할 수 있고, 구상 중인 프로젝트의 침투(capture)율과 예상 임대료를 추정하기 위해서 추정된 가치를 시장과 비교할 수 있다. 타당성 분석에 관한 세부적 내용은 그 중요성 때문에 장을 달리하여 제4장에서 다시 논의할 것이다.

5. 정성적 분석의 필요성

얼마 전까지만 해도 시장세분화는 연령과 소득범주에 의해 규정될 수 있고, 각 범주 내에 있는 사람들은 상당히 동질적이라고 가정하는 것이 일반적이었다. 또한 동일한 범주 내에 있는 사람들은 동일한 방식으로 생각하고 행동하며 동일한 유형의 제품을 선호한다고 가정하였다. 그러나 오늘날 이런 가정들은 더 이상 사실이 아니다. 오늘날의 인구통계적 범주들은 너무 세분화되어 있어서, 표적시장이 누구이고 그들이 무엇을 원하는지를 충실하게 이해하기 위해서는 보다 심층적인 연구가 요구된다.

개발사들은 지리적·기능적으로 세분화된 다양한 시장의 수요에 부응하는 한편, 잠재고객들의 중요한 사회경제적·행태적 특성들을 확인하려고 노력한다. 이러한 다양한 특성들의 탐구를 통하여 다양한 사람, 생활양식, 구매력, 그리고 장소들의 결합으로 구성된 표적시장을 판별한다. 새로운 시장 또는 이미 확고하게 자리 잡은 시장 내의 틈새시장을 판별하는 것은 부동산개발을 위한 마케팅조사의 핵심이다.

심리묘사기법(psychographics)이라고도 불리는 이런 종류의 시장조사에서는 소비자의 생활양식과 다른 심리적 특성들을 탐구한다. 라이프스타일을 이해하면 세분시장의 욕구를 더욱더 잘 충족시킬 수 있다.

6. 사업권 승인을 위한 마케팅

부동산마케팅과 다른 제품의 마케팅 간의 가장 큰 차이 중 하나는 지역의 정치적 승인을 얻기 위해서 노력을 기울여야 한다는 점이다. 부동산개발사는 종종 복잡한 규제의 미로를 헤쳐나가야 한다. 그 과정에서 개발사들은 사회지향적 마케팅(societal marketing)을 펼칠 필요가 있다.[13)]

13) 이에 관해서는 제1장 제1절에서 이미 서술한 바 있다.

사회지향적 마케팅개념은 마케팅 아이디어를 회사이윤과 소비자만족을 넘어서 사회적 만족으로까지 확대한 것이다. 즉, 공간이용자의 욕구만 충족시키는 것으로는 충분치 않다. 개발사는 적어도 주변 이웃과 규제당국의 욕구도 만족시켜야 하고, 정부를 파트너로 생각해야 한다. 프로젝트가 지역사회에 기여하지 못한다면, 그 지역사회는 그 개발사가 손해를 보도록 개발승인규칙을 바꾸어 버릴 수도 있다.

개발사는 프로젝트가 지역사회를 위한 지방정부의 전반적 계획에 부합하도록 해야 한다. 정부의 그러한 계획에는 토지이용 및 용도구역제, 교통, 경제개발 및 환경정책 등이 포함된다.

또한 프로젝트 아이디어를 책임 있는 정부당국에 팔기 위해서 마케팅이 필요하다. 제안된 프로젝트가 그 지역사회의 전반적 계획을 얼마나 잘 뒷받침하는가를 염두에 두어야 한다. 또한 여러 기관에서 만들어놓은 계획이 서로 상충되고 다양한 대립된 목표들을 지니는 경우가 있다는 것을 잘 알아야 한다. 예컨대, 지역의 토지이용계획이 일자리 창출목표와 부합하지 않거나, 새로 구축된 교통망을 반영하지 않은 경우도 있다. 의사결정기구의 구성원들의 생각이 서로 같지 않고, 나아가 개별 의사결정자들이 상호 모순되는 다양한 목표들을 종종 받아들이기도 한다. 마케터의 과업은 이런 다양한 참여자들이 프로젝트의 상대적 장점을 인식하도록 돕는 것이다.[14)]

14) 이를 메가 마케팅(mega marketing)이라고 하며 앞의 제1장 제1절에서 잠시 소개한 바 있다.

프로젝트 설계의 초기단계부터 마케팅은 규제당국의 욕구와 필요를 고려해야 한다. 또한 그 프로젝트에 대하여 주변 이웃들과 당국의 승인을 얻기 위해서 정치적 캠페인방식을 따라서 프로젝트 마케팅을 조직화해야 한다. 승인을 얻기 위한 노력에 앞서서 세심한 여론조사는 필수적이다. 뒤늦게 청문회에서 분노한 주민들에 대면하는 것보다는 프로젝트 승인과정의 초기단계에서 지역사회의 관심사를 파악하고 조치하는 것이 훨씬 더 좋다.

■ 타인이 생각지 못한 이유도 조사한다

좋은 개발기회를 포착했다고 생각되더라도, “다른 개발사는 왜 이런 좋은 기회를 포착하지 못했을까?", "이 개발 아이디어에 잘못된 것은 없는가?", "왜 다른 사람들보다 우리에게 그 기회가 더 잘 보일까" 등과 같은 질문들을 계속 던져보아야 한다. 이런 회의적인 질문들을 계속 던지면 마케팅과정이 더욱 정교하게 만들어진다. 이런 질문들은 지역정치와 시장트렌드에 대해 잘 알지 못하는 외부 개발사에게 특히 중요하다.

탐구의 일부로서 개발사들은 자신들의 부동산상품이 경쟁력을 가지도록 포지셔닝하여 표적시장에 도달할 수 있도록 하기 위해서 경쟁사들의 동태와 전략을 지속적으로 확인하고 인식해야 한다. 더 나은 가격, 더 나은 품질, 더 나은 입지 등이야말로 경쟁력 있는 부동산상품이 갖추고 있는 속성들이다. 명성, 전문성, 그리고 재정적 능력(financial depth)도 마찬가지로 중요하다.

부동산시장 분석의 원리 제2절

1. 시장영역의 규정

시장 분석가들이 직면하는 초기 과제 중의 하나가 부동산시장 영역의 경계를 규정하는 일이다. 여기에는 두 가지 방법이 있는데, 그 중 하나는 대부분의 시장영역으로서 잠재거주자 또는 부동산 구매자들 중심으로 하는 것이고, 다른 하나는 핵심적인 경쟁사가 활동하고 있는 지역범주를 기준으로 하는 것이다. 초기 분석에서는 시장영역을 행정구역에 근거해서 규정하거나, 아니면 최소한의 역치규모(즉, 문턱수준, threshold size)를 충족시키는 인구를 결정하기 위해서 1Km, 10Km 혹은 20Km의 링(ring)을 사용하기도 한다. 링(환체)에 대한 정보는 지역에 대한 인구통계적 자료를 이용하여 쉽게 얻을 수 있다. 시장영역에 대한 이러한 단순한 규정은 시장인구규모나 지출잠재력에 대한 초기 분석에 유용하지만, 사업지의 시장영역을 정확하게 보여주지 못하기 때문에 심층 분석을 위한 시장영역으로 사용하면 안 된다.

시장영역은 크기나 형태가 동일하지도 않고 모든 방향으로 등거리에 있지도 않다. 과거에는 자료의 한계 때문에 주로 센서스 트랙이나 행정구역에 근거해서 시장영역을 규정할 수밖에 없었지만, 최근에 등장한 GIS(Geographic Information System)기술을 이용한 전자지도 작성 덕분에 지도작성과 정밀한 시장 분석이 가능해졌다.

초보적인 분석도구를 사용하든 아니면 정교한 전자지도작성 기술을 사용하든, 시장영역을 규정할 때 차량 및 대중교통유형, 자연적 장애물, 경쟁사의 프로젝트, 경제 및 인구통계 프로필에 대한 지식이 매우 중요하다. 시장영역의 규모와 형태에 영향을 미치는 핵심요소들은 다음과 같다.

- 자연적 특징(호수, 산, 강, 교통 혼잡 등)
- 인공장애물(고속도로, 철도, 기타 도시기반시설)
- 인구밀도
- 정치적 경계(시 경계, 학군 경계 등)
- 근린경계와 인구통계적 특성(가구소득, 가족구성 등)
- 개발의 유형과 범위(예컨대, 소규모 근린 쇼핑센터 개발인가, 아니면 대규모 도심 쇼핑몰 개발인가 등)
- 경쟁사 프로젝트의 입지 등

(1) 1차 및 2차 시장영역(primary and second trade areas)

보다 정교한 시장 분석에서는 시장영역을 수요의 60~80%를 차지하는 1차 시장영역과 나머지 수요를 차지하는 2차 시장영역으로 나눈다. 물론 수요의 일부는 1차 시장이나 2차 시장에 거주하지 않는 관광객이나 방문객들로부터 나오기도 한다. 시장 분석보고서에는 1차 및 2차 시장영역의 경계와 더불어 해당 사업지의 입지, 인근 고속도로 및 간선도로를 보여주는 지도가 포함되어야 한다.

(2) 경쟁 클러스터(competitive cluster)

사무실이나 공업용지 이용은 주요 교통로나 고속도로의 교차점, 아니면 공항이나 쇼핑몰, 대학 등과 같은 활동중심지 주변에 밀집하는 경향이 있다. 건물 임차인에게는 노동력, 고객 및 공급자들에 대한 접근성이 대단히 중요하다. 토지 및 유틸리티의 이용가능성과 비용, 그리고 관할행정관청의 개발관련 정책도 새로운 개발을 끌어들이는 데 아주 중요하다. 그러나 인근 주민의 수나 그들의 가구특성은 호텔, 사무실 및 산업단지개발에 크게 중요한 요소는 아니다.

▲종로 뉴타운공간 사진

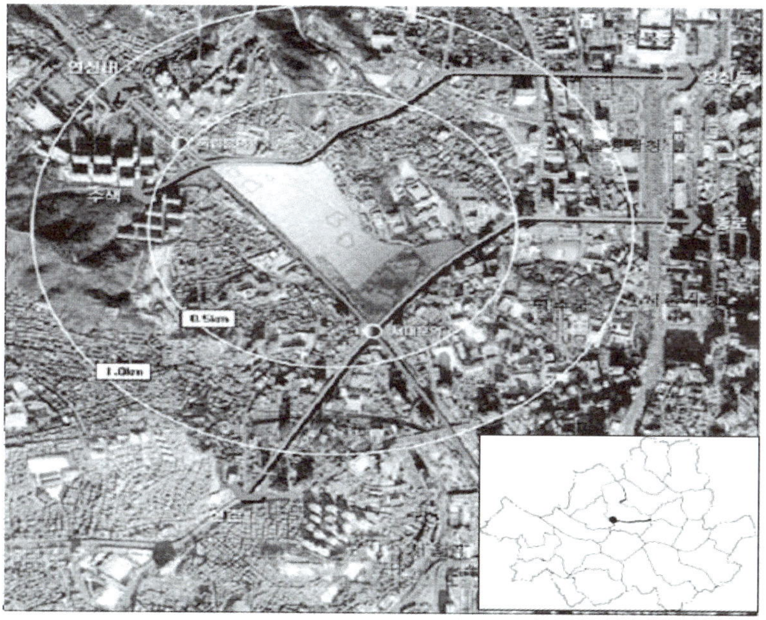

<1차 시장영역을 500m 이내, 2차 시장영역을 1km 이내로 분할하였다.>

2. 수요 분석

전국, 광역 및 지역단위의 경제조건은 모두 부동산 수요에 영향을 미치지만, 가장 중요한 것은 지역단위의 경제조건이다. 따라서 시장 분석은 지역경제와 지역인구특성에 주로 초점을 맞추어야 한다. 거시경제적 조건(이자율, 인플레이션, 직업안정성, 산업생산성, 주식시장안정성 등)은 소비자신뢰와 기업투자활동에 지대한 영향을 미친다. 국가경제의 전반적 상황은 사업가가 공간을 확장할지, 소매업자가 신규상점 입지를 찾을지, 그리고 가족들이 더 좋은 집으로 이사갈지를 결정하는 데 영향을 미친다. 따라서 시장 분석가는 새로운 프로젝트를 시작할 것인지 아니면 기존건물에 투자할 것인지에 대한 결론을 내릴 때에 현재 및 미래의 거시경제적 요인들에 주목해야 한다.

지역(region)단위의 경제조건은 전국적인 추세를 정확히 반영하지 않기도 하며, 어떤 지역은 전국적인 경기후퇴에도 별 영향을 받지 않고 번성하기도 한다. 따라서 부동산시장 분석은 보통 전국단위의 통계보다는 지역의 경제지표에 더 많은 비중을 부여한다.

(1) 경제지표(economic indicators)

지역경제에 대한 검토를 통해서 분석 중인 특정 토지용도 및 부동산유형과 가장 밀접한 관련이 있는 지표들을 밝혀내야 한다. 부동산개발사들과 투자자들은 산업구성, 지역 내 최대기업, 신규 및 성장사업의 성격 등과 같은 경제성장의 동인을 알고 싶어 한다. 투자를 이끌어내기 위해서는 투자자들이 시장의 지속적인 경제활력에 대한 믿음을 가져야 한다.

시장 분석은 지역경제가 다양성을 지니고 있는지 아니면 소수의 몇몇 산업에 집중되어 있는지를 고려해야 한다. 소수 혹은 하나의 대기업에 의존하는 지역은 경기침체에 취약하고, 이 요인은 신규공간의 분양률에 영향을 미치기 때문이다. 지역의 산업구성도 상이한 유형의 부동산에 대한 수요의 강도에 결정적 영향을 미친다.

(2) 고용통계 활용

부동산 투자자들은 해당 지역 내 직업구성과 시간에 따른 변화양상에 관심을 갖는다. 따라서 시장 분석에는 표준산업분류(SIC)를 이용하여(보통 2자리까지) 지역 내 산업별 총고용에 대한 현재의 통계가 포함되어야 한다. 이 자료를 전국 및 광역차원의 자료와 비교하면 일자리 구성에 있어서 현저한 차이를 보이고 있는 지역산업들을 파악할 수 있다. 시장 분석에는 지난 5~10년간의 일자리 성장, 그리고 이러한 일자리들의 산업별 분포에 대한 자료가 포함되어야 한다. 그리고 지역 시장영역에서의 고용성장률은 전국 및 광역단위의 통계와 비교되어야 한다(표 2.5 참조).

지역의 10위권 혹은 20위권 내의 거대 사업체에 주목하는 것도 지역의 경제기반을 확인하는 데 도움이 된다. 이때 그 사업체들의 총임금이 지난 5년 동안 증가했는지 아니면 지역중소기업에 아웃소싱을 하고 있는지에 주목할 필요가 있다.

국내 표준산업분류 예시 ◀ 표 2.5

D. 제조업	
15 음·식료품 제조업	16 담배 제조업
17 섬유제품 제조업; 봉제의복 제외	18 봉제의복 및 모피제품 제조업
19 가죽, 가방 및 신발 제조업	20 목재 및 나무제품 제조업; 가구 제외
21 펄프, 종이 및 종이제품 제조업	22 출판, 인쇄 및 기록매체 복제업
23 코크스, 석유정제품 및 핵연료 제조업	24 화합물 및 화학제품 제조업
25 고무 및 플라스틱제품 제조업	26 비금속광물제품 제조업
27 제1차 금속산업	28 조립금속제품 제조업; 기계 및 가구 제외
29 기타 기계 및 장비 제조업	30 컴퓨터 및 사무용 기기 제조업
31 기타 전기기계 및 전기변환장치 제조업	32 전자부품, 영상, 음향 및 통신장비 제조업
33 의료, 정밀, 광학기기 및 시계 제조업	34 자동차 및 트레일러 제조업
35 기타 운송장비 제조업	36 가구 및 기타제품 제조업
37 재생용 가공원료 생산업	

노동력 확보가능성과 숙련도는 기업들이 입지결정을 할 때 고려하는 아주 중요한 요소들이다. 그러므로 시장 분석을 할 때 최소한 지난 5년간의 노동력 성장률과 실업률에 대한 정보를 제공해야 한다. 아울러 그 자료들이 해당 부동산에 대하여 갖는 의미에 대해서 해석해 봐야 한다. 대부분의 경우에 낮은 실업률은 부동산에 대한 긍정적 신호이며, 주택과 가구서비스에 대한 수요를 끌어올린다. 만일 잠재적 입주자가 고등교육을 받은 잘 훈련된 노동자들을 필요로 한다면, 시장 분석보고서에는 지역 자원에 대한 배경정보(주민의 교육수준, 지역 내 대학의 훈련프로그램, 대학 등록률 등)가 포함되어야 한다.

(3) 방문객 프로필과 방문 추이

해당 지역에 대한 방문객 통계는 호텔과 리조트뿐만 아니라 오락 및 문화시설에 대한 잠재수요를 결정할 때에도 중요하다. 이런 자료는 소비자조사를 포함한 다양한 방법을 통해서 얻어질 수 있는데, 방문객 정보에는 다음과 같은 통계가 포함되어야 한다.

- 총방문객수
- 유형별(컨벤션 참석자, 사업목적의 여행자, 단순관광객 등) 방문객수
- 객실 점유율과 일일평균 객실요금의 추이

(4) 소비자 인구통계

주택 및 쇼핑센터의 시장 분석은 시장영역 인구통계에 대한 매우 상세한 자료를 필요로 한다. 시장 분석에는 최소한 시장영역의 인구 및 가구 수와 가구 소득분포에 대한 최근 자료가 포함되어야 한다. 보다 정교한 시장 분석을 원한다면 연령특성, 가구크기와 주택점유기간 등에 대한 정보도 필요할 것이다.

■ 인구추세

수요 분석은 1차 및 2차 시장영역의 인구수로부터 시작한다. 인구성장은 시장영역이 새로운 주민과 쇼핑객들을 끌어들여서 주택 및 쇼핑공간에 대한 추가적인 수요를 창출하고 있다는 것을 가리킨다. 물론 노인가구가 이사를 나가면서 단지 자녀가 있는 젊은 가구들에 의해 대체되는 경우처럼 수요증가가 없는 인구성장도 있을 수 있다. 지역사정에 밝은 부동산 중개사나 도시계획가들과의 대화를 통해서 비정상적인 인구성장유형의 이해에 도움을 주는 통찰력을 얻을 수 있다.

<주민등록상 거주자 인구, 남녀·세대·연령별 통계>

총 계	계(남)	남 0~20	남 21~40	남 41~60	남 61~80	남 81~100	남 101 이상
48,717,366	24,430,038	6,903,814	8,573,028	6,525,367	2,266,683	161,020	126
	계(여)	여 0~20	여 21~40	여 41~60	여 61~80	여 81~100	여 101 이상
	24,287,328	6,234,619	8,207,472	6,401,806	3,042,335	399,757	1,339

2005년 6월 말 현재 연령별 인구

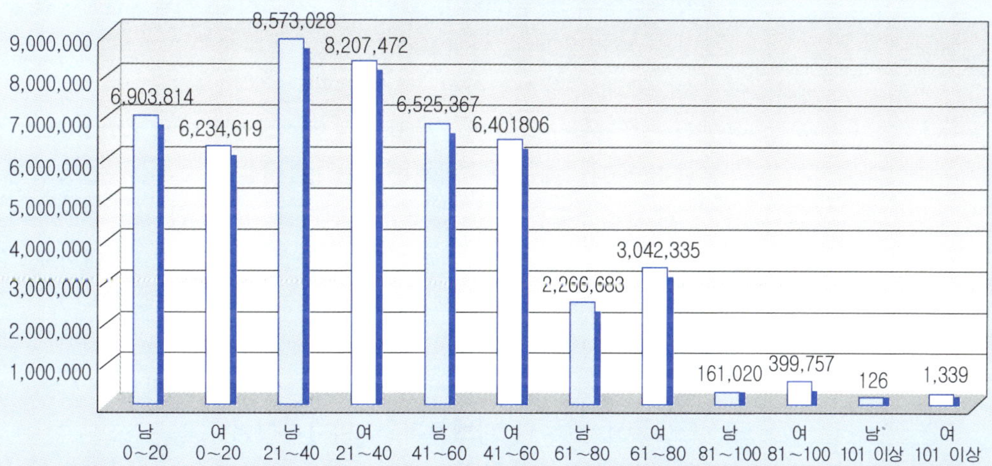

<자료 : http://www.mogaha.go.kr/>

상기 자료의 지역별 세부통계는 통계청을 통하여 찾아볼 수 있다.

참고 문헌 Reference

강병기 · 김용민 · 이국철 · 이창석 공저(2005), 부동산분양대행업, 형설출판사

김민근(2005), 부동산디벨로퍼론, 박영률출판사

김상일(2004), 대한민국 소비 트렌드, 원앤원북스

김해련(2005), 히트 트렌드 전략, 해냄출판사

서구원 · 배상승(2005), 도시마케팅, 커뮤니케이션북스

서상혁(2003A), 시장분석의 요소와 주안점, 한남대학교 출판부

서상혁(2003B), 시장수요예측과 시장조사, 한남대학교 출판부

서상혁 · 박현우(2005), 기술마케팅핸드북, 산업자료센터

손진수(2006), 부동산개발론, 부동산114

안효빈(2004), 부동산마케팅과 컨설팅, 새로운 제안

이수동(2006), 전사적 관점의 마케팅, 학현사

이은석 · 심형석 옮김(2002), 오리야마 카즈히사 지음, 건설 · 부동산 비즈니스 마케팅전략, 박영률출판사

이창석(2005), 부동산컨설팅, 형설출판사

이창석 · 강해규 · 김용민 · 정상철 · 오준석 · 김영혜 · 박용광 · 남찬희 공편저(2004), 재건축 · 재개발 컨설팅 이론과 실무, 형설출판사

이충노(2004), "부동산 분양마케팅 전략에 관한 연구 — 주거용과 업무용 부동산의 성공 및 실패사례를 중심으로 —", 고려대학교 경영대학원 석사학위 논문

임종원(1995), 마케팅조사론, 무역경영사

임종원 · 박형진 · 김경훈(1997), 마케팅조사방법론, 박영사

조성근(2005), 한국의 디벨로퍼들, 이다미디어

최기열 · 박성신 공역(2005), 크리스티안 미쿤다 지음, 환상적인 체험을 제공하는 공간연출 마케팅 제3의 공간, 미래의 창

Arnold, Lee E., JR(2004), *Commercial Investment of Real Estate*, South-

Western Thomson Learning.

Best, Roger J.(2000), *Market_Based Management*

Boyett, Joseph H., Jimmie T. Boyett(2003), *The Guru Guide to Marketing,* John Wiley & Sons, Inc.

Clark, Charles R., David F. Parker and Clark Parker Associates(1989), *Marketing New Homes*, National Association of Home Builders.

Cova Bernard and Pervez Ghauri & Robert Salle(2002), *Project Marketing : Beyond Competitive Bidding*, John Wiley & Sons LTD.

Cross, Carla(1994), *The Real Estate Agent's Business Planning Guide*, Dearborn.

Gaillard, Jean-Michel(2000), *Marketing et Gestion dans la Recherche et Développement*, ECONOMICA.

Hopkins, Tom(2004), *Mastering the Art of Selling Real Estate*, Portfolio.

Kotler, Philip(2003), *Marketing Management*, 11th edition, Prentice Hall.

Miles, Mike E., Gayle Berens, Marc A. Weiss(2005), *Real Estate Development*, Urban Land Institute.

Schmitz, Adrienne and Deborah L. Brett(2005), *Real Estate Marketing Analysis*, Urban Land Institute.

Stone, Dave(1989), *New Home Marketing*, Dearborn.

Sullivan, Marilyn(2003), *Success as a Real Estate Agent*, Alpha.

Zagaris, Michael P.(2005), *The PMZ Way : Strategies of Highly Successful Real Estate agent*, PMZ publishing.

chapter 3

부동산유형별 시장성 분석

◀ (주)도시와 사람이 개발 중인
창원시 두대동의 'The city7' 조감도

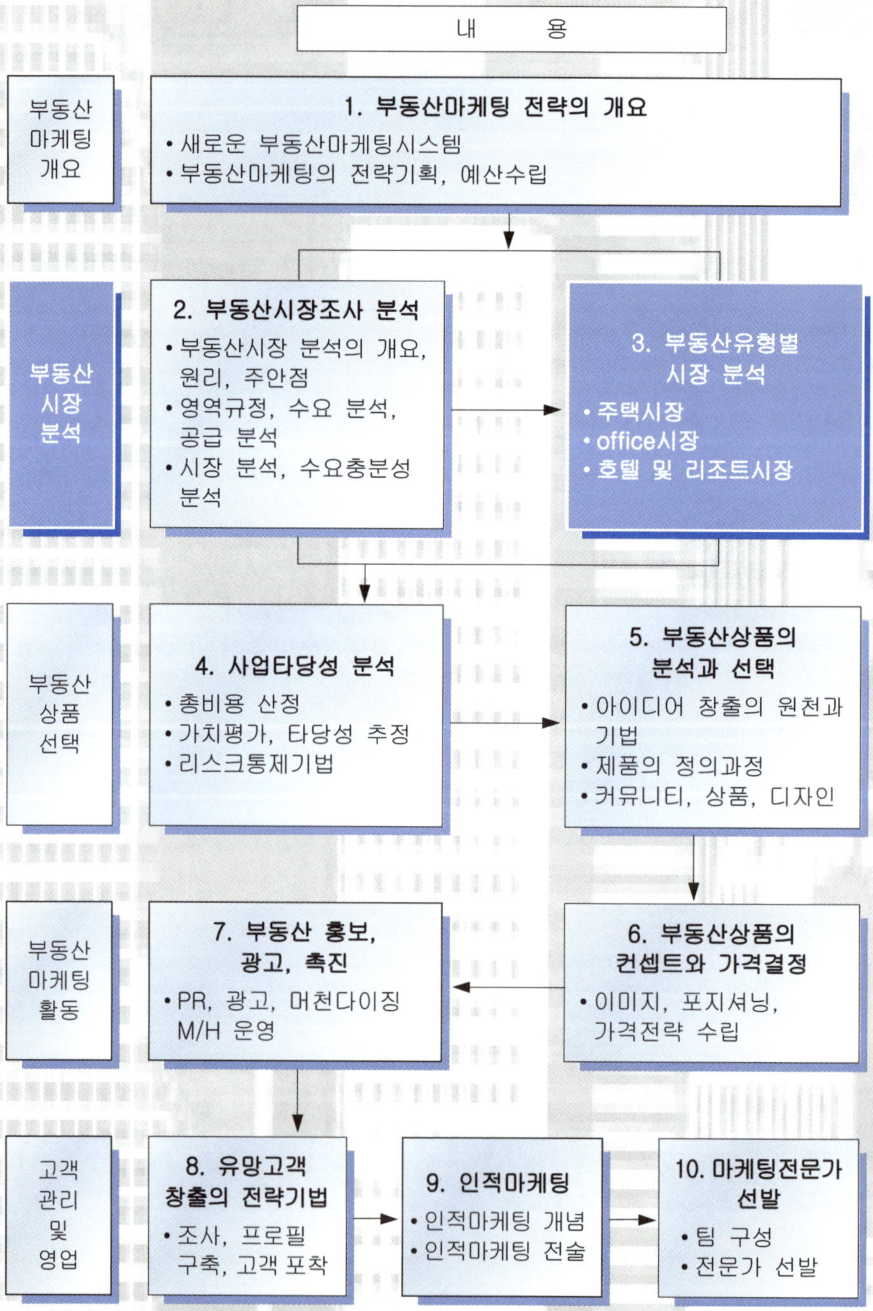

내 용
부동산 마케팅 개요
1. 부동산마케팅 전략의 개요
• 새로운 부동산마케팅시스템
• 부동산마케팅의 전략기획, 예산수립
부동산 시장 분석
2. 부동산시장조사 분석
• 부동산시장 분석의 개요, 원리, 주안점
• 영역규정, 수요 분석, 공급 분석
• 시장 분석, 수요충분성 분석
3. 부동산유형별 시장 분석
• 주택시장
• office시장
• 호텔 및 리조트시장
부동산 상품 선택
4. 사업타당성 분석
• 총비용 산정
• 가치평가, 타당성 추정
• 리스크통제기법
5. 부동산상품의 분석과 선택
• 아이디어 창출의 원천과 기법
• 제품의 정의과정
• 커뮤니티, 상품, 디자인
부동산 마케팅 활동
7. 부동산 홍보, 광고, 촉진
• PR, 광고, 머천다이징 M/H 운영
6. 부동산상품의 컨셉트와 가격결정
• 이미지, 포지셔닝, 가격전략 수립
고객 관리 및 영업
8. 유망고객 창출의 전략기법
• 조사, 프로필 구축, 고객 포착
9. 인적마케팅
• 인적마케팅 개념
• 인적마케팅 전술
10. 마케팅전문가 선발
• 팀 구성
• 전문가 선발

앞 장에서는 부동산시장 분석의 개요와 원리 및 주안점을 살펴본 후 수요 분석, 공급 분석, 시장충분성 분석에 대하여 서술하고, 시장조사방법에 관해 간략히 소개하였다. 본 장에서는 부동산유형별로 세부시장 분석 및 방법에 관해 다루고자 한다. 부동산유형으로는 주거용 부동산, 오피스용 부동산, 상가, 호텔 및 리조트 등이 포함된다.

- 주거용 부동산
- 오피스용 부동산
- 상가
- 호텔 및 리조트

제1절 주거시장 분석

주거시장에는 아파트, 단독주택, 다세대 및 다가구주택, 연립주택, 빌라 등이 포함된다. 주거시장의 수요 분석에는 계획된 지역 내 가구들의 인구통계학적·경제적 특징이 포함된다. 또한 공급 분석은 가격 및 분양률 추이를 짐김하며, 이때 가장 중요한 것은 현재 마케팅활동 중이거나 장차 자사 사업과 같은 시기에 마케팅 예정인 경쟁 프로젝트를 조사하는 일이다. 주거시장 분석은 다음과 같은 질문에 답하기 위해 노력해야 한다.

▲ '(주)도시와사람'이 개발한 주거용 빌라 '미켈란'

1) 영어로 amenities이고, 우리말로는 쾌적시설, 부대시설, 어매니티, 위락시설 등으로 불린다.

- 누가 표적시장인가?
- 표적시장에 대한 적합한 가격 및 임대료 범위는 얼마인가?
- 표적시장에게 가장 적당한 유형과 규모는 무엇인가?
- 이 시장에 어필하기 위해 어떤 쾌적시설[1]과 특징을 공급해야 하나?
- 이 시장의 추정 분양률 및 임대율은 어느 정도인가?

주거시장 개발의 분석은 주로 시장 및 시장변화에 대한 정성적 조사 및 이해에 의존한다. 이때 소비자들의 라이프스타일, 개인적 취향, 그리고 기타 계량화하기 어려운 여러 고려사항에 관해 이해해야 한다. 대체로 초점집단면접, 소비자조사 또는 기타조사를 통해 최적의 주택개발을 위한 아이디어 도출이 가능해진다.

(1) 시장영역의 결정

대부분의 주택개발의 경우, 시장의 상당부분은 현재의 지역사회로 구성된다. 즉, 신규개발의 경우에는 대체로 고객의 50~75%가 그 지역사회의 주민이다. 시장영역의 크기는 구상 중인 프로젝트와 지역사회에 따라 달라진다. 고밀도의 대도시에서 중고가 아파트의 시장영역은 단지 단일 근린지역으로 구성된다. 반면에 인구밀도가 낮고 경쟁 프로젝트가 없는 도시외곽지역에서는 시장영역이 주로 해당 군단위 지역 전체 혹은 심지어는 인접한 몇 개의 군 지역까지도 포괄한다. 시장영역을 규정할 때 고려해야 할 요소들은 다음과 같다.

- 주요 근무지로부터의 통근시간 : 주요 고용단지, 출퇴근 소요시간(원격통근 및 재택근무 경향 증대)
- 대중교통시설과 고속도로와의 연계 : 러시아워 시의 속도, 교통망 위치 등
- 현재 및 예상되는 개발유형 : 성장 · 쇠퇴 지역 여부, 성장 · 쇠퇴 요인 등
- 사회경제적 구성 : 지역주민의 소득, 연령, 가구특성, 기타 인

구통계학적 특성

■ 행정관할구역: 조세정책, 지역 간 위상, 학군 등이 다를 때 특히 중요

지하철, 철도

• 대상지는 지하철 1호선 ×××역 출구 도보(5분) 이내의 거리로 대중교통 중 지하철을 이용한 접근이 용이한 편임.
• 복선화 공사가 한창인 경원선 및 중앙선 등 교외선이 대상지와 인접
• 일일 이용객 현황
  - 1호선 ×××역: 일일 약 4만여 명
  - 1호선 ×××역: 일일 약 3만여 명

버 스
• 대상지 주변에 버스노선이 5~6여 개 이상 운행하여 편리한 대중교통망 확보 • 도심은 물론 강서 영등포·강남 역삼동·강북 우이동 방향을 오가는 버스노선 운행 중

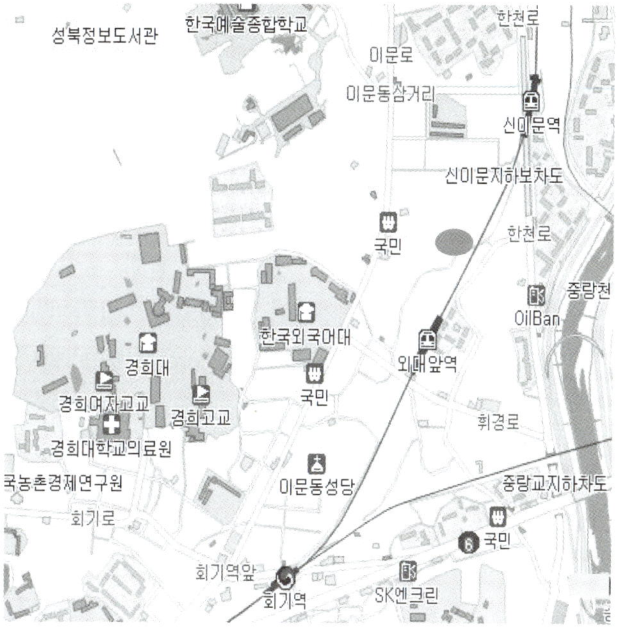

▲ 교통입지 분석의 사례: 자료 (주)오쉘윈 수정

(2) 수요요인 분석

인구통계적 추세와 예측이 주택수요 결정을 위한 기초를 형성한다. 부동산 프로젝트에 대한 시장잠재력을 분석할 때 가장 중요한 인구통계적 요인들은 고용, 인구와 가구, 그리고 가구소득이다.

■ 고용은 일반적으로 인구와 가구성장을 추동한다. 만일 어떤 지역의 고용기반이 증대되고 있다면, 그 지역에 대한 신규고용노동자들의 주택수요는 증가할 것이다.

■ 가구는 사람들로 구성된다. 주택을 사거나 임대하는 것은 가구이기 때문에 주택시장을 평가하는 데 가장 중요한 측정단

위이다.

- 가구소득은 구상 중인 프로젝트의 가격구조를 결정하기 위한 관건이다.
- 가구규모, 가구주의 연령, 독신가구, 비가족가구 등과 같은 다른 인구통계적 요인도 프로젝트의 잠재력을 평가하는 데 중요한 요인들이다.

① 고 용

한 지역의 고용성장률이 인구성장률을 결정하기 때문에 지역의 고용통계를 수집할 필요가 있다. 고용통계에는 시계열적 성장추세, 예상되는 총고용, 지역의 실업률과 전국 및 광역단위의 실업률 간 비교 등이 포함되어야 한다. 지역의 대기업과 그 기업의 확장계획, 인력감축, 재배치, 그 지역으로 이전할 주요 기업 등에 대한 정보도 제공되어야 한다. 산업 및 직업별 고용분포 등과 같은 자료도 보다 포괄적인 시장 분석의 일부로서 종종 포함된다.

② 인구 및 가구

인구 및 가구 추정에 근거하여 시장영역의 현재 및 미래의 가구수 및 신규주택에 대한 수요를 예측한다. 전출입에 대한 분석 또한 시장영역에서 현재 및 미래의 주택수요에 대한 통찰력을 제공한다.

주택수요와 시장잠재력을 결정하는 데 인구보다 더 중요한 것은 가구수와 가구유형이다. 인구증가가 가구수의 증가를 가져오기는 하지만, 양자가 항상 비례적인 관계에 있는 것은 아니다. 많은 지역에서 보면, 자연적인 인구증가 때문이라기보다는 가구규모의 감소와 전입의 증가 때문에 가구수가 증가하고 있다.

오늘날의 가구구성을 보면, 전통적인 가족가구[2)]뿐만 아니라 혼전동거부부, 무자녀부부, 편부모가족, 독신가족 등과 같은 비가족가구들도 높은 비중을 차지하고 있다. 각 가구유형별 주택욕구는 동일하지 않다. 따라서 가구규모와 유형에 대한 분석은 지역사회와 주택단위의 개념 및 디자인을 결정하는 데 도움을 얻을 수 있다.

2) 전통적인 가족가구란 부부와 자녀로 구성된 가족형태를 말한다.

세대별 주택선호점(미국의 사례) ◂ 표 3.1

1: 중요하지 않다　2: 중요하다　3: 매우 중요하다

연령	특 징	기술	안전	프라이버시	자산가치	커뮤니티	단지위상	건강
<24	모방세대, 고품질, 경제문제 해소	3	1	1	1	2	1	3
24~35	X세대, 실용주의, 자신감, 미래고령사회 부양부담	3	2	1	3	2	1	2
36~55	베이비붐세대, 타세대와의 명백한 차이, 시장선도, 정치적으로 활동적인 세대	2	3	2	1	2	3	3
56~69	텅빈 보금자리세대, 사회문제에 이중적 반응 샌드위치세대, 강력한 업무지향성 보유	2	3	3	2	1	2	3
70+	은퇴자. 공공적 조화와 협동적 사회규율에 대한 확고한 신념보유	1	2	1	3	3	1	3

자료 : Concord Group

〈국내 아파트 선호조건〉

- 근(近) : 지하철에서 걸어서 5분 이내의 근거리
- 대(大) : 큰 단지 규모
- 쾌(快) : 강이나 산 등의 조망권이 있는 입지
- 교(校) : 초·중·고등학교를 도보로 통학할 수 있는 조건
- 가(價) : 매매가 대비 전세비율이 50% 이상을 유지
- 중대형 아파트 선호
- 새로이 형성되는 대단지 아파트 선호
- one-stop 해결이 가능한 생활편의 시설

〈살기 좋은 아파트의 조건〉

- 서울 : 교통여건, 수도권 : 단지의 쾌적성
- 시공업체의 지명도
- 주차면적이 넓고 단지 주변에 오염발생원이 없는 조건
- 비인기층보다는 로열층을 선호하나, 최근에는 비로열층에 대한 특혜(1층 전용정원, 상층 다락방 등)로 저층 및 고층에 대한 선호도도 증가추세임.

<자료 : kr.ks.yahoo.com/service/wiki_know/know_view.html?dnum=DAAAC&tnum 일부 수정>

③ 소 득

표적시장영역에서의 가구소득에 대한 분석은 구매력의 범위와 규모에 대하여 가치있는 통찰력을 제공해준다. 가구소득 분석에는 소득증가율 및 각 소득계층별 가구수를 포함하여 표적시장영역 및 2차 시장영역과 지역 전체의 평균가구소득의 시계열적 변화추이 및 예측이 포함된다. 그러나 주택구매능력은 소득보다는 부(자산)와 더 밀접한 관련이 있기 때문에 소득을 주택구매능력의 정확한 지표로 간주해서는 안 된다.

④ 시장세분화

동일한 연령이나 소득계층 내에서도 시장은 매우 다양할 수 있다. 따라서 잠재고객에 도달하기 위해서는 그들의 이질적인 선호를 이해해야 한다. 선호를 파악하는 기법으로는 포커스그룹, 지역주민조사, 주택구매자 조사[3)] 등이 있다.

3) 각 조사기법에 대한 상세한 설명은 제5장에 게시되어 있다.

(3) 공급요인 분석

공급요인에는 주택유형별 주택단위수, 가격범위, 분양률 등이 있다. 이에 대한 자료에 근거하여 고용, 인구, 가구, 소득 등에 대한 자료에서 특정 신규개발에 대한 잠재수요 추정치를 도출해낼 수 있다. 현 주택재고는 현재 판매되고 있는 유사 프로젝트에 대한 조사를 통해서 확인할 수 있고, 미래의 주택시장은 사업계획승인을 받은 개발예정 프로젝트에 대한 분석을 통해서 추정해야 한다.

① 경쟁제품의 분석

대부분의 주택 시장조사에 있어서 기존의 경쟁 프로젝트에 대한 분석이 가장 구체적으로 보고되는 내용이다. 경쟁제품의 재고분석에는 일반적으로 판매 혹은 임대된 주택단위수와 계속 시장에 나와 있는 주택단위수, 판매가격이나 임대료, 평수, 평당가격 등이 포함된다. 경쟁사 프로젝트를 파악하기 위해서 각 프로젝트를 방문해서 그 프로젝트의 판매대리인이나 대표자와 이야기를 나누는 것 이상 더 좋은 방법은 없다. 이것이 누가 시장을 구성하는지, 구매자들은 어떤 사람들인지, 그들이 현프로젝트에 대해서 좋아하고 싫어하는 것이 무엇인지, 특정 고객집단에게 최상의 제품은 무엇인지를 배울 수 있는 가장 효과적인 방법이다.

시장영역의 총계 및 평균자료는 전체적인 분양률, 평균가격, 평균 평수 등을 보여주며, 특정 프로젝트가 평균과 비교해서 어떤지를 알려준다. 또한 어떤 프로젝트가 시장평균보다 더 잘 팔리고 있는지를 보여주고, 크기와 평당 가격의 측면에서의 분석을 가능케 해준다. 시장에서의 평균가격과 분양률 자료는 경쟁제품이 얼마나 빨리 팔리고 있는지를 가늠할 수 있게 해준다.

공급 분석에서는 입지, 디자인, 이미지 등과 같은 경쟁제품의 질적 특성도 평가한다. 때로는 이런 것들이 프로젝트의 성공 여부를 좌우하기도 하기 때문이다.

아울러 개발예정인 프로젝트들도 확인하고 관련정보를 수집해야 한다. 관련 정보에는 프로젝트명, 사업자, 입지, 준공예정시기, 계획된 단위수, 단위유형, 가격범위 등이 있다.

② 제품유형과 틈새시장 기회의 판별

입지와 사업지, 그리고 시장잠재력이 향후 개발될 적절한 제품의 결정요인으로 작용한다. 도심과 근교는 상이한 형태의 주택유형을 원한다. 또한 세분시장에 따라 원하는 제품유형이 다르다. 예컨대, 어린 자녀가 있는 젊은 부부들의 주택수요가 많다면, 이를 염두에 두고 프로젝트를 개발하여야 하고, 주택의 대부분은 그런 가구들이 선호하는 크기와 유형이어야 한다. 쾌적시설, 특징, 디자인, 단위크기 등은 소비자의 욕구를 반영해야 하고, 소비자조사를 통해서 결정되어야 한다.

③ 침투율과 분양률의 계산

시장 분석가들은 총수요에서 주요 주택유형들(아파트, 주상복합,

단독주택과 다가구주택, 판매용 주택과 임대주택 등)이 차지하는 비율을 추정해야 한다. 이것은 지역시장에서의 시계열적 추세와 경제 및 인구통계적 변화에 기초하여 예측되어야 한다.

총분양은 지역사회의 분양실적과 향후 예상실적 추정치에 근거해서 예측된다. 총수요에서 총분양을 빼면 잔여수요(residual demand)가 나온다. 잔여수요가 파악되면 그 중에서 해당 부동산이 점유할 수 있는 몫을 결정해야 한다. 침투율[4]의 결정은 매우 주관적이기 때문에 시장에 나와 있는 모든 경쟁제품과 비교했을 때의 해당 부동산의 모든 장단점을 고려해야 한다.

4) 공급량 대비 수요량을 가리키는 개념이다.

침투율을 과잉 추정해서는 안 된다. 현재 시장에 나와 있는 경쟁제품들이 해당 부동산의 잠재적 침투율 결정을 위한 합리적인 기초가 될 수 있다. 침투율은 시장영역 규모, 경쟁제품의 수, 토지 공급, 프로젝트의 특성과 기타 다른 많은 요인들에 따라서 달라진다.

표 3.2 ▸ Silver 주택분양률 현황

2005년 11월 9일(수) 현재

시설명	세대수	분양 방식	분양률	입주율(분양률기준)	비 고
명지 엘펜하임	336	임대·분양	분양기준 100% (임대기준 70%)	-	
강서 시니어스타워	142	임대·분양	97%	100%	
대주 클라시온	137	분양	85%	90%	
분당 시니어스타워	144	임대	98%	98%	
분당 피더하우스	142	영구임대	65%	50%	
신성 아너스벨리	164	분양	75%	입주 중	
SK 그레이스힐	182	임대·분양	55~60%	-	

오피스시장 분석 제 2 절

▲ 개발사 '도시와 사람'의 오피스빌딩

오피스건물이나 상업시설 개발은 거시적 경제 분석(시장스크리닝이라고 부르기도 함)에서 지역시장 분석과 사업과정을 거친다. 이러한 분석은 개발사들이 개발 컨셉트를 형성하고 수정하기 위한 지침이 된다.

1. 거시경제 분석 또는 시장 스크리닝

시장 스크리닝이란 여러 개의 대규모 시장영역을 대상으로 지역적·경제적 여건과 시장 여건을 평가하여 잠재적 개발 및 투자기회를 파악하려는 활동이다. 시장 스크리닝에서는 다음의 내용을 검토한다.

- 이 시장의 주된 기업(고용주)은? 그 기업들은 성장하고 있는가?, 쇠퇴하고 있는가?
- 어떤 산업이 이 지역에서 성장하고 있는가?
- 여러 형태의 입주사들이 더 작은 세분시장 혹은 상가 밀집지역에 관심을 갖고 있나?

(1) 시장영역의 결정

시장영역은 우선 입지에 기초해서 정의되고, 그 다음에 그 시장영역 내에 있는 가장 경쟁력 있는 건물들만 포함하도록 축소된다. 오피스 프로젝트에 대한 시장영역의 정확한 범위는 다음과 같은 요인들에 따라 달라진다.

- 경쟁건물의 입지
- 그 건물 주위지역의 도로 패턴
- 주거지역으로부터의 통근시간
- 해당 사업과 유관한 다른 시설에의 근접성
- 관할구역의 경계
- 토지이용 패턴
- 오피스 접근에의 물리적 장애
- 오피스 접근에의 심리적·지각적 장애

시장영역을 정의할 때 어떤 요인들을 고려할 것인지를 결정해야 한다. 예컨대, 지하철 역세권에 입지한 사무용 빌딩은 그렇지 않은 인근 빌딩보다 경쟁력이 더 클 것이다. 또한 도심입지와 근교입지는 상당히 다른 시장영역을 갖는 경향이 있다.

(2) 사업지 선정

사업지 선정은 오피스 프로젝트 개발에서 아주 중요한 단계이다. 프로젝트의 입지가 임대료와 점유율에 직접적으로 영향을 미친다. 예컨대, 정거장이 아주 가까이에 있는 빌딩은 그렇지 않은 빌딩보다 훨씬 높은 임대료를 받을 수 있다.

사업지의 모든 특징들은 임차인 유인을 위한 오피스 빌딩의 잠재력에 영향을 미친다. 따라서 개발사들은 개발에 대한 잠재적 기회와 장애물들을 파악하기 위해서 다른 사업지의 입지, 접근성, 물리적 속성 등을 비교 · 검토해야 한다. 이때 각 사업지 주변에 입지한 빌딩들의 임대료와 점유율 등의 비교도 함께 이루어져야 한다.

교외 오피스빌딩은 도로에의 접근성이 중요하기 때문에 고속도로나 간선도로 가까이에 입지해야 한다. 주차장의 위치와 수, 배치 등도 오피스빌딩에의 접근용이성에 상당히 영향을 미칠 수 있다. 사업지의 지형도 사업지 선정에 중요한 역할을 수행한다. 예컨대, 구릉이 많은 사업지는 평탄작업을 필요로 하기 때문에 건축비용이 많이 상승할 것이다. 유틸리티,[5] 향후 확장가능성, 인접토지의 용도, 교통량 등과 같은 다른 요인들도 주목할 필요가 있다.

5) 전기, 가스, 전화, 상·하수도시설 등을 가리킨다.

(3) 수요 분석

사무실 일자리가 증가하면 오피스빌딩에 대한 수요가 증가한다. 그러나 사무실 일자리수의 증감을 확인할 수 있는 고용통계자료는 없다. 단, 지역경제기반의 구성과 강점에 관한 고용예측으로부터 중요한 정보를 얻을 수는 있다.

① 사무실 근로자 1인당 공간

시장 분석 시에 보통 사무실근로자 1인에게 할당되는 평균면적에 예상되는 사무실 일자리 증가분을 곱해서 시장영역에서의 사무실공간에 대한 미래 수요를 계산한다. 이 경우 사무실 일자리수는 지역의 산업별 고용패턴이나 직업유형을 검토하여 추정한다. 그러나 이 방법의 문제점은 사무실 공간 수요에 대한 추정의 정확도가 상당히 떨어진다는 것이다.

보다 나은 방법은 지역경제에 대한 지식을 바탕으로 직업범주별로 사무실 일자리와 비사무실 일자리의 비율을 추정하는 것이다.

지역경제의 구성에 대한 지식은 지역노동시장에 정통한 기업인이나 전문가들과의 대화를 통해서 얻을 수 있다.

사무실 근로자 1인당 평균 공간면적을 추정할 때에는 보수적이어야 한다. 많은 회사들은 비용을 줄이기 위해서 1인당 할당공간을 줄이고 있으며, 점차로 많은 회사들이 사적 공간[6]보다는 열린 공간[7] 계획을 채택하고 있다. 또한 기술혁신으로 인해 사무실 일자리가 감소하고 있다. 가상사무실[8]도 사무실 공간 수요를 감소시키는 또 다른 요인이다. 재택근무와 호텔링 등도 사무실 공간에 대한 수요를 감소시키고 있다는 점에 유의해야 한다.

6) 개인별로 칸막이가 되어 있어서 개인의 프라이버시가 보호되는 업무공간
7) 사적 공간과 대립되는 개념
8) 인터넷 상의 가상공간에 만들어진 사무실

② 임대활동과 분양률

위에서 논의한 사무실 공간 수요 분석은 시장영역에서의 순분양률 추세 분석에 의해 보완되어야 한다. 어느 한 접근법만으로는 불완전하며, 두 접근법이 동시에 사용될 때에 사무실 공간 수요에 대한 합리적인 추정을 할 수 있다.

분양률을 분석할 때 순분양(net absorption)과 임대활동(leasing activity)을 구별해야 한다. 순분양은 특정 기간 동안에 발생한 점유 사무실 공간의 변화를 가리키며, 임대활동은 특정 기간 동안에 임대된 공간의 양을 의미한다. 순분양은 어떤 시장의 실제적 장단점을 가리키는 반면에, 임대활동은 시장영역 내부에서의 움직임만을 가리킨다. 순분양과 임대활동의 추세를 비교함으로써 사무실 공간 시장의 장단점을 파악할 수 있다. 예컨대, 순분양률과 임대활동률이 평행적으로 움직이는 시장은 순분양률과 임대활동률이 매우 상이한 비율로 변화하는 시장보다 안정적이다.

임대활동률은 높지만 순분양률이 낮은 시장은 요동친다(churning)고 말한다. 요동침으로 특징지어지는 시장에서는 입주자들이 시장영역 내의 한 빌딩에서 다른 빌딩으로 종종 옮겨간다. 겉으로는 시장이 성장하고 있는 것 같지만, 실제로 점유공간의 양은 거의 증가하지 않는다. 이러한 요동침현상은 임대료가 떨어지고 있는 과잉공급시장에서 종종 발생한다.

(4) 공급 분석

공급 분석은 기본적으로 현재의 공간, 미래의 공간증가 추정치 및 공실률 등 세 요소로 구성된다. 분석의 첫 단계는 시장영역 내의 현재 및 미래의 계획된 사무실 공간의 프로필을 작성하는 것이다. 사무실 공간의 가장 기본적인 특징은 입지, 디자인, 쾌적시설 등을 포함하는 다양한 특성들에 의해 측정되는 등급, 즉 품질이다. 등급별 사무실 공간 재고에 대한 자료가 분석보고서에 포함되어야 한다. 규모, 스타일, 입지, 임대료와 조건, 소유권, 건물체계의 유형과 품질, 쾌적시설 등과 같은 부동산 특징에 따라서 사무실 공간을 분류하는 것이 매우 유용하다. 부동산 특징에 기초한 건물 프로필은 공급상황의 파악을 가능하게 해줄 뿐만 아니라 공간수요와 임차인 선호도에 대한 중요한 정보도 제공해준다. 프로필 작성 시에 다음과 같은 건물 특징들에 주목할 필요가 있다.

① 빌딩의 외적 특징

- 몇 층인가? 코너에 있는가 아니면 중앙에 있는가?
- 접근성 및 주차가 쉬운가?
- 거리나 고속도로로부터의 가시성은 어떤가?
- 주변 토지용도는 병립 가능한가?
- 외부 전망과 유지관리상태는 어떤가?
- 주차장은 어떤 유형(노상주차, 차고, 지하주차 등)인가?
- 건물 외관(콘크리트, 유리, 벽돌, 대리석 등)은 어떤가?

② 내부 공용공간의 특징

- 엘리베이터의 수와 건물 전체 면적 대비 엘리베이터의 비율은 어떻게 되는가?
- 어떤 쾌적시설을 가지고 있는가?
- 로비는 현대적 스타일인가?
- 복도는 현대적으로 보이는가? 복도가 넓은가? 천장의 높이는

얼마나 되는가?

- 화장실은 현대적인가? 장애인용 시설이 갖춰져 있는가?
- 평면 레이아웃은 사무실을 찾기 쉽게 만들어져 있는가?

③ 임차인과 임대

- 어떤 유형의 입주자들이 입주해 있는가?
- 임대가 잘 이루어지고 있는가?
- 빌딩의 임대관리회사(leasing agent)는 어느 회사인가? 현 임대료, 용적률, 전체 빌딩면적 대비 주차공간, 냉난방 및 통풍용량, 통신회선, 임대공간 대비 사용 가능공간 등에 관한 정보를 얻기 위해서 임대관리회사 직원과 면담을 할 수도 있다.

임차인과 면담을 할 수 있다면 많은 도움이 된다. 입주자들은 건물과 주변지역에 대한 큰 통찰력을 제공할 수 있기 때문이다. 입주자들에게는 다음과 같은 질문을 통해서 유용한 정보를 얻을 수 있을 것이다.

- 왜 이 빌딩에 입주했는가?
- 다른 빌딩을 고려했었는가?
- 이 빌딩이 기대를 충족시켜 주고 있는가?
- 건물에 어떤 문제는 없는가?
- 빌딩의 유지관리는 잘되고 있는가?
- 이 시장영역에 있을 필요가 있는가?
- 임대기간이 만료되면 갱신할 계획인가? 그 이유는 무엇인가?

④ 공실률

공급 분석에서 공실률 추세는 검토해야 할 또 다른 핵심요인이다. 시장전체 그리고 세분시장별 공실률 추이, 공간 종류에 따른 공실률의 증감 등을 분석하는 것이 중요하다. 이러한 공실률 추세 자료는 구상 중인 프로젝트의 안정적 점유율을 결정하는 데 중요한 역할을 한다.

상가시장 분석 제3절

1. 수요 및 공급 분석

쇼핑센터 시장 분석을 위해서는 가구지출자료와 경쟁사의 매출 관련 자료가 분석의 핵심을 구성하지만, 이런 자료는 얻기가 어렵다. 따라서 분석은 입수 가능한 자료와 경험에 근거한 추정에 근거할 필요가 있다.

▲ 전주 메가월드 아웃렛

(1) 수요 분석

수요 분석에는 보통 다음과 같은 요소들이 포함된다.

- 전반적인 경제추세, 고용추세, 경제활동예측, 성장패턴 등을 포함하는 시장영역의 경제기초 분석
- 일차, 이차 및 주변 거래영역의 구분과 접근가능성

- 가구소득, 가처분소득 추세, 구매력 등을 포함하는 소득특징
- 주민 이외의 관광객, 근로자 등과 같은 다른 고객들에 대한 인구통계적 자료
- 제품 및 서비스 유형별 지출패턴과 추세

(2) 공급 분석

공급 분석에는 다음과 같은 요소들이 포함된다.

- 쇼핑센터 유형별 입지, 특징 및 매출수치
- 거래영역의 소매점 유형별 공간확보 가능성, 분양률 및 매출추이
- 예정 사업지의 특징과 지위 및 경쟁력이 있을 만한 다른 사업지의 확보 가능성

이에 덧붙여 토지확보 가능성, 주거비용, 판매세 성장률, 시설부담금 등과 같은 미래의 시장성장 잠재력 지표들도 검토하는 것이 좋다.

2. 핵심 임차인의 중요성

해당 시장영역에서 아직 영업을 하지 않고 있는 전국적 규모의 유명 대형 슈퍼마켓 체인이 현재 자사가 구상 중인 쇼핑센터 입주에 관심을 보인다면, 쇼핑센터의 성공가능성은 매우 높다. 반대로 그러한 대형슈퍼마켓 체인이 이미 근처에 자리 잡고 있다면, 쇼핑센터의 규모나 성공가능성은 달리 평가될 것이다. 지역쇼핑센터 구상에 있어서, 선정 사업지에 관심을 보이는 핵심 임차인의 힘이 그 쇼핑센터의 크기와 성격, 그리고 성공, 나아가서는 사업지 구입가격까지도 결정짓는다. 잠재적 입주자들이 누구인지, 어떤 핵심입주자들이 그 시장영역에 자리 잡고 있는지, 어떤 핵심 입주자들이 그 지역에서 사업확대를 계획하고 있는지, 어떤 입주자들이 구상 중인

쇼핑센터와 표적시장에 적합할지를 확인하는 것은 시장 분석가가 담당해야 할 몫이다.

핵심 임차인을 끌어들이느냐의 여부가 프로젝트의 유형과 크기를 결정하고, 프로젝트 경비와 다른 입주자들과의 임대조건을 추정하기 위한 관건이 된다. 적절한 핵심 임차인을 찾아서 선택하는 것은 쇼핑센터에 이득을 줄 상점유형에 대한 이해뿐만 아니라 그런 입주자들이 수용할 수 있는 입지에 대한 이해도 필요로 한다. 한 유형의 소매상에 적합한 입지가 다른 유형의 소매상에게는 좋은 입지가 아닐 수도 있기 때문이다.

3. 시장영역 및 세분시장

신규 쇼핑센터가 구매력을 창출하는 것은 아니기 때문에 시장영역의 기존고객들을 유인해야 하고, 시장이 커짐에 따라서 신규 구매력의 일부를 확보해야 한다. 따라서 우선 신규 쇼핑센터 고객의 대부분을 차지하게 될 시장영역의 크기를 확정해야 한다. 쇼핑센터에 가까운 고객일수록 그 쇼핑센터를 더 빈번하게 이용하며, 거리가 멀어짐에 따라 고객의 영향력은 점차로 감소한다. 시장영역은 보통 두세 개의 범주로 나누어진다.

■ **1차 시장영역**: 매출액의 대부분을 차지하는 지리적 영역이다. 1차 시장영역 내에서의 운전시간은 5분에서 30분 정도이며, 단골고객의 70~80%가 이 영역에서 온다.

■ **2차 시장영역**: 총매출액의 15~20%를 차지한다. 2차 시장역역의 크기는 근처에 유사한 쇼핑센터가 있는가에 따라서 상당히 좌우된다. 따라서 2차 시장영역의 크기는 쇼핑센터의 유형과 크기, 그리고 경쟁관계에 따라서 상당히 달라진다.

■ **3차(혹은 주변) 시장영역**: 쇼핑센터의 매출액의 일부는 그 시장영역 내에 살지 않는 여행객이나 관광객으로부터 나오기도 한다. 이것은 대규모 전문점 상가, 도심 쇼핑센터, 공장 아웃렛 등의 경

우에 특히 그렇다.

4. 구매력

시장영역 내의 소득수준은 소매상 유형별 가처분소득의 측면에서 구상 중인 쇼핑센터의 성공에 아주 결정적이다. 소매상 유형별 소비지출규모는 시장영역의 가구당 구매력으로부터 추정할 수 있다.

각 소매상 유형별 1인당 평균소비지출액에 사람수를 곱하면 시장영역의 잠재적 총매출액을 구할 수 있다. 이 잠재적 총매출액과 실제매출액을 비교하면 지출되지 않고 있거나 주변의 다른 시장영역에서 지출되고 있는 잉여구매력을 확인할 수 있다. 충족되지 않은 시장잠재력의 크기, 구상 중인 쇼핑센터로 유인할 수 있는 지출잠재력, 그리고 소득계층별 지출패턴의 차이를 확인하면, 구상 중인 센터의 규모와 유형, 그리고 개발개념을 결정하는 데 도움이 된다.

5. 매출액 예측

잠재적 매출규모를 추정하기 위해서 사용되는 방법에는 아날로그 모형, 회귀모형, 중력모형, 경험모형[9] 등 여러 가지 방법들이 있다. 쇼핑센터의 복잡성 증가와 시장영역들의 상호 중복 등의 문제 때문에 하나의 방법이 아닌 여러 가지 방법을 사용하여 잠재적 매출규모를 추정해야 한다. 다양한 추정방법을 사용하여 시장 분석가들은 구상 중인 쇼핑센터에서의 예상매출규모를 예측할 수 있고, 개발사는 예상되는 매출액, 예상보다 낮은 매출액, 그리고 예상보다 높은 매출액을 이용한 상이한 시나리오에 따라 계획을 할 수 있다.

9) 매출규모 추정에 사용되는 다양한 방법들에 대한 상세한 설명은 매우 전문적인 지식을 요하기 때문에 생략하기로 하겠다.

6. 입지결정

어떤 쇼핑센터이든 성공의 가장 중요한 요소는 입지이다. 사업지 선정은 시장영역 특성, 가구소득 수준, 경쟁, 고속도로 접근성, 시각적 노출 등의 요인들에 의해서 결정되어야 한다. 중요한 것은 쇼핑센터들 간의 거리가 아니며, 인구밀도, 고객편의성, 접근성, 상품의 다양성 등이 더 중요하다. 여러 개의 편의점과 근린쇼핑센터가 동일한 시장영역 내에서 함께 성공적으로 운영될 수 있다.

쇼핑센터의 형태와 종류 ◂ 표 3.3

구 분	업 태
Mall형	• '몰'의 의미 : 무성한 나무숲과 벤치가 있고 간간이 그늘이 있는 산책로 • 보행자통로를 사이에 두고 점포를 마주 대함. • 통로를 중심으로 매장공간을 건물 안쪽으로 형성(원형이나 면을 중요시하여 상가 구성) • 대형상가 조성에 적합하므로 대부분 대형쇼핑센터는 '몰'형태로 건립(쇼핑몰 = 대형상가)
Strip형	• 상가를 직선, L, U자 형태로 일렬 배치 • 상가 전면 주차장, 아케이드 형식의 개발된 덮개(canopy)가 점포들의 전면 연결 • 매장공간은 바깥을 향하므로 대형 쇼핑센터에는 비적합, 규모가 작은 근린쇼핑센터에 적용
Galleria형	• 복도(galleria)라는 말의 변형, 감상할 수 있는 분위기 내포 • 실용적인 상품만 전개하는 것이 아니라 패션을 의미, 나아가 첨단 라이프스타일, 첨단 패션 의미 • 패션상품의 감상을 더한 형태로 구매욕구를 높이는 호화 쇼핑센터
복합개발형 Mixed-used development	• 매장공간뿐만 아니라 주거공간, 업무공간, 여가공간 등을 하나로 묶어 개발하는 대단위 프로젝트에 적용

제 4 절 호텔 및 리조트시장 분석

1. 시장영역의 결정

대부분의 부동산개발의 경우에 수요와 공급시장은 동일하거나 중복된다. 그러나 호텔개발의 경우에 두 시장영역은 구별되며, 입지와 규모에 있어서 상당히 다르다. 시장영역의 경계를 결정하기 위해서는 ① 경쟁호텔의 입지, ② 주요 사업영역, ③ 해당 사업지에의 관광객이나 여행객의 여행패턴의 추세, ④ 주요 수요창출원의 근접성과 범위, ⑤ 방문객의 지출패턴, 그리고 ⑥ 현재의 사회경제적 경계 등을 확인할 필요가 있다.

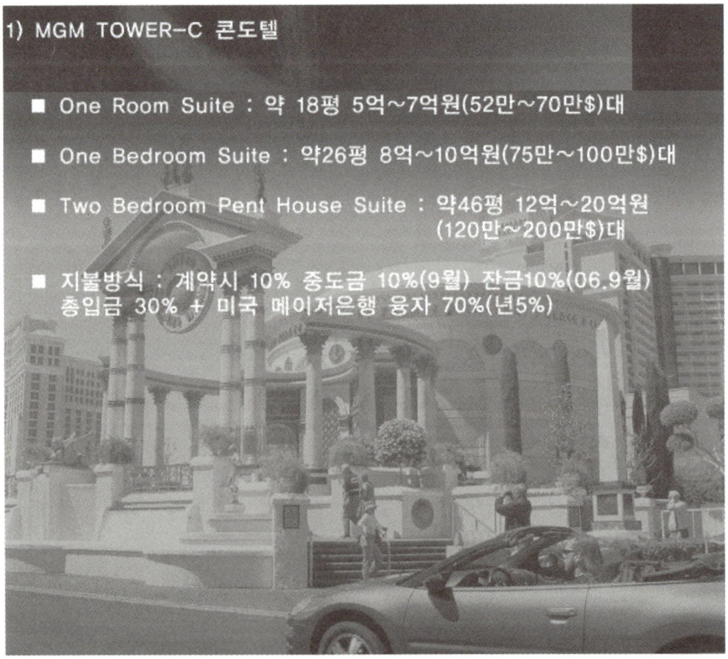

▲ 라스베가스 호텔분양 사례

숙박 수요를 확인하고 평가하는 데는 다음과 같은 방법들이 유용하다.

① 관광객과 컨벤션 참석자들의 수, 체류기간, 지출패턴, 단체규모, 숙박수요와 계절성 등을 확인하기 위해서 지역 여행사나 상공회의소, 컨벤션 사무국의 대표들과 인터뷰를 한다.
② 여행객들의 숙박수요, 지역에 대한 인상, 방문빈도, 일차적 방문목적, 단체규모, 여행계획의 계절성, 해당지역과 다른 시장영역에 있는 호텔들의 장・단점, 원하는 서비스와 쾌적 시설, 숙박예산 규모, 장래 여행계획 등을 파악하기 위해 기업의 여행담당자, 미팅플래너, 여행사들과 인터뷰를 한다.
③ 지난 3～5년간의 점유율과 객실요금 추이를 조사한다.
④ 구상 중인 프로젝트의 객실수, 연평균 점유율, 연평균 객실요금, 고객구성, 시설의 유형과 등급을 결정하기 위해서 유사 호텔의 직원을 찾아서 대화한다.
⑤ 시장영역 내에 있는 주요 공항의 현 용량, 도착 및 출발 패턴을 평가하고, 여행객의 구성, 계절성 및 성장률을 결정한다.
⑥ 주요 관광명소, 지역사회의 특별 이벤트, 전람회, 운동경기 등의 목록을 작성하고, 숙박시설 수요를 결정한다.

2. 수요 분석

(1) 세분시장

일반적으로 호텔세분시장은 여행목적, 계절성, 체류기간, 가격민감성, 요구되는 시설과 쾌적시설의 성격, 요구되는 객실수 등의 측면에서 정의된다. 세분시장 중 중요한 것은 다음과 같다.

■ 상업시장 : 사업차 국내외를 여행하는 개인이나 단체로 구성된다. 이들의 경우 숙박시설 선정의 핵심 기준은 입지이다. 이 입지조건에는 사업활동 중심지로의 근접성과 공항에의 접

근성이 포함된다. 일반적인 체류기간은 대략 하루나 이틀이며, 주로 주중에 집중된다. 계절성과 가격민감성은 별다른 제약요인으로 작용하지 않는다. 이 시장은 개별 직장인, 직장단체, 그리고 컨벤션 참석단체로 다시 세분해볼 수 있다.

- 관광객과 휴양객 : 이 세분시장에는 주로 가족단위의 여행객이 많으며, 두 개 이상의 객실을 사용하는 것이 일반적이다. 여행은 주로 성수기에 집중되는 경향이 있으며, 체류기간은 하루에서 일주일 이상 지속되는 휴가까지 다양하다. 이 시장은 다시 단독여행자 시장과 패키지여행 시장 등으로 나뉜다.
- 이외에도 장기투숙객 수요, 항공승무원 숙박이나 비상 시 여행객 숙박을 위한 항공사와의 계약수요, 정부관리나 군인들의 여행을 위한 정부 수요, 주중에 객실과 식사, 오락 등을 포함하는 패키지플랜을 제공하는 틈새시장이 있다.

(2) 수요의 등락

객실점유율은 지역, 계절, 그리고 제품유형에 따라 상당히 다르다. 상업시장의 경우에는 객실점유율이 연중 일정수준을 유지하지만, 휴양객이나 관광객은 계절에 따라 변동이 심하며 보통 한여름이 사람들이 가장 많이 몰리는 성수기이다. 리조트호텔의 경우 수요의 계절적 변동이 너무 극심해서 어떤 호텔들은 단지 일 년 중 몇 개월만 문을 열기도 한다. 그러나 이런 계절적 리조트호텔은 오늘날 점점 줄어들고 있으며, 비시즌에도 고객을 유치할 수 있는 틈새시장을 개척하고 있다. 예컨대, 스키리조트들은 비스키시즌에도 여름 휴양객들을 유인할 수 있는 각종 쾌적시설과 프로그램들을 갖추고 있다.

(3) 수요의 측정 및 평가

세분시장별 수요와 수요의 계절적 패턴을 확인한 후에, 인구성장, 신규상업·산업개발, 새로운 관광명소나 휴양시설 개발, 교통망의 변화, 신규 경쟁 숙박시설 등에 근거하여 신규 호텔의 수요 잠재력을 예측해야 한다.

수요는 경쟁호텔 객실수의 증감, 시장세분화의 변화, 경쟁호텔의 개축 등과 같은 많은 요인들의 영향을 받는다. 또한 수요는 교통과 기술발전이나 환경적 요인에 의해서도 변화한다.

수요 분석에는 세분시장별로 경쟁 호텔 객실의 공급과 객실수요에 대한 견고한 예측뿐만 아니라 과거의 시장성과도 포함되어야 한다. 또한 표적시장이 예상 객실요금을 지불할 수 있을 것인지에 대한 분석과 표적시장이 시설, 디자인, 쾌적시설, 서비스 등의 측면에서 무엇을 원하는가에 대한 분석도 포함되어야 한다.

현재의 호텔시장을 평가할 때에 침투율(penetration)과 수익성(yield)의 두 요소가 중요하다. 침투율은 공급량 대비 수요량을 가리킨다. 침투율은 호텔의 성과가 어떤지, 그리고 전체 시장과 관련하여 성과가 나아지고 있는지를 결정하는 데 유용한 지표이다. 호텔의 수익은 그 호텔의 객실 1개당 수입을 시장 전체의 객실 1개당 수입으로 나눈 값을 가리킨다. 이 지표는 점유율과 객실요금의 측면에서 그 호텔의 상대적 위치를 나타낸다.

(4) 수요 창출원

새로운 상업・산업 시설, 여가시설, 교통시설의 개발이 호텔수요증가에 미치는 영향은 직접적이기 때문에 계량화하기 쉽다. 그러나 공급에 의해 유발되는 수요는 예측하기 어렵다. 객실 수요는 지역, 광역 및 전국차원의 경제추세뿐만 아니라 호텔의 마케팅전략과 경쟁호텔의 객실공급의 변화에 의해서도 영향을 받는다.

숙박 수요 잠재력을 예측할 때는 시장의 경제적・인구통계적 추세를 분석해야 한다. 수요 분석 시에 고려해야 할 주요한 경제적 지표로서는 고용(지역의 노동력 특성과 사업장별 고용자료), 사무실 공간(규모, 공실률과 임대료 등), 소득(시장의 소득수준과 가처분소득의 크기), 소매매출(방문객과 주민의 구매력 평가를 위한 자료), 주요 관광지에의 입장객수, 공항활동(여행객수 등), 호텔운영 추세, 여행 지출 등이 있다.

3. 공급 분석

시장영역에서 현재의 그리고 향후 계획되어 있는 숙박시설 재고에 대한 분석은 신규 숙박시설의 성공가능성을 예측하는 데 도움이 된다. 공급 분석 시에 현재 및 계획 중인 각 숙박시설에 대해서 객실수, 입지, 제휴 여부(체인인지 독립시설인지), 사업지향(컨벤션 참석자, 휴양객, 사업목적의 여행객 등), 쾌적시설, 연평균 객실요금, 연평균 점유율, 장·단점 등을 계량화해야 한다.

또한 혁신은 전체 시장에 대한 기준을 바꾸어놓을 수 있기 때문에 호텔들이 어떤 혁신을 시장에 도입하고 있는지를 파악하기 위해서 정밀하게 조사해야 한다. 이와 같은 시장 분석의 궁극적 목표는 기회, 즉 현재 충족되지 못하고 있는 시장수요를 확인하는 데 있다.

리조트나 고급호텔의 수요를 평가할 때는, 특정 쾌적시설을 즐기고자 하는 수요의 측면에서 접근해야 한다. 이를 위해서 지리적 영역과 소득수준, 그리고 생활양식에 의해 규정되는 세분화된 특정 시장별로 어떤 여가, 위락활동 등에 관심을 갖는지를 분석해야 한다. 이런 레저시장에 대한 수요 분석을 위해서는 양적 방법론만으로는 파악하기 곤란하고, 소비자조사 등과 같은 질적 방법[10]을 활용해야 한다. 여가활동으로 무엇을 원하는지를 이해하기 위해서 레크리에이션과 스포츠활동 참여율 등에 대한 자료를 수집하고 평가하는 것이 중요하다.

10) 이에 대해서는 제5장에서 상세하게 설명한다.

경쟁제품에 대한 분석이 완료된 후에, 해당 프로젝트의 예상 성과를 예측해야 한다. 가장 많이 사용되는 방법은 적정분할분석법(fair-share analysis)인데, 이 분석을 이용하여 해당 프로젝트의 객실수를 시장의 총객실수로 나눈 값에 근거하여 시장 캡처율을 추정한다. 그리고 나서 예상 시장점유율을 입지, 품질, 평판 등과 같은 질적 요인들을 고려하여 조정한다.

Reference 참고 문헌

강병기 · 김용민 · 이국철 · 이창석 공저(2005), 부동산분양대행업, 형설출판사

김민근(2005), 부동산디벨로퍼론, 박영률출판사

김민주(2002), 마케팅 어드벤처, 미래의 창

김상일(2004), 대한민국 소비 트렌드, 원앤원북스

김해련(2005), 히트 트렌드 전략, 해냄출판사

서상혁(2003A), 시장분석의 요소와 주안점, 한남대학교 출판부

서상혁(2003B), 시장수요예측과 시장조사, 한남대학교 출판부

손진수(2006), 부동산개발론, 부동산114

안효빈(2004), 부동산마케팅과 컨설팅, 새로운 제안

유승삼 · 김기원 옮김(2002), 제프리 A. 무어 지음, 캐즘 마케팅, 세종서적

이문규 · 홍성태(2001), 소비자해동의 이해, 법문사

이은석 · 심형석 옮김(2002), 오리야마 카즈히사 지음, 건설 · 부동산 비즈니스 마케팅전략", 박영률출판사

이창석(2005), 부동산컨설팅, 형설출판사

이창석 · 강해규 · 김용민 · 정상철 · 오준석 · 김영혜 · 박용광 · 남찬희 공편저(2004), 재건축 · 재개발 컨설팅 이론과 실무, 형설출판사

임종원(1995), 마케팅조사론, 무역경영사

조성근(2005), 한국의 디벨로퍼들, 이다미디어

한국생산성본부(2006), 부동산마케팅 및 분양전략실무

한상분(2005), 트렌드를 알아야 부동산이 보인다, 동아일보사

Arnold, Lee E., JR(2004), *Commercial Investment of Real Estate*, South-Western Thomson Learning.

Clark, Charles R., David F. Parker and Clark Parker Associates(1989),

Marketing New Homes, National association of Home Builders.

Cova Bernard and Pervez Ghauri & Robert Salle(2002), *Project Marketing : Beyond Competitive Bidding*, John Wiley & Sons LTD

Cross, Carla(1994), *The Real Estate Agent's Business Planning Guide*, Dearborn.

Gaillard, Jean-Michel(2000), *Marketing et Gestion dans la Recherche et Dévéloppement*, ECONOMICA.

Hamilton, Dan(2006), *Real Estate Marketing and Sales Essentials*, Thomson South-Western.

Keller, Gary and Dave Jenks and Jay Papasan(2005), *The Millionaire Real Estate Investor*, McGraw-Hill.

Miles, Mike E., Gayle Berens, Marc A. Weiss(2005), *Real Estate Development*, Urban Land Institute.

Miller, Paul(2002), *Stratégie et marketing de I´innovation technologique*, DUNOD.

Schmitz, Adrienne and Deborah L. Brett(2005), *Real Estate Marketing Analysis*, Urban Land Institute.

Stone, Dave(1989), *New Home Marketing*, Dearborn.

chapter 4

사업타당성 분석

◀ 미국 플로리다주 3030 Aventura에 위치한 boutique style condominium

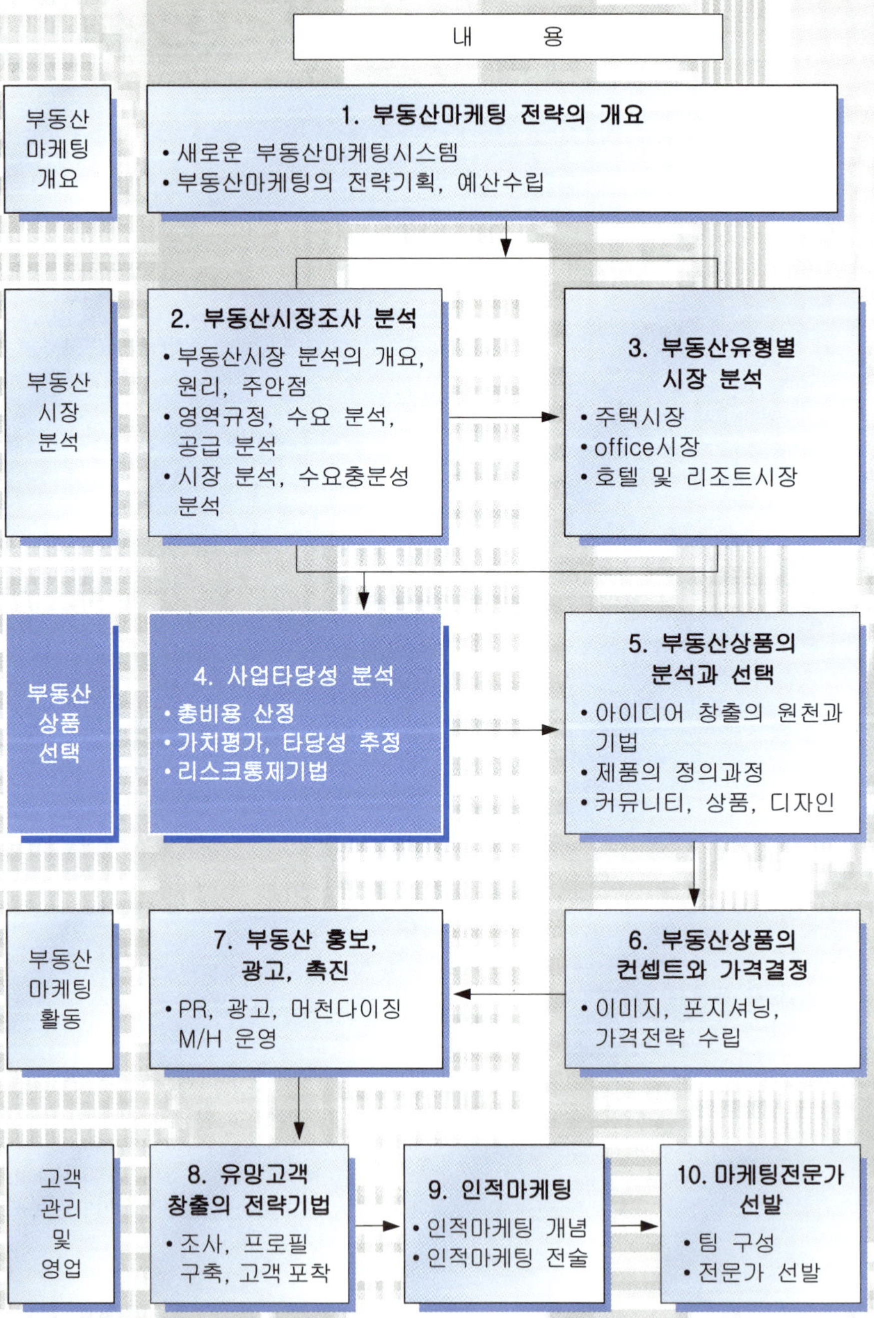

내 용
부동산 마케팅 개요
1. 부동산마케팅 전략의 개요
• 새로운 부동산마케팅시스템
• 부동산마케팅의 전략기획, 예산수립
부동산 시장 분석
2. 부동산시장조사 분석
• 부동산시장 분석의 개요, 원리, 주안점
• 영역규정, 수요 분석, 공급 분석
• 시장 분석, 수요충분성 분석
3. 부동산유형별 시장 분석
• 주택시장
• office시장
• 호텔 및 리조트시장
부동산 상품 선택
4. 사업타당성 분석
• 총비용 산정
• 가치평가, 타당성 추정
• 리스크통제기법
5. 부동산상품의 분석과 선택
• 아이디어 창출의 원천과 기법
• 제품의 정의과정
• 커뮤니티, 상품, 디자인
부동산 마케팅 활동
7. 부동산 홍보, 광고, 촉진
• PR, 광고, 머천다이징 M/H 운영
6. 부동산상품의 컨셉트와 가격결정
• 이미지, 포지셔닝, 가격전략 수립
고객 관리 및 영업
8. 유망고객 창출의 전략기법
• 조사, 프로필 구축, 고객 포착
9. 인적마케팅
• 인적마케팅 개념
• 인적마케팅 전술
10. 마케팅전문가 선발
• 팀 구성
• 전문가 선발

부동산의 유형별 시장 분석요소 및 방법에 관한 서술에 이어 본 장에서는 부동산 프로젝트의 성공가능성, 즉 타당성 분석을 다루고자 한다. 타당성 분석과정에는 앞에서 제시한 시장 분석이 핵심요소로서 포함되지만, 시장 분석을 통해 아이디어의 실행 가능성이 인정되어야 보다 구체적인 타당성 검증단계로 넘어간다. 본 장에서 다루는 주요 내용은 다음과 같다.

- 타당성 분석의 개요와 기초설계
- 초기공사 및 총비용 추정
- 재원조달검토
- 가치평가와 사업타당성 추정
- 리스크 통제기법

시장 분석결과에 근거하여 프로젝트가 성공할 가능성이 아주 높다는 직관적 느낌을 가졌다 할지라도, 그 프로젝트의 성공가능성을 다른 참여자들에게 객관적으로 설명하고 설득시킬 수 있어야 한다. 프로젝트 성공의 가능성을 객관적으로 제시하는 것이 바로 사업타당성 분석의 목적이다. 사업타당성 분석은 이어서 진행되는 프로젝트의 각 단계에 대하여 여러 형태로 도출될 수 있는 리스크를 통제할 수 있게 하는 중요한 경영관리도구이다. 프로젝트의 규모와 복잡성에 따라, 사업타당성 분석의 분량과 범위 및 비용은 상당히 달라진다. 사업타당성 분석에 포함되어야 할 핵심적인 분석요소들은 다음과 같다.

- 프로젝트 아이디어와 표적시장
- 특정 아이디어와 결부된 표적시장에 대한 상세한 기술(고객수, 취향, 소득 등)
- 유사 경쟁상품의 주요 특징, 기능 및 장점 파악
- 할인현금흐름(discounted cash flow) 분석
- 사업계획의 각 구성요소에 대한 개별적 평가와 더불어, 가능상태에서 최적상태로 이행했을 경우에 대한 민감도 분석(sensitivity analysis)
- 최적상태에서의 리스크 검토와 적절한 리스크 통제기법
- 프로젝트의 사업타당성 확인

제1절 타당성 분석의 개요와 기초설계

1. 타당성 분석의 개요

시장 분석은 사업타당성 분석에서 가장 핵심적인 요소이다. 시장 분석의 첫 번째 단계는 전국적 차원의 경제여건 및 동향 분석과 더불어 국제적 영향, 광역, 지역, 근린 및 사업지의 특징을 주의깊게 검토하는 것이다. 두 번째 단계에서는 유사 부동산상품들을 조사하여 시장에서 중요시되는 속성들의 특징과 기능, 혜택 등을 판별한다. 세 번째 단계에서 시장 분석은 시장세분화와 해당 부동산에 대한 분양스케줄 추정으로 마무리된다.

2. 기초설계(preliminary drawing)

첫 번째 단계에서 실시하는 장기적 차원의 전국적 트렌드 분석은 사업지 검토 및 선정에 있어 대단히 중요하다. 예컨대, 대도시에서 공급가능한 직업의 유형과 직업 수요의 유형이 불균형(mismatch)하다고 분석한 자료와 같은 전국적 차원의 장기적 트렌드 분석은 대체로 잘 정리되어 있다. 어떤 특정 지역에서는 이러한 전국적 트렌드가 똑같이 나타난다.

대도시지역에 사무실을 제공하고자 하는 개발사는 유망 임차인들이 사무실을 선정할 때 고등교육 수준의 비서들을 채용할 수 있는 사무공간인지 아닌지 고려한다는 것을 발견할 수 있다. 이와 마찬가지로 교외 유통시설 개발사는 패스트푸드 식당이나 소매점에서 저임금으로 근무할 사람을 확보하기 어렵다는 것을 발견할 수도 있다. 이 두 가지 모두 유용한 노동력의 부족으로 인하여 유망 임차인이 프로젝트에 부여하는 가치를 하락시킬 수 있다. 시장 분석가는 특정 지역에서 프로젝트를 구상할 때 그러한 중요한 전국적 트렌드를 간과해서는 안 된다. 또한 아무리 작은 프로젝트라도 기획, 건설, 판매, 임대 등을 위해 2년에서 5년 정도의 시간대가 필요하다는 점을 명심해야 한다.

두 번째 단계에서 시장 분석가들은 유사한 부동산들을 조사하여 시장에서 중요한 의미를 갖는 부동산의 특징, 기능, 효익을 판별한다. 시장 분석은 비용이 많이 소요되므로 유사한 프로젝트를 연구하는 분석가들로부터 통찰력을 얻어야 한다. 공간 이용자들이 어떤 특정의 요소를 얼마나 중요시하는지 알게 되면 개발사는 개발사업에 핵심적 특징을 부여하기 쉬워진다. 만약 그 지역에서 임대실적을 가장 잘 올린 사무실 건물에 헬스클럽이 없지만 경쟁사보다 더 많은 주차장을 보유하고 있다면 주차시설이 헬스클럽보다 더 중요한 핵심적 특징임을 알 수 있다.

세 번째 단계에서 시장 분석은 시장세분화와 특정 부동산상품에 대한 분양 스케줄을 도출하여야 한다. 특정 기간 중에 얼마나 많은 부동산상품들이 어떤 가격으로 분양될 것인가? 세분화시장에 대한 분양률을 예측하기 위해 유사 프로젝트의 특징, 기능, 효익 등을 세밀하게 분석함으로써 시장을 세분화해야 한다.

시장 분석을 통해서 아이디어의 성공가능성이 인정되면, 그 다음 단계로 기초설계도를 작성해야 한다. 기초설계도를 작성하는 데 있어서, 보통 개발사들은 건축가, 엔지니어 등의 전문가 활용 여부를 놓고 고민을 하게 된다. 작업이 복잡하고 혁신적일수록 유능한 전문가들을 고용해서 일찍부터 개발과정에 합류시키는 것이 중요하다. 반면에, 기존의 다른 프로젝트들과 매우 유사한 프로젝트이고 사업지도 다른 사업지들과 매우 유사하다면, 일류 전문가들을 풀타임으로 참여시키는 것은 그다지 비용 효율적이지 않다.[1)]

디자인에 대한 사람들의 기준이 점차 높아지면서 전반적으로 고품질 디자인이 훨씬 더 중요해지고 있다. 고품질의 디자인을 통해 프로젝트가 성공할 확률이 매우 높아지기 때문이다. 스페인의 빌바오(Bilbao)와 같은 도시는 지역 내 경제 발전계획의 주변에 놀

1) 이에 관해서는 본서의 마지막 장인 제10장에서 서술할 것이다.

라운 건축미학을 가미하였다. 이러한 비상한 건축디자인과 스타일은 프랭크 개리(Frank Gehry)에 의해 설계되었는데, 이 도시는 첫해 50만 명의 내방객을 유치할 것으로 전망되었었으나, 실제로는 136만 명이 찾아왔고 수입이 1억 6천만 달러에 달했다.

개발사가 어떤 유형의 프로젝트에 경험이 부족하거나 지방정부 기관과의 관계가 아직 굳건하지 않을 때 외부 전문가들을 활용하면, 이들이 개발팀에 자신의 가치 있는 경험을 제공하고 리스크를 줄일 수 있다. 전문가로서 건축가는 개발과정에서 중요한 역할을 수행하지만, 다른 참여자들의 협조와 도움이 없으면 프로젝트를 디자인할 수 없다. 성공을 거두기 위해서는 최종제품이 판매가능하고, 관리가능하고, 비용 효율적이어야 한다.

기초설계는 마케팅소구력, 물리적 비용, 그리고 계속적인 관리의 용이성 등 세 요소를 반영해야 하기 때문에, 처음부터 개발팀원들 간의 의사소통과 피드백이 매우 중요하다. 아름답기는 하지만 건축비용이 많이 들고 관리하기 어려운 건물은 성공적인 개발이 아니다. 또한 저예산 프로젝트이기는 하지만 소구력이 없고 관리하기 힘들다면 성공하기 어렵다. 특정 사업지에 적합하게끔 프로젝트를 설계하지 않으면 마케팅소구력과 비용, 관리의 용이성 간의 균형을 이룰 수 없다.

공간은 사람을 위해서 만들어지는 것이다. 사람들에게 어필하는 공간은 미래에 새로운 시장을 창출하기도 한다. 건축공간의 기능성과 심미성에 대한 관심이 고양되면서 건축물들이 창출하는 가치에 대한 연구가 이루어지고 있는데, 실제로 아주 매력적인 건축물들이 개발사와 투자자에게 고수익을 가져다주고 있다.

이에 덧붙여, 개발사들은 건물이 도시환경과 어떻게 조화를 이루는가에 대해서도 생각할 필요가 있다. 즉, 배경(context)도 중요한 설계요소이다. 건물의 배경과 관련하여 크기와 규모, 조망, 주차장의 순환, 조명, 스타일, 이미지 등도 모두 중요하다.

국내 부동산마케팅 사례

다음 사진은 서초동에 개발 중인 '부띠끄 모나코'라는 오피스텔이다. 평당 3천만 원대의 고가임에도 불구하고 성공적으로 분양되었다. 현 부동산제도 중 하나인 1가구 2주택의 규제에서 제외되는 오피스텔 형식으로 분양하여 1가구 2주택 이상의 소유자들도 분양받을 수 있는 전략을 적용하여 분양률을 높였다. 이 부동산상품은 이름부터 특이한데, 이는 의류판매에서 다생산시스템이 아닌 단 한 사람만의 개성과 취향에 따라 맞추어 판매하는 의상실 제도에서 나온 이름인 부띠끄를 모방한 것이다. 이는 개개인의 취향을 중시하는 트렌드를 적용한 예이다. 진정한 부의 가치를 알고 그들의 트렌드를 감지한 세련된 마케팅 전략이 성공한 것이다. 또한 예술감각을 공간에 조화롭게 적용하여 샤갈의 방, 피카소의 방, 미로 방 등 고객의 개성에 따라 디자인을 독특하게 구성한 것도 성공의 중요한 요인이다.

▲ 부띠끄 모나코 조감도

▲ 부띠끄 모나코 내부 사진

최근 분양되고 있는 주상복합아파트인 '목동트라팰리스'는 뉴욕 5th. Ave 명품거리의 유명 초고층빌딩을 디자인한 프랭크 윌리엄스가 참여하여 네오클래식한 외관디자인으로 설계하였으며, 실내는 패션디자이너 앙드레 김이 참여하여 패션과 예술성이 가미된 아파트들을 선보이고 있다. 시공기술의 발달로 34층에는 '스카이브릿지'가 최초로 설치되었다. 스카이브릿지는 건물과 건물 사이를 공중에서 연결하는 통로로 화재발생 시 대피용 통로로뿐만 아니라 외부의 기후조건에도 구애받지 않고 단지 내 각 동의 주민편익시설 이용이 용이하다. 또한 이동 시 단지 내 조경 및 사방 조망이 가능해 시각적 즐거움을 선사한다. 야간에는 단지의 외적 미를 살려주는 역할까지 하게 된다.

▲ 목동 트라팰리스 조감도

조경의 중요성도 점차 증대되고 있다. 창조적인 조경설계는 부동산상품의 품질을 높이고 아름답게 만들어줄 수 있으며, 사전에 발생한 디자인의 오류를 감춰주기도 한다.

▲ 개봉동 아이파크 조경시설

개봉동 아이파크는 새 아파트답게 단지배치, 조경, 설계, 첨단시스템 등에서 입주자들의 주목을 끌 만한 장치가 곳곳에 마련되어 있다. 우선 자동차가 단지 입구에 들어서면 바로 지하주차장으로 연결돼 지상에서 보행자가 차와 마주칠 일이 없다. 필로티 설계로 단지가 예상보다 넓고, 냇물과 다리, 놀이터가 어우러진 조경이 설치되어 있다. 놀이터 옆에는 '음악가의 숲'이라고 불리는 작은 공원이 만들어져 있는데, 음악벤치에 앉으면 센서가 이를 감지해 음악이 흘러나오도록 되어 있다.

초기 공사와 총비용 추정 제2절

프로젝트의 건설비용을 추정할 때는 토지구입비용, 하부구조 건설비용과 토지개량비용이 포함된다. 복잡한 대규모 개발인 경우에는 하부구조 구축비용과 토지개발비용이 엄청나게 많이 들어갈 수 있다. 총하부구조 구축비용 추정치를 얻기 위해서는 사업지 내의 상수도, 하수도, 도로 등 하부구조 구축비용과 사업지 외부의 하부구조 구축비용을 합쳐야 한다. 이 비용 외에 기본적인 개발비용으로는 토지구입비와 지상 건축물에 적합한 조건으로 사업지를 만드는 데 필요한 토지개량비용이 있다.

비용항목 목록을 만들기는 쉽지만, 각 항목별 비용을 추정하는 것은 어렵다. 대부분의 경우에 추정하기 가장 어려운 비용은 하부구조 구축비용이다. 지상에서 이루어지는 공사비용을 추정하기 위한 일반적인 가이드북이 있다. 개발사들은 가이드북을 사용하여 비용추정을 하고 이를 지역 하청업자들의 추정치와 비교해야 한다. 비용추정을 위해서 때로는 개별 하청업자들을 만날 필요가 있다. 이들 업자들과의 대화를 통해서 얻어진 정보를 바탕으로 건축비용을 낮추고 입주자나 구매자들에게 더 매력적이 되도록 프로젝트 계획을 수정·개선할 수 있다.

이제까지 언급한 비용들 이외에도, 총비용을 추정할 때는 마케팅, 재원조달, 세금, 보험 및 기타 관리경비 등이 포함된다. 마지막으로, 모든 프로젝트에는 예비비가 포함되어야 한다. 예상치 못한 경비나 비용초과에 대비한 자금을 별도로 마련해두는 것이 중요하다. 표준개발에서는 예비비가 5%면 적당하지만, 복잡한 복합용도 개발사업인 경우에는 10%도 충분하지 않을 수 있다.

개발비용 추정 시에 일반적으로 다음과 같은 요소들이 포함된다.

- 토지비용
- 사업지 개발비용
- 설계비용 : 건축, 엔지니어링 등
- 기본경비(인건비, 재료비)
- 허가비용
- 재원조달비용
- 마케팅비용 : 프로모션, 광고, 중개사 수수료 등
- 준공이전 운영비용
- 법률서비스비용
- 회계비용
- 현장감독(검사)비용
- 간접경비
- 예비비
- 개발부담금

제 3 절 재원조달

1. 재원조달

사업타당성 분석단계에서 개발사는 대출 및 투자기관에게 그 프로젝트의 표적시장, 디자인과 비용, 그리고 거래의 재정구조를 제시한다. 이 시점에서 개발사는 대출 및 투자기관의 참여를 유도하기 위해서 그 프로젝트의 추정가치를 활용한다.

제2단계에서 투자자나 융자자와 예비적으로 가졌던 논의가 보다 더 정형화된 수준으로 진전하게 된다. 초기의 반응에 기초하여 개발사는 장기 융자자, 건축비 융자자, 개발기간 지분투자가 혹은 조인트벤처 파트너 등을 물색하여 가장 적합한 상대를 발견해야 한다.

그 다음 단계는 개발사가 투·융자자들에게 프로젝트의 표적시장, 설계 및 비용, 거래의 재무구조에 관해 세부적으로 설명해야 한다.

이 단계에서 개발사는 참가자의 투자의욕을 높이기 위해 프로젝트의 추정가치를 사용한다. 장기 융자자는 예상되는 이익과 리스크를 검토한다. 건축비 융자자는 대체로 과거에 경험을 함께한 적이 있는 매우 노련한 사람들이 설계하고 건설하는 단순한 프로젝트를 선호한다. 만약 개발사가 융자자의 지침만을 따른다면 이익은 감소될 것이다. 구상 중인 개발에 대한 적절한 재원조달처를 찾아내기 위해서, 개발사는 대출 및 투자기관의 특정 욕구, 그들의 과거 실적과 자아 이미지, 그리고 그들이 선호하는 포트폴리오 구성을 알아야 한다. 따라서 개발사는 재원조달비용을 최소화하는 한편, 대출기관이 요구하는 규칙과 제약을 최소화함으로써 융통성을 극대화하도록 노력해야 한다. 만일 충분한 재원이 없다면, 개발사는 개발기간 동안 지분 투자자가 필요할 것이다. 건축가와 엔지니어의 선정과 마찬가지로, 재원조달방식이 복잡하고 중요할수록 금융기관과 거래를 하는 데 있어서도 숙련된 솜씨가 있어야 한다. 그러나 개발사가 재원을 직접 조달할 필요는 없으며, 대행기관을 선정하여 도움을 얻을 수 있다.

2. 건축허가와 기타 정부규제

사업타당성 분석기간 동안에 개발과정의 중요한 파트너로서 정부기관을 잊어서는 안 된다. 정부기관들은 프로젝트에 필요한 건축허가를 내줄 권한을 가지고 있다. 어떤 지역에서는 허가를 얻는 것이 고도로 정치적인 과정이다. 지역의 정치환경을 잘못 판단하거나 그 지역사회의 장기적 이익에 부합하지 않는 프로젝트를 제안하는 개발사는 기술적으로 법적 요건을 충족시킨다 하더라도 허가를 받는 데 어려움을 겪을 것이다.

사업타당성 결정에 지방정부 관리를 관여시킬 필요가 있다. 만일 규제기관이 개발에 가해지는 모든 압력을 이해하고 그 개발이 공공 및 민간의 목표를 어떻게 충족시키고 있는지를 이해한다면, 그 프로젝트를 지지할 가능성은 높아지고 개발승인과정을 지연시킬 가능성은 낮아질 것이다.

이렇게 개발사는 정치적·행정적 측면을 간과해서는 안 된다. 어떤 프로젝트가 그 지역전체에 혜택을 가져다줄지라도, 주민을 대표하는 자치단체장들과 특정 이익집단을 대표하는 개인들이 그 프로젝트를 거부할 수도 있다. 많은 지역에서, 소집단들이 주도하는 여론의 힘을 예상하지 못하면, 개발사들에게 그 지역의 정치적 환경은 악몽 그 자체가 될 수도 있다. 예상치 못한 주민의 반대에 부딪칠 경우 지방단체장들은 자신들이 일찌감치 승인한 프로젝트에 대한 지지를 철회하기도 한다. 따라서 주민들의 관심사들에 적절히 대응하기 위해서 개발사들은 주민 및 지방정부와 함께 일해야 한다.

제 4 절 가치평가와 사업타당성 추정

1. 가치평가와 타당성 검토

사업타당성 분석기간 동안 개발사는 제품의 판매계획을 수립해야 한다. 이와 더불어 예상 임대료나 판매가격은 기존의 유사 프로젝트의 실제 사례에 근거하여 결정해야 한다. 유사 프로젝트와의 비교는 해당 프로젝트의 특징, 기능과 효익에 관한 시장의 예상반응에 대한 추정은 모든 사람들이 신뢰할 수 있게끔 아주 엄밀하게 수행해야 한다.

분석가가 유사 프로젝트에 대해 조정하는 값이 클수록 오차가 더 크게 나타날 수 있으므로 돌발사태를 대비한 대응 계산규모도

부동산프로젝트 사업성(타당성) 보고서 작성을 위한 항목별 수집자료 ◂ 표 4.1

항 목	세부항목	준비자료
사업 개요	사업의 목표, 범위	현장실사보고서, 토지 및 건축물대장
입지 및 주변환경 분석	부지조건, 지역특성 분석, 대상물건 특성분석	지적도, 현장실사보고서
권원 분석	소유권분석, 소유권 이외의 권리분석	등기부등본
시장 분석	수요 분석, 배후지 분석, 상권 분석, 성장잠재력 분석	현장실사보고서
법규 검토	토지이용 제한, 가능용도 및 규모, 건축인허가절차	토지이용계획확인원, 건축법, 조례
사업방향설정	개발컨셉트 선정, 사업의 주요 착안점	현장실사보고서
사업 및 공사계획	건축설계, 공사계획	계획설계도면 및 개요
경제성 분석	비용 편익분석 등, 민감도 분석 등	
마케팅전략	홍보 및 광고방안	현장실사보고서
요약 및 결론	사업시행 여부 및 방향에 대한 제안	

더 크게 잡아야 한다. 또한 이로 인해 할인율 설정 시 리스크값을 더 크게 계산해야 한다. 유사 프로젝트가 존재하지 않는 독특한 개발 아이디어는 리스크가 크기 때문에 개발사는 더욱더 신중을 기해야 한다.

유사 프로젝트와의 비교를 근거로, 해당 프로젝트의 특징, 기능 및 효익은 특정 시장에서의 현재의 수요-공급과 관련된 비용으로 정당화된다. 그 프로젝트의 최종 쾌적시설이 확정되면, 여기에서 예상가격(혹은 임대료)과 예상되는 현금흐름이 도출된다. 이 수치들은 예상 인플레이션율뿐만 아니라 예상되는 시장상황의 다른 변화들을 고려하여 조정해야 한다. 이것이 할인율(discount rate)이다. 이 추정 할인율을 이용하여 예상되는 현금흐름을 현재가치로 조정한다. 다시 말해서, 시장에서의 경쟁제품과 비교했을 때의 해당 부동산의 품질, 향후 추세, 그리고 프로젝트와 관련된 리스크 등에 대한 모든 정보는 특정 시점의 가치로 환원한다. 그런 후에 이 가치를 앞에서 추정된 총비용과 비교한다. 만일 가치(리스크 조정 후)가 총비용을 초과한다면, 그 프로젝트는 사업타당성이 있는 것이다.

총비용과 가치가 확정되면, 그 프로젝트의 어떤 측면이 개선의 여지가 있는지를 확인하기 위해서 민감도 분석(sensitivity analysis)을 해야 한다. 예컨대, 운영경비를 약간 증가시킬 경우 그 프로젝트의 총비용이 상당히 경감된다면 약간의 운영경비 증가는 정당화될 수 있는 것이다. 민감도 분석을 활용함으로써 사업타당성 분석은 정적인 회계 분석을 넘어서 역동적인 기획도구가 된다.

순경상이익에 기초하여 가치를 추정한 이후에는 분석가는 금융비용 후 및 세후 시나리오(after-financing and after-tax scenario)를 만들어서 모든 참가자들에게 프로젝트 참여 시 이에 관한 이해득실을 보여줄 수 있어야 한다. 이때 각 부분의 합이 전체보다 더 큰 것이 이상적이다. 즉, 만약 세금혜택이 발생할 경우 이를 투자자에게 귀속시켜 줄 수 있기 때문이다.

2. 기업 컨셉트

오늘날 개발은 점차로 물리적 공간의 건축과 관리 비즈니스가 결합되어가는 경향이 있다. 다시 말해서, 부동산개발의 모든 단계에서 관리운영이 더욱더 중요한 역할을 수행하고 있다. 오늘날의 고객 중심 시장에서 특정 공간이 사용자의 필요에 부합되도록 하고 그 공간이 존속하는 동안 계속 그렇게 유지하는 것이 더욱 중요해지고 있다. 다시 말해 호텔을 경영하기 위한 주요 고려사항이 창고를 운영하는 데에도 중요하다는 것이다. '기업 컨셉트(enterprise concept)'는 개발과정을 현금관리라는 지속적 문제를 가진, 살아 숨쉬는 유기체로 보는 것이다. 적절한 사업타당성 분석을 위해서는, 사업운영의 리스크 중 얼마만큼을 개발사가 떠맡고 얼마만큼을 입주자나 장기투자가에게 떠넘길지를 결정할 필요가 있다.

호텔의 경우처럼 한 건물이 관리운영과 밀접하게 결합되면 될수록, 사업타당성 분석은 그만큼 복잡해진다. 여기에는 두 가지 문제가 관련되어 있다.

첫째, 관리운영이 그 프로젝트의 장기적 성공에 얼마나 중요하며, 그 프로젝트의 개발을 위해 선정된 경영진은 얼마나 유능한가의 문제이다.

둘째, 개발사와 임차인 중 누가 리스크에 대한 책임을 지는가, 아니면 이 리스크를 장기 투자자에게 떠넘길 것인가의 문제이다.

예컨대, Hyatt호텔을 99년 동안 임대한다면, 그 개발사는 채권투자처럼 수익을 받는 투자를 하는 셈이 될 것이다. 반대로 개발사가 그 호텔을 직접 소유하고 운영하기로 계획한다면, 그 개발투자는 상당히 리스크가 커질 것이다.

3. 벤처캐피탈 개념

또 하나의 흐름은 부동산개발을 벤처캐피탈과 동일하게 볼 필요성이 증가하고 있다는 것이다. 복잡한 개발 프로젝트의 경우, 수년의 기간이 걸리는 것이 보통이다. 이 기간 동안에 필요한 경비의 규모가 상당히 크고, 개발사들은 스스로 지출해야 할 자금의 규모를 최소화하려고 노력하기 때문에, 다른 재원으로부터 자금을 확보하는 것이 필요해진다.

그런 상황에서 이러한 중간기간을 재정조달기간으로보다는 벤처캐피탈기간으로 보는 것이 적절하다. 투자금액은 대단히 클 수 있다. 더구나 그 프로젝트가 착수될 수 있을 것인지에 대한 불확실성 때문에 그 투자에는 상당한 리스크가 따른다. 따라서 이 기간 동안에 투자자들은 상당히 높은 수익을 원한다. 만일 프로젝트가 착수되지 않는다면, 투자자들은 모든 돈을 잃기 때문이다. 이러한 벤처캐피탈 자금의 필요성은 사업타당성 분석을 더욱 복잡하게 만든다.

제 5 절 2~3단계 사업타당성 추정

1. 2단계 추정

프로젝트의 사업타당성 분석을 1단계로, 그리고 개발과정에서 참여자로서의 개발사의 지위이동을 2단계로 생각하는 것이 도움이 된다. 개발사는 개발과정 중 모든 참여자들의 제2단계 과정에 관심을 가져야 한다. 특정 프로젝트가 타당한 것처럼 보일지라도, 즉 가치가 비용을 상당히 초과할지라도, 1단계는 필요조건이지 충분조건은 아니다. 모든 참여자들은 개발과정에서 자신들의 참여비용과 자신들에게 돌아올 가치 간의 관계를 유사하게 인식해야 한다. 만일 그 과정의 어느 시점에서 어떤 참여자가 갑자기 자신의 2단계 참여가 타당성을 가지지 못한다고 생각하면 그 프로젝트는 위험에 빠질 수도 있다. 법적 의무에도 불구하고, 대부분의 사람들은 자신들의 참여가 기대수익을 가져다주기보다는 비용만 야기할 때 그 프로젝트에 대해서 관심을 잃게 된다.

2. 3단계 과정에서의 리스크통제기법

사업타당성 분석의 제3단계에서 이용 가능한 몇 가지 리스크통제기법이 있다. 그 중에서 가장 일반적인 것들은 다음과 같다

① 사업타당성 분석 자체가 중요한 리스크통제기법 중의 하나이다. 거의 모든 경우에 예측이 정확할수록 개발과 관련된 리스크는 적어진다. 모든 수입과 지출의 추정작업에 더 많은 시간과 노력을 기울일수록 개발사업의 의사결정들이 견실하게 이루어질 것이다. 물론 대형 프로젝트에 대한 타당

성 분석은 비용과 시간이 많이 든다. 타당성 분석을 지나치지도, 부족하지도 않게 하는 것은 개발사의 판단에 달려 있다.

② 재원조달방식이 리스크 분담에 중요한 영향을 미친다. 융자 및 지분투자자들은 서로 다른 선호사항을 가지고 있다. 이들의 이해관계의 적정 조정은 프로젝트의 품질, 대출기관과 개발사의 상대적 힘, 금융시장의 현 상황 등에 따라 달라진다.

③ 건축가의 디자인 계획에 대해 운영부서, 마케팅전문가 및 건축전문가들과 공무원들에 의한 검토가 중요하다. 제3단계에서 이들이 공식적으로 검토하게 되면 제4단계의 협상이 훨씬 더 용이해진다.

④ 유틸리티와 기타 기반시설의 이용가능성을 체크한다. 프로젝트가 법적으로 타당하더라도 하수구, 용수 및 기타 인프라 서비스가 어려워질 수 있다.

⑤ 프로젝트를 위한 모든 기반시설구축 비용을 고려할 때, 건축허가에 대한 협상을 넘어서 가치 있는 어떤 것을 제공하는 대가로 지방정부의 양보를 얻어내기 위해서 노력해야 한다. 또한 개발의 결과 수혜를 얻는 여타 민간부문 사용자 혹은 공공기관과 조인트벤처를 설립하는 것도 가능하다. 아울러 적당한 분담이 불가능한 경우 개발사는 주변의 부지를 확보하여 개발사업 이후 발생하는 개발이익을 얻을 수 있다. 이 경우 불행히도 리스크가 더 커지기는 하나, 비용증가를 정당화시킬 만한 수익은 보장될 것이다.

⑥ 선정된 계약자가 건축허가를 정식으로 받았는지 점검해야 한다. 구체적인 점검활동은 리스크를 감소하는 좋은 방법이다. 선정된 하청업체들이 적절한 면허를 가진 업체인지 체크한다.

⑦ 건축가와 업체 등 모든 참여자들과 계약을 맺을 때 보증보험 등과 같은 구조적 보장책을 마련하는 것이 유용하다.

➡ 부록 부동산개발 사업성 검토항목 및 주안점 요약

1) 사업부지현황, 토지가격, 주변건물 매매가격 또는 임대가, 도로여건, 도시계획현황 및 인근부동산 시장동향 등을 조사하고 사업현황조사표를 작성. 사업부지 및 주변현황사진 첨부
2) 사업대상부지의 관련서류(토지이용계획서, 토지대장, 건축물관리대장, 토지건물 등기부등본, 공시지가 확인원, 지적도(임야도) 등)를 발급받아 도시계획사항 및 소유권현황, 공시지가 등을 확인하며, 도시계획 또는 조례에 의한 규제 등 추가확인하여야 할 사항이 있으면 관할관청을 방문하여 조사
3) 사업현황조사표를 검토, 사업타당성이 있다고 판단될 경우 사업성 검토

사업성 검토

사업성 검토 전 부지조사내용과 고객의 요구사항이 있을 경우에 이를 기초로 하여 개발내용(주요 개발용도, 사업추진방식 등)을 구상

기본설계안 의뢰(의뢰 시 포함되어야 할 사항)

1) 부지 개요 : 부지위치·부지면적·도시계획사항(용도지역, 지구)·토지관련서류(토지대장, 토지이용계획서, 지적(임야)도 등)
2) 의뢰사항 : 프로젝트 용도지정·기본설계안·설계요청 기한·기타 필요사항

기본설계안 작성 및 검토

1) 기본설계안 작성
   설계부서장은 요청받은 사항을 토대로 작성한 기본설계안을 회신
2) 기본설계안 검토
   설계부의 기본설계안에 대한 구상된 개발내용과 관련법규(도시계획법, 국토이용관리법, 도시설계지침 등) 검토 후 필요 시 견적, 건축, 토목 등의 관련부서와 공사비 및 공사기간 등 기술적인 사항에 대해 협의

사업성 검토서 작성 및 보고

1) 사업성 검토 시 투입비와 회수금 내역을 명확히 하여야 하며, 투입비 내역에는 공사비, 설계비 및 감리비, 제세공과금, 사업추진비(필요 시 부지비, 부지취득제세, 용역비, 금융비용) 등을 구분하여야 하고, 회수금 내역에는 분양 및 임대단가, 분양 및 임대면적 등을 구분하여야 한다.
2) 사업성 검토서 작성
   담당자는 현황조사내용 및 설계도서, 공사비, 공사기간 등을 감안하여 주택사업 실무교육지침을 기초로 하여 공사유형별로 다음과 같은 내용을 포함한 '사업성검토서'를 작성, 부서장에게 보고한다.

(1) 일반현황
① 위치, 부지면적
② 부지현황(부지의 기준현황)
③ 소유권현황-소유자, 소유권 이외의 권리자, 기타 이해관계인
④ 도시계획사항
⑤ 교통여건 및 상권현황

(2) 공사규모
① 건축(분양)연면적
② 공사규모
③ 기타

(3) 분양가 산정기준
① 연면적 기준 평당 토지대
② 아파트 건축비
③ 지하주차장
④ 분양가 산출내역

(4) 투입비내역
① 부지비 : 부지매입비, 취득제세
② 공사비 : 건축공사비, 토목공사비, 전기 및 설비공사 등
③ 기타 필요경비
- 각종용역비 : 설계·감리용역비, 교통영향평가용역비, 감정평가 수수료, 인입공사비, 안전진단비, 측량·지질조사비 등
- 사업추진비 : 분양경비 및 수수료, M/H건립 및 운영비, 철거비
- 기타부대비용 : 건물 취득제세 및 공과금, 조세성격의 각종 부담금, 업무대행비

(5) 공사비회수방법 등
① 분양 또는 임대면적(층별, 용도별)
② 분양가 또는 임대가(층별, 용도별)
③ 투입비 회수시기(예상)는 관련지침에 의거 cash flow(자금수지표)를 작성한다.

(6) 사업수지내역
① 투입비 내역
② 회수금 내역 등
③ 사업수지 분석 내역

(7) 위치도, 현황도, 자금수지표 사진촬영(필요시), 설계도서 등

3) 사업성 검토서를 검토하고 사업타당성이 있다고 판단된 수주정보는 수주정보심의위원회에 부의하며 수주정보심의에 관한 수주심의위원회 운영 등은 관련업무 처리기준에 의한다.

사업성 검토보고서사례(국내)	
• 사업부지	
부지위치	
지목	
지번별 면적	
• 용도지역지구 및 행위제한	
지역·지구	
건폐율·용적률	%
도시계획사항	
• 사업부지의 지가분석	
지주희망가	면적·단가·금액
공시지가	면적·단가·금액
• 현장조사서	
부지관련사항	이용현황, 기존건축물현황, 고저차
도시계획	
주변현황	
도로상황	인접도로상황, 주접근로, 대중교통수단현황 등
유동인구	
편의시설	
주변시세현황	유형별 평당 분양(매매, 임대)가 현황
계획용도	
조사자의견	
• 사업타당성 분석	
	기본설계개요
대지위치	
지역지구	
계획용도	
계획규모	지상·지하 층수
건축면적·건폐율	
지상면적·용적률	
연면적	
주차대수	
조경면적	

시설개요			
전용면적	세대수(가구수, 점포수 등)	적용분양가(임대가)	비 고
합 계			

단가산정	
토지단가	
건축단가	
제세공과금	취득세, 등록세, 교육세, 농특세 등
수지분석	
사업지출액	
분양수입액	
사업수지	분양수입액-사업지출액

1. 분양수입계획

분양수입계획에 있어 분양단가 설정은 실적자료를 적용하거나, 인근 유사사례의 분양가(매매가)를 적용하거나, 분양가정보를 전문으로 하는 웹사이트를 활용하거나, 표준 건축비와 대지비를 적용한 분양가 직접산정 등 다양한 방법을 적용할 수 있다.

분양가의 결정에는 다음과 같은 정보지원이 필요하다.

1) 부동산경기의 흐름에 따른 분양가 변동요인에 의한 수익성 예측
2) 주가지수와 제조업 가동률지수, 수주액, 경상수지, 건축허가, 실업률, 경제동향 등 수년간의 자료와 경제지표
3) 편의시설, 교통, 환경, 해당지역 인구 및 가구현황, 이동인구, 입지 여건 등의 분석자료
4) 동사업 관련 현황자료를 통한 지역에 맞는 마케팅전략

이러한 분양가 산정은 실제 사업결과를 토대로 축적한 노하우와 데이터베이스의 양이 많을수록 정확하게 예측될 수 있다. 대안별 시뮬레이션방법인 투자원가를 기준으로 한 비용접근법으로 분양가를 결정할 수도 있다. 대안별로 최저가, 최고가 또는 다른 분양가를 적용하여 이에 대한 시뮬레이션을 만들고 분양성과 수익성 등을 비교평가하는 것이다.

분양사업 수익성 분석에 영향을 주는 가장 큰 요인으로 분양률, 금융비용, 토지비용, 공사비 등을 들 수 있다. 그 중에서도 특히 분양가는 수익성에 지대한 영향을 미치게 된다.

분양계획은 초기 분양률에 중점을 두어 광고전략, 수요자 확보 자료, 분양시기, 분양방법 등을 고려하여 신중하게 설정하도록 한다.
분양계획에 따라 자금흐름과 금융비용의 변화가 이루어지므로, 필요 시 분양계획의 변화에 따른 수익성 변동과 금융비용, 자금의 흐름이 어떻게 변하는지의 민감도 분석이 필요하다. 예를 들어, 분양계획을 사업시작과 동시에 조기에 계획한다면, 그만큼 투자비와 금융비용은 감소하게 될 것이다. 이처럼 분양계획에 따라 수익성의 변화는 크게 나타날 수 있다.

2. 지출계획

지출계획에서는 프로젝트와 관련한 모든 지출항목과 지급시점을 설정하게 되는데, 이들 요소들은 지급시점에 따라 금융비용과 연계되어 자금흐름에 반영되므로 사업성 분석과정의 중요한 작업이다. 지출항목은 토지관련 비용, 직접공사비, 간접공사비, 제세공과금으로 나눌 수 있다.

2-1. 토지관련 비용

일반적으로 토지 매입비와 제세공과금(토지관련제세)으로 구분한다.
토지관련 비용항목들을 열거하면 다음과 같다.
- 토지 매입비, 감정평가수수료, 법무사수수료, 중개수수료, 취득세, 등록세, 농어촌특별세 등

토지관련 비용설정은 실제로 거래금액이 수익성 분석에서 참조되나, 필요 시 공시지가 등을 거래, 감정단가 설정 시 참조할 수 있다.

2-2. 직접공사비

직접공사비 설정 시 우선 고려하여야 할 사항은 단가가 아니라 입주자의 수준 및 서비스, 위치 등에 따른 조사와 그에 따른 분양가 목표설정이 중요하다. 이를 근거로 하여 원가계산을 통한 단가산정을 한다.
사업성 검토를 위한 공사비는 실제로 집행된 실적자료를 활용하는 것이 가장 정확하므로 실적자료에 대한 수집, 분석한 데이터베이스를 구축해놓는 것이 중요하다. 일반적인 표준건축비 등을 적용하고자 할 때에는 시공실적자료를 이용하거나, 도면을 가지고 직접 산출한 공사비를 적용할 수도 있다.

2-3. 간접공사비
1. 사업 초기에 지출이 이루어지는 항목 : 설계비, 컨설팅비용, 감정평가비 등 2. 사업기간 중에 지출이 이루어지는 항목 : 일반관리비, 감리비 등 3. 사업 말기에 지출이 이루어지는 항목 : 예술장식품, 제세공과금 등 프로젝트와 사업유형에 따라 적용 항목의 선별차이는 있으나 일반적으로 적용한 항목들을 살펴보면 다음과 같다. 설계비, 감리비, 지질조사비, 측량비, 인입공사비, 일반관리비, 분양보증수수료, 광고홍보비,교통영향평가비, M/H 건립비, M/H 부지임대료, M/H 운영비, M/H 화재보험료, 예술장식품비, 입주관리비, 이주대책비, 철거비 등 구분지출항목 중에서 가장 많은 사항이 간접공사비에 해당한다. 각각의 항목들은 분양수입계획에서 언급한 바와 같이 대금을 지급하는 시점에 따라 전체의 현금흐름과 수익성에 영향을 미치게 된다.

2-4. 제세공과금
제세공과금항목의 적용항목에 대한 사례를 보면 다음과 같다. -보존등기비, 종합토지세, 전용 부담금, 학교용지부담금, 교통시설부담금, 개발부담금, 면허세 농어촌 특별세 등 제세공과금은 세금항목을 사전에 설정하여 예측할 수 있도록 하며, 사업 후 실제로 집행된 세금항목별 세액을 정리하여 다음 사업에 참조할 수 있도록 완벽한 자료로 남겨야 한다. 세금사항은 세법이 수시로 바뀌므로 전문가의 조언을 필요로 할 수도 있다.

<자료 : http ://cafe.naver.com/developer3535>

<국내 아파트 개발사업 타당성 분석 flow(사례)>

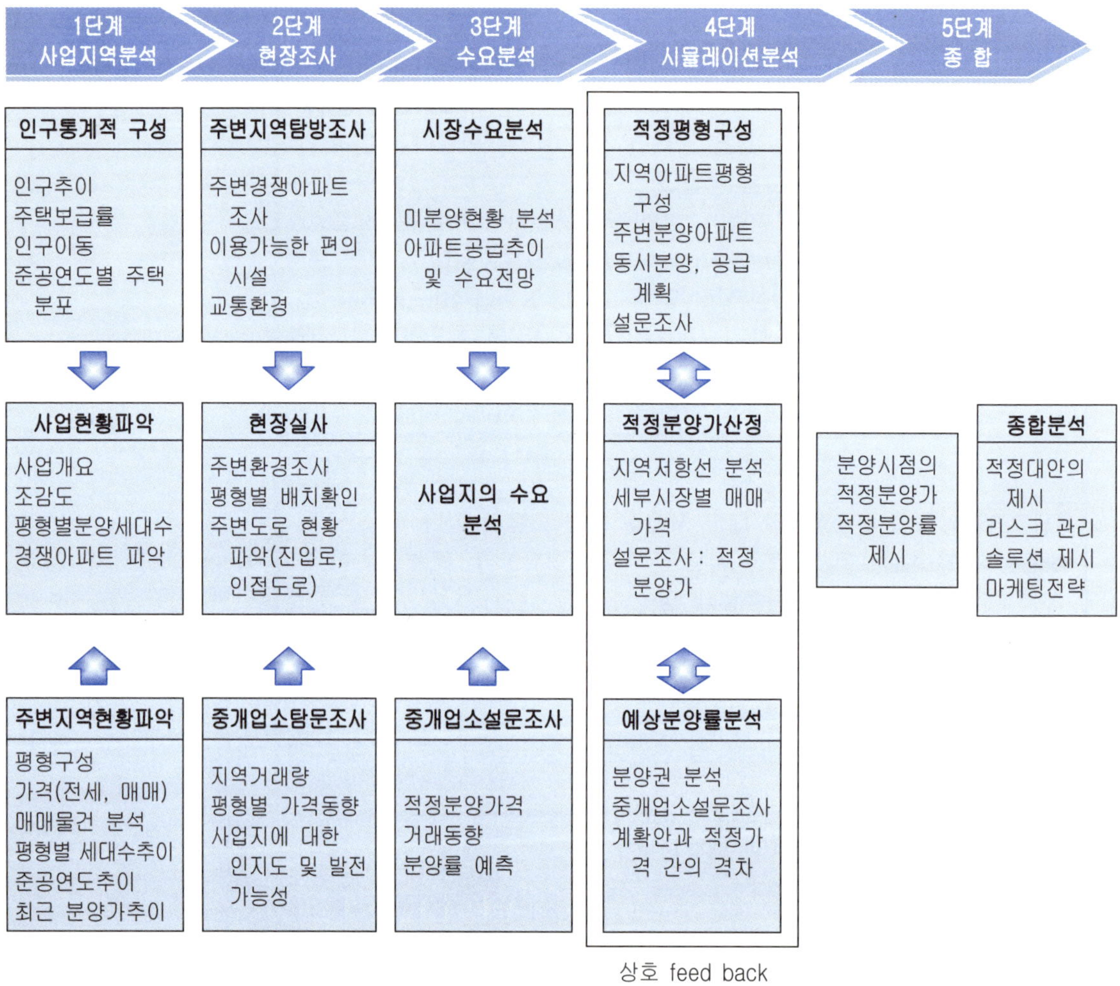

<자료 : 한국생산성본부(2006)>

Reference 참고 문헌

강병기 · 김용민 · 이국철 · 이창석 공저(2005), 부동산분양대행업, 형설출판사

김민근(2005), 부동산디벨로퍼론, 박영률출판사

김민주(2002), 마케팅 어드벤처, 미래의 창

김상일(2004), 대한민국 소비 트렌드, 원앤원북스

박상언(2004), 통통 튀는 한국형 부동산마케팅, 무한

서구원 · 배상승(2005), 도시마케팅, 커뮤니케이션북스

서상혁(2003A), 시장분석의 요소와 주안점, 한남대학교 출판부

서상혁(2003B), 시장수요예측과 시장조사, 한남대학교 출판부

서상혁 외(2006), 대한민국 혁신예보 맑음, 국가균형발전위원회, 산업자원부, 한국산업기술평가원

손진수(2006), 부동산개발론, 부동산114

안효빈(2004), 부동산마케팅과 컨설팅, 새로운 제안

이유재(2004), 서비스마케팅, 학현사

이창석(2005), 부동산컨설팅, 형설출판사

이창석 · 강해규 · 김용민 · 정상철 · 오준석 · 김영혜 · 박용광 · 남찬희 공편저(2004), 재건축 · 재개발 컨설팅 이론과 실무, 형설출판사

이충노(2004), "부동산 분양마케팅 전략에 관한 연구 — 주거용과 업무용 부동산의 성공 및 실패사례를 중심으로 —", 고려대학교 경영대학원 석사학위논문

이학식(2004), 마케팅, 법문사

이훈영(2002), e-마케팅 플러스, 무역경영사

조성근(2005), 한국의 디벨로퍼들, 이다미디어

최기열 · 박성신 공역(2005), 크리스티안 미쿤다 지음, 환상적인 체험을 제공하는 공간연출 마케팅 제3의 공간, 미래의 창

한국생산성본부(2006), 부동산마케팅 및 분양전략실무

한상분(2005), 트렌드를 알아야 부동산이 보인다, 동아일보사

Arnold, Lee E., JR(2004), *Commercial Investment of Real Estate*, South-Western Thomson Learning.

Clark, Charles R., David F. Parker and Clark Parker Associates(1989), *Marketing New Homes*, National Association of Home Builders.

Cook, Frank((2002), *21 things I wish my broker had told me*, Dearborn.

Cova Bernard and Pervez Ghauri & Robert Salle(2002), *Project Marketing : Beyond Competitive Bidding*, John Wiley & Sons LTD.

Cross, Carla(1994), *The Real Estate Agent's Business Planning Guide*, Dearborn.

Hopkins, Tom(2004), *Mastering the Art of Selling Real Estate*, Portfolio.

Keller, Gary and Dave Jenks and Jay Papasan(2005), *The Millionaire Real Estate Agent*, McGraw-Hill.

Lodish, Leonard and Howard Lee Morgan, Amy Kallianpur(2001), *Entrepreneurial Marketing*, John Wiley & Sons, Inc.

Miles, Mike E., Gayle Berens, Marc A. Weiss(2005), *Real Estate Development*, Urban Land Institute.

Millier, Paul(2002), *Stratégie et marketing de l'innovation technologique*, DUNOD.

Schmitz, Adrienne and Deborah L. Brett(2005), *RealEstate Marketing Analysis*, Urban Land Institute.

Stone, Dave(1989), *New Home Marketing*, Dearborn.

Zagaris, Michael P.(2005), *The PMZ Way : Strategies of Highly Successful Real Estate agent*, PMZ publishing.

chapter 5

부동산상품의 분석과 선택

제1절 부동산상품 개발 아이디어의 창출

제2절 상품정의과정

◀ 극동건설 '스타클래스' 조감도

	내 용
부동산 마케팅 개요	**1. 부동산마케팅 전략의 개요** • 새로운 부동산마케팅시스템 • 부동산마케팅의 전략기획, 예산수립
부동산 시장 분석	**2. 부동산시장조사 분석** • 부동산시장 분석의 개요, 원리, 주안점 • 영역규정, 수요 분석, 공급 분석 • 시장 분석, 수요충분성 분석 **3. 부동산유형별 시장 분석** • 주택시장 • office시장 • 호텔 및 리조트시장
부동산 상품 선택	**4. 사업타당성 분석** • 총비용 산정 • 가치평가, 타당성 추정 • 리스크통제기법 **5. 부동산상품의 분석과 선택** • 아이디어 창출의 원천과 기법 • 제품의 정의과정 • 커뮤니티, 상품, 디자인
부동산 마케팅 활동	**6. 부동산상품의 컨셉트와 가격결정** • 이미지, 포지셔닝, 가격전략 수립 **7. 부동산 홍보, 광고, 촉진** • PR, 광고, 머천다이징 M/H 운영
고객 관리 및 영업	**8. 유망고객 창출의 전략기법** • 조사, 프로필 구축, 고객 포착 **9. 인적마케팅** • 인적마케팅 개념 • 인적마케팅 전술 **10. 마케팅전문가 선발** • 팀 구성 • 전문가 선발

지금까지 부동산마케팅의 개요, 부동산마케팅의 전략 및 기획, 그리고 부동산시장 분석 및 타당성 분석에 대해 서술하였다. 이 책의 제1부, 즉 부동산전략 및 계획수립의 마지막 장인 여기서는 부동산상품의 분석과 선택에 관해 논의하고자 한다. 서술의 주요 내용은 부동산상품 아이디어의 창출의 원천, 동기 및 기법(제1절), 그리고 부동산제품의 선택(제2절)이다. 이 장에서 다루는 주요 내용은 다음과 같이 요약할 수 있다.

- 부동산개발 아이디어의 창출 개요와 동기
- 시장조사와 부동산 아이디어 도출
- 부동산 아이디어 도출기법과 리스크감소방법
- 부동산제품 포지셔닝(positioning)
- 적합한 부동산제품 선택, 커뮤니티, 상품 및 디자인

오늘날 부동산의 기획과 설계는 매우 큰 비즈니스가 되고 있다. 수많은 전문개발사들과 설계사들이 점차 더욱 양호한 주거환경을 조성하고 있고, 국가단위 및 지역단위의 개발사들이 새로운 아이디어와 계획을 창출해내고 있다. 이렇게 급속히 발전하는 부동산시장에서 우수한 부동산상품을 고안해낸다는 것은 고도의 전문성이 요구된다. 즉, 이는 더 이상 개발사나 설계사의 선택과 직관에 의존할 수 없다. 이러한 맥락에서 여기서는 부동산 아이디어의 효율적·체계적 창출과 리스크 감소를 위한 방안을 논의하고자 한다.

부동산상품 개발 아이디어의 창출 제1절

사업의 영역이 무엇이든 모든 신제품·신사업 개발은 다음과 같은 단계를 거친다.

그림 5.1 ▶ 신상품개발의 단계

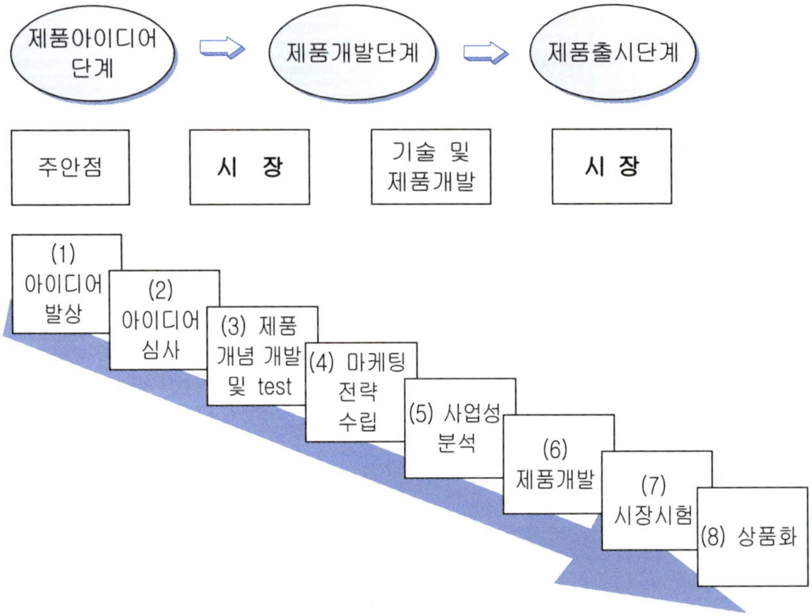

자료 : 서상혁(2003B)

제품아이디어단계는 아이디어의 창출과 심사·선정 단계를 말하며, 이 단계의 주안점은 시장(고객)이다. 또한 제품출시단계 역시 주안점은 시장이다. 따라서 새로운 사업의 개발 및 실용화는 고객에서 시작하여 고객으로 끝난다. 위의 그림 아랫부분의 마케팅전략수립(4단계)은 다음 단계인 사업성 분석의 기초가 되며, 시장시험(7단계)은 시장진출 이전에 실제 시장과 유사한 환경에서 신제품을 테스트해 보는 단계이다.

부동산개발사업의 성공은 시장조사결과를 토대로 하여 부동산상품을 결정하는 데 달려 있다고 보아도 과언이 아닐 정도로 시장조사는 중요하다. 그리고 마케팅 타당성 분석결과는 최적의 제품유형과 가격결정을 위해 수요의 특성과 경쟁제품 분석을 요약하는 것이다. 그런 다음에 이러한 지침이 제품으로 형상화된다. 성공을 원하는 개발사들은 반드시 다음의 내용을 따라야 한다.

- 유망고객의 마음속에 그리고자 하는 제품의 이미지나 포지션(제품인식)을 결정하라.[1)]
- 부동산상품의 디자인을 관리하거나 기존계획 중 가장 적합한 것을 선택하라.
- 미리 설정된 지침에 따라 부동산을 건설하라.

이러한 시장조사 중심의 부동산개발 아이디어 도출 이외에도 몇 가지 프로젝트 선별과정이 있으며, 이는 일반적인 사업 아이디어 개발과 유사하다. 이하에서는 먼저 부동산개발 아이디어의 원천과 도출과정에 대해 서술하기로 한다.

1. 성공하는 부동산개발 아이디어의 도출

부동산개발사업에 있어서 성공적인 프로젝트 아이디어를 창출하는 일은 가장 창의적인 과정이다. 미충족상태인 인간의 욕구를 발견하고 이익을 남기면서 이를 충족시키기 위해 제품 또는 마케팅 캠페인을 창안하는 일은 개발사업을 추진하게 하는 원동력이다. 최선의 아이디어는 사용자를 가장 잘 만족시키고 커뮤니티에 부가가치를 창출시키는 제품을 만드는 일로서, 이는 우수한 개발사업과 그렇지 않은 개발사업을 판별하게 해준다.

개발사들은 어디서 아이디어를 얻어야 하나?[2)] 어떤 아이디어가 더욱 분석할 만한 가치가 있는지를 어떻게 알아볼까? 우수한 개발 아이디어를 창출하는 과정에서는 사람마다 서로 다른 정보를 획득하고 이를 서로 다른 방법으로 처리하기 때문에 마술적인 비법은 없다. 그러나 한 가지 분명한 것은 개발사들이 최선의 아이디어를 얻기 위해서는 배경정보(background information)가 필요하다는 것이다. 그러한 정보는 경험과 결합하여 이른바 '시장에 대한 느낌'(a feel for the market)을 형성한다. 물론 이러한 느낌이 직관으로 발전하려면 많은 기간의 경험과 분석이 축적되어야 한다. 몇 차례의 성공으로 스스로를 시장에 대한 전문가로 오해하는 것처럼 위험한 것은

1) "고객이야말로 유일한 이익센터이다."(피터 드러커)

2) 최근에는 고위급 아이디어 매니저를 임명해 판매원, 유통기관, 공급업체, 사원 등이 제안하는 아이디어를 수집하고, 위원회를 구성하여 아이디어를 평가·보상하는 사례가 생기고 있다.

없다. 이런 점에서 국내기업, 특히 중소기업의 경영자들이 흔히 범하는 실수 중에 '자기과신'을 들지 않을 수 없다. 전술한 '시장에 대한 느낌'은 그 자체가 개발사에게 수익을 창출해주지는 않지만, 이러한 느낌 없이는 수익창출이 불가능할 뿐만 아니라 커뮤니티에 피해를 주기 쉽다.

사업 아이디어를 창출하는 일을 흔히 예측 곤란하고 직관적인 것이라고 생각하지만, 실제로 아이디어 창출의 일정부분은 방법론적이며 계량화할 수 있다. 이러한 아이디어 도출단계에서 시장조사는 필수적인 활동이다. 즉, 철저한 시장 분석은 개발사가 프로젝트를 완성하려는 추진력 못지않게 중요하다.[3] 지역경제, 소지역 인구증가율, 고용상황, 지역형성 및 구획화(zoning) 전망, 통행량, 점유율, 소비자 의견청취 등을 위해서는 더욱 엄밀하고 과학적인 시장조사를 실시해야 한다.

3) 어떤 면에서 개발추진자는 글을 읽거나 운전을 하거나 다른 사람들과 얘기하는 동안에도 무의식적으로 시장조사를 하고 있다고 볼 수 있다.

다음 그림은 아이디어 도출에서 부동산개발 및 판매에 이르기까지 시장조사활동과의 연관성을 제시한 것이다. 그림에서 보듯이 아이디어 도출, 정제 및 사업타당성 분석까지는 사업지 분석과 시장성 분석이, 그리고 마케팅실행단계에 이르러서는 그간의 조사와 함께 시장의 피드백조사 등이 분석적 지원(analytical support)을 위해 필요하다.

그림 5.2 ▸ 개발사업 전분야에 걸친 시장조사와 아이디어 도출

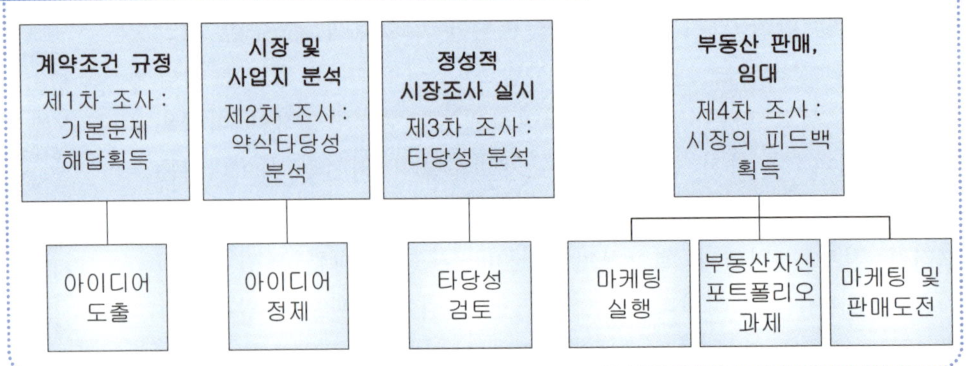

2. 아이디어 창출의 동기

아이디어 창출단계는 가장 불확실한 단계이면서 동시에 가장 즐거운 시기이기도 하다. 왜냐하면 새로운 건설환경을 창출했다는 자체가 재미있는 일이기도 하기 때문이다. 사실상 개발사들은 자신의 시간 중 20~30% 정도를 새로운 사업 아이디어 발상에 쓴다. 이러한 발상은 새롭게 생성되는 모든 통찰력의 촉매역할을 하며, 개발업자의 배경 및 경험과 통합되면서 새로운 아이디어를 창출한다.

수많은 리조트와 휴양시설을 개발한 짐 채핀(Jim Chaffin, Jr.)에 따르면 최상의 개발아이디어는 산업 및 경제적·사회적 변화, 라이프스타일 및 인구변화 등에 관한 지식과 함께 창의적 상상에서 나온다고 한다. 개발사가 개발의 전단계에서 전형적인 추동력(driving force) 역할을 하지만 지역 소유자, 자본가들도 개발아이디어의 촉매자 역할을 한다. 또한 대규모 부지를 가지고 있는 제조업체들이나 공공기관들도 특정 사업지를 계획하고 개발하려는 개발 자회사를 가지고 있다. 이렇게 초창기에는 여러 가지의 원천으로부터 개발 아이디어가 나오기는 하지만, 결국 누군가가 개발을 책임지는 개발사가 되어야 한다.

어떤 아이디어는 순전히 개발사의 기업가적 상상으로부터 도출될 수도 있다. 그러나 흔히 여러 동기의 결합을 통해 개발아이디어가 촉진된다. 예컨대, 존 포트맨이 하얏트호텔을 새로운 형태로 개발하기 위한 아이디어를 도출하였을 때 그의 기본생각은 다음과 같았다. 즉, 고객들에게 더 만족할 수 있는 내부공간을 설계·계획하여 서비스한다면 고객들은 새로운 방식에 대해 만족할 것이며, 따라서 기존호텔의 시장이 더 확장될 것이라 보았다. 그는 이러한 자신의 생각을 애틀랜타와 샌프란시스코의 도시 재개발사업지에 적용하였다.[4)]

조셉 알펜드르라는 개발사가 워싱턴 외곽에 352에이커의 땅을 취득했을 때 당시 미국 전역에 걸쳐 재개발되고 있던 전형적인 교

4) "변화 아니면 죽음뿐이다. 기업 내 변화가 기업 외의 변화속도를 따라가지 못하면 그 기업은 종말에 임박한 것이다."(GE의 잭 웰치)

외 커뮤니티와는 무언가 다른 모습을 원했다. 그러나 그 어떤 부동산개발회사도 캔틀랜드 사업지에 그가 원하는 다른 방식의 개발을 구상하지 못하였다. 그러던 중 건축업자이자 개발계획전문가인 핸드로 두야니를 만나게 되서 사업지에 설계와 기획원칙을 수립하였다. 그들은 7일간의 토론회(charrette)를 가졌으며, 시민, 정치가집단, 개발업자 및 건축가들이 모여 놀라울 정도로 세밀한 신개념의 사업계획을 수립하였다. 그들은 막다른 길이나 1층 주차장을 배제하였고 개방식 공간의 공유형태로 디자인함으로써 새로운 커뮤니티 특징을 구축하였다.

3. 전략적 의사결정과 시장조사에 의한 아이디어 도출

대규모 개발사들의 출현과 기업형 중개사, 집중식 대학교육을 마친 전문가들이 배출됨에 따라 부동산개발 사업에서도 창의적인 전략적 기획(strategic planning)의 활용이 강화되어 가고 있다.

전략적 기획이란 목표를 수립하고 이 목표를 달성하기 위한 활동과정을 결정하는 것이다. 프로젝트의 선택은 개발사의 조직 및 능력에 따라 영향을 받는다. 따라서 프로젝트 결정 이전에 개발사는 얼마나 큰 조직을 관리할 것이고 수직적 · 수평적 통합[5]의 바람직한 규모는 어느 정도인지, 그리고 그 조직에서 가용한 능력과 자금은 어느 정도인지를 생각해 보아야 한다.

5) 수평적 통합은 유사관련업종에로의 사업영역을 확대하는 것을 말하고, 수직적 통합이란 사업영역을 원자재 공급, 생산, 유통 등 생산유통과정 상의 단계를 확대한다는 뜻임.

조직적 전략은 개발사의 규모와 초점에 따라 그 세밀도와 정형성 정도가 다르다. 소규모의 개발사들은 그들의 머릿속에 전략만을 구상한다. 이와 대조적으로 대규모 개발사들은 항상 더 큰 기업전략을 수립하고 이에 적합한 부동산 비즈니스를 위한 조직적 전략을 구상한다. 그러한 환경에서 매우 엄격한 가 · 부(可 · 否) 의사결정절차가 뒤따라야 한다. 개발과정에서 전략적 아이디어와 이를 실행하는 팀을 분리하기는 어렵다. 따라서 아이디어의 내용(what of the idea)으로부터 실행방법(how)으로 유기적이며 신속하게 진행되도록 하여야 한다.

부동산개발과정과 시장조사 내용 ◂ 표 5.1

단 계	시장조사결과 얻어지는 것
1. 아이디어 생성	브레인스토밍을 위한 배경자료, 개략적 비용견적을 위한 초기정보
2. 아이디어 정제	초기 미가공 아이디어의 정제화를 위한 특정 기초자료
3. 타당성 분석	이 개발사업이 타당성 있고 모든 사람들에게 개인적으로도 타당하다는 것을 참여자에게 확인시켜 주기 위한 엄밀한 시장조사와 분석
4. 계약협상	개발과정 상의 상이한 참여자들 간의 견고한 협상을 위해 필요한 정보
5. 공식적 서약	법적인 서류를 위한 자료 준비
6. 건설	운영계획의 수행과 건설 도중 변화하는 시장상황에 대한 시장자료. 상황변화에 따른 마케팅전략 변화는 필수적임.
7. 완공 및 공식 오프닝	운영계획을 실행하기 위한 현재의 시장자료와 수행 중인 마케팅 노력
8. 부동산, 자산 및 포트폴리오 관리	자본비용 결정, 임대 및 재임대 등에 관한 기초자료와 (필요시) 프로젝트 리포지셔닝[6] 계획

자료 : M. E. Miles(2005)의 내용 일부 수정

6) 리포지셔닝(repositioning)이란 특정 기업, 제품, 사업에 대해 소비자가 마음속으로 느끼는 포지셔닝을 재구축하는 것을 말한다. 예컨대, 커피맛을 더 부드럽게 느끼도록 하기 위해 재료를 더 약한 것으로 쓰거나 소비자에게 커피맛이 더 부드러워졌다는 메시지를 전달한다. 후자의 경우를 심리적 리포지셔닝이라고 한다.

4. 부동산개발 아이디어 창출기법

부동산개발 아이디어는 흔히 직관적으로 창출되지만 창의성을 자극하기 위한 정형화된 기법들이 있다. 여러 가지 기법들 중에서 브레인스토밍, 명목집단과정(Nominal Group Process), 초점집단토의(focus group discussion), 소비자조사(또는 여러 유형들의 결합) 등이 아이디어의 창출과 시험을 위해 가장 흔히 사용된다. 이러한 기법들은 체계적이며, 제한적인 시간과 예산 하에서 과도한 비용을 들이지 않고도 아이디어들을 창출할 수 있는 정교한 방법들이다.

(1) 브레인스토밍

이는 주어진 시간 내에 가능한 한 최대한의 창조적 아이디어를 창출하기 위한 집단토의법이다. 창조적 분위기를 고양하기 위해 아무리 터무니없는 아이디어일지라도 받아들인다. 특정 아이디어를 수용하는지 여부와 관계없이 브레인스토밍은 대체로 다음의 절차를 따른다. 즉, 모든 아이디어를 기재한다→아이디어의 가치판단은 유보한다→가능한 많은 아이디어를 목록화한다→목록화된 아이디어 간의 결합을 시도한다. 브레인스토밍이 끝난 후 개발팀은 아이디어 목록을 더욱 세밀하게 연구하고 가장 유망한 아이디어를 조합하여 선정한다.

(2) 명목집단과정(Nominal Group Process)

이는 집단이 찾아낸 아이디어 간 우선순위를 부여하기 위한 기법이다. 이 방법은 브레인스토밍을 통해 생성된 아이디어들을 보다 구체적으로 분석하기 위해 사용할 수 있으며, 개발팀이 목적을 달성하기 위해 목표와 활동과정에 관해 합의를 이루어야 할 경우 특히 유용하다. 사회자는 의견들을 목록화하고 명확히 규정하며 집단이 선호하는 의견에 따라 아이디어들을 걸러낸다. 그런 다음 모두 여러 대안들에 대해 문서로 작성되는 기밀투표를 실시한다. 이 과정을 통해 선호하는 프로젝트가 창출된다. 이 방식의 유용성은 프로젝트 아이디어들 중 우선순위를 설정하는 데 있어 개발사들이 개발조직, 컨설턴트 등이 포함되는 외부집단과 기꺼이 작업하려는 의지가 있는지에 달려 있다. 이 방법은 합의가 매우 어려운 공공부문 개발노력에 흔히 사용된다.

(3) 델파이기법(Delphi method)

이는 처음에는 군사전략의 분석에, 그리고 그 다음에는 신기술의 효과와 의미해석을 위해 사용되었던 기법이다. 이 방법은 조사

문항에 대해 전문가의 의견을 조사하는 정형화된 절차를 사용한다. 개발사들은 복잡한 문제에 관해 시장전문가들의 의견을 모으기 위해 이 방법을 사용할 수 있다. 부동산사업의 경우 여러 가지 유형의 공간에 대한 공급 및 수요 예측에 이를 적용할 수 있다. 일관성 있는 응답을 얻기 위해 개발사는 시장조사자, 중개사, 행정가 등 다양한 전문가 집단을 대상으로 일련의 문항을 준비한다.[7] 개발사는 전문가들의 개별적인 예측을 확보한 후에 더욱 구조화된 폐쇄식 문항[8]을 사용하여 전문가들로 하여금 그들의 견해와 타인의 견해를 비교하고 자신의 의견을 수정할 의사가 있는지 묻는다. 이 과정은 의견 재검토를 위해 몇 차례에 걸쳐 반복할 수 있다. 만약 이 과정이 성공적이라면 개발사는 분석 중인 아이디어나 환경에 대해 하나의 일관성 있는 모습을 그릴 수 있다. 이 방법은 문제가 복잡하고 전문가들이 분산되어 있으며 그 수가 적거나 상호 적대적인 분위기가 있을 때 사용하기 적당하다.

(4) 환경 정밀분석(Environmental Scanning)

일반적인 기업 및 사업단위의 환경 분석요소는 미시적 요소와 거시적 요소로 나눌 수 있다. 미시적 환경요소란 일상적인 기업활동을 둘러싸고 빈번하게 상호작용하는 요소로서 공급업자(설계, 재료 등), 서비스대행기관(시장조사, 부동산광고대행업자 등), 이익대표단체(지역환경단체 등), 유통참여자(부동산 분양 및 중개사 등)로 구성된다. 한편, 거시적 환경요소는 경제적 · 인구통계적 · 사회적 · 정책적 · 기술적 요인으로 구분할 수 있다.

환경 정밀분석은 국지적 · 지역적 · 국가적 · 국제적 환경을 정밀조사 · 추적하고 환경적인 변화의 의미를 예측하기 위하여 사용된다. 장기적인 대규모 프로젝트에 관여하고 있는 개발사는 프로젝트의 타당성과 관련하여 그 의미를 해석하고 싶어할 것이다. 예컨대, 환경 정밀조사는 환경적 변화동향을 분석하기 위해 얻을 수 있는 몇 개의 지표인 Prime이자율이나 GDP의 분기별 변화 등을 추출해 냄으로써 작업내용을 단순화시킬 수 있다.

7) 델파이기법은 일반인의 의견이 아닌 소수 전문가의 의견을 중시한다. 특히, 전문성이 높아야 할 문제의 경우, 수많은 일반인들의 의견보다는 소수전문가의견이 더 중요할 수 있다. 진리는 다수결로 결정하는 것이 아니기 때문이다.

8) 구조화된 폐쇄식 문항(structured and close-ended questions)이란 응답의 선택이 미리 결정된(폐쇄식) 문항으로서 사전에 그 순서나 조사의 깊이 등의 구조가 미리 구축(구조화)된 것을 말한다.

그림 5.3 ▶ 기업활동의 미시적·거시적 환경

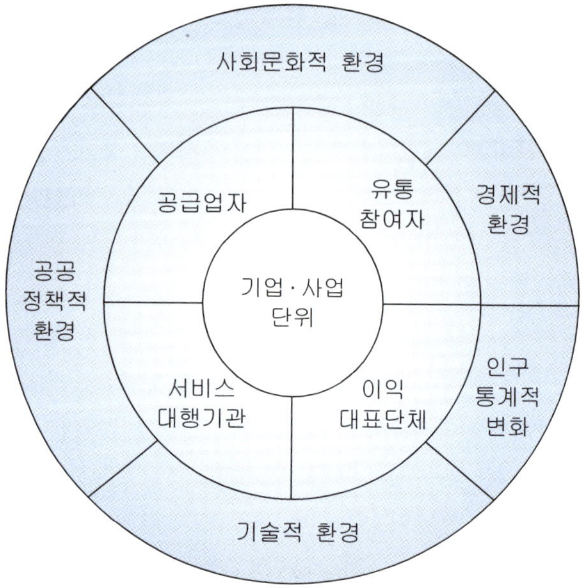

개발사나 개발팀은 환경변화와 활동을 지정하고 시나리오를 작성하여 환경변화와 그들이 분석대상으로 하는 여러 활동과정의 결과를 해석한다. 이러한 방법은 전략적 기획을 수립하는 데 있어 폭넓게 사용되고 또한 널리 추천되는 방법이기는 하지만 프로젝트 아이디어를 창출하기 위해서는 시간이 많이 드는 단점이 있다.

(5) 초점집단토의(Focus Group Discussion)

이 방법은 미래개발을 위한 아이디어 도출에도 사용되기는 하지만, 제안된 프로젝트를 잠재고객집단의 희망에 부합되도록 수정하기 위해 사용하는 경우가 일반적이다. 이 방법은 앞에서 서술된 세 가지 방법에 비해 한 가지 뚜렷한 장점이 있는데, 그것은 생각의 자유로운 흐름을 허용한다는 것이며 이를 통해 폭넓고 흥미로운 아이디어를 창출할 수 있다는 점이다.

이 초점집단토의법은 두 시간 정도 진행되며 보통 8명에서 12

명 정도의 인원을 포함하는 것이 일반적이지만 6~8명 정도의 규모가 가장 적합하다. 예컨대, 인원이 8명을 초과하는 회의에서는 사회자의 조정, 진행능력이 매우 특출하지 않는 한 분위기가 산만해지고 의견조정이 어려우며, 결국 몇 사람은 거의 의견개진을 제대로 잘 못하고 끝나는 경우가 많다. 또한 목소리가 큰, 즉 자기주장이 강한 몇 명에 의해 회의방향이 끌려가는 현상(bandwagon effect)도 가끔 나타난다. 이를 보완하는 방법으로서 개인전문가 면접을 병행하기도 한다. 사회자(moderator)는 사전에 신중하게 준비된 일련의 문항에 따라 토의를 이끌지만, 주제에 관해 충분히 잘 알고 있고 유연한 태도를 가지고 어느 시점에서 논제를 더 심화시킬지 잘 알고 있어야 한다. 또한 사회자의 선입견에 따라 그룹의 의견이 조정되는 경우가 없도록 사회자를 잘 교육시킬 필요도 있다. 이 기법에 대한 비판자들은 이 기법이 엄밀하지 않으며 참여자들을 잘못 선택한 경우 결과가 오도될 수 있다고 주장하기도 한다. 그러나 이 방법의 결과 나타난 아이디어를 후속적으로 테스트할 수 있다면, 이러한 약점은 그다지 큰 문제가 아니다.

(6) 실태조사(survey)

실태조사는 개발사가 신제품 또는 프로젝트를 창출하거나 진행중인 프로젝트를 수정하기 위해 사용하는 수단이다. 이 방법은 흔히 개발사의 프로젝트에 대하여 소비자 만족도[9]를 평가하기 위해 거주민들을 대상으로 사용되어 왔다. 또한 분양사무소나 모델하우스를 방문하거나 전화를 해온 유망고객들을 대상으로 조사하기도 한다. 개발사들은 구매가망성이 있는 고객들의 프로필을 모으고 고객이 원하는 제품의 유형을 파악하고 구매의사가 있는지 등을 분석한다. 이 방법의 장점은 개발사에게 이미 어느 정도의 관심을 표명한 유망고객들을 조사대상으로 한다는 점이다.

9) 품질이란 자사의 제품이 시장에서 못 견디고 되돌아오는 것이 아니고 자사의 고객이 다시 찾아오도록 만드는 것이다.

마케팅 TIP

부동산개발 아이디어 도출 시 리스크를 감소하려면 …

부동산 개발사업을 성공시키기 위해서는 다음의 사항들에 유의하여야 한다. 다음의 내용은 개발사보다는 개발업자의 개인적 측면을 강조하였다.

• **자신을 알라** : 자기 자신의 능력(재무적, 지적)을 잘 아는 개발업자는 개발의 압박에 대하여 더 유리한 상황에 처할 수 있다. 금융기관들과의 관계를 잘 유지하고 있거나 유망고객 및 건설사들과 수시로 접촉하거나 모임을 갖는 것은 도움이 된다. 현금유동성이 좋은 것도 유용하다. 어떤 개발사가 성공적으로 실행한 아이디어가 다른 개발사에게도 성공적으로 적용되리라는 보장은 없다.

• **자신의 이미지를 알라** : 미국의 경우 개발업자에 대한 일반대중의 인식은 권총을 지닌 악한(gunslinger)이다. 성공한 개발업자들은 몇 가지 개인적 재능을 잘 살려서 아이디어를 조합하고 공간문제에 대한 사회의 욕구를 충족시킬 수 있는 제품을 만든다. 열정을 지닌 개발업자들은 자신이 하는 일과 일반대중의 인식 간의 격차를 이해해야 한다.

• **자신의 팀을 잘 알고 있어야 한다** : 자아인식(self-perception)과 일반대중의 인식은 자기보존을 위한 유용한 자료이다. 개발업자는 초기부터 개발의 전과정에 참여한 모든 사람들의 재능을 판별해야 한다. 개발 초기에는 개발업자가 프로젝트의 일반적인 유형, 위치 및 거주자 유형을 결정해야 하므로 개발팀의 인원충원에 대해 생각해야 한다. 과거실적이 우수하고 재무적으로도 강점을 지녔으며 함께 일하기 용이한 사람은 장기적인 리스크를 감소시켜 준다. 따라서 그런 사람들은 인건비가 더 높게 책정된다. 리스크 감소는 공짜로 되지 않는 법이다. 개발업자는 리스크감소의 측면에서 어떤 비용이 정당화될 수 있는지 결정해야 한다.

• **조정능력을 갖추라** : 개발업자는 개발사업과정에 포함되는 모든 개인들의 활동과 기능을 초기부터 조정해야 한다. 이 작업은 개발팀의 역할이 더 관리적인 특징을 띠는 후반기에 더욱 중요해진다. 그러나 물론 초기에도 개발업자는 계약자, 하청계약자, 잠재이주자, 도시관리자, 커뮤니티 그룹들과 대화해야 한다. 개발팀은 능력을 갖춘 독립 대행사들의 결합보다 더 원만하게 운영되어야 한다.

• **항상 공부하고 정보를 갖추어라** : 개발아이디어가 경제적으로나 기타 측면에서 타당성을 갖추지 않았을 경우 개발업자는 그 자신들이 글을 읽거나 네트워킹을 통해 정보를 얻는 범위 내에서 개발계획의 다음 단계로 진전할 수 있다. 국가경제 동향, 공급 조건, 정치적 분위기, 세법 등은 빠르게 변화하며 기대하지 못했던 방식으로 상호작용하기도 한다. 신문을 읽고 정보를 수집하여 지역 및 국가차원의 회의에 참여하는 일이 성공을 보장해 주는 것은 아니지만, 중요한 상황을 항상 포착하고 있는 것은 재무적 손실을 최소화하는 데 도움이 될 수 있다.

• **기업윤리를 지켜라** : 문제가 발생할 때마다 신속한 해결을 위해 법정에 호소하는 것은 어려운 경우가 많으므로 개발과정에서 대인관계와 윤리문제는 매우 중요하다. 개발사업에서 시간은 돈이며, 그것도 아주 많은 돈이다. 그리고 개발업자는 하던 일을 멈추고 타인과 법정싸움을 할 시간이 없다. 대인관계가 강력하면 강력할수록, 그리고 모든 이해관계자에게 사업의 윤리가 지켜질수록 개발사업의 리스크는 감소될 수 있다.

➡ 부동산프로젝트 아이디어 사례(미국)

■ 사례명 : 휫트 마로우(Whit Morow)의 Europa Center 설립

■ 시장기회 분석

새로운 부동산 벤처사업을 위해 신규회사를 설립하는 데 있어 왜 Research Triangle 지역을 선정하였는가? 부동산 프로젝트를 선정하는 데 어떠한 요소가 고려되었고 어떤 과정을 통해 회사가 설립되었는가? 이 지역은 한 마디로 매력적이었다. 이 지역은 개인적으로 거주하고 일하고 싶은 지역이었다. 지역에 대하여 몇 가지 요소를 검토하였는데, 여기에는 고용의 성장과 다양성, 인구통계적 요소, 인프라, 정부규제, 가격, 제품 공급요소, 자금 유용성, 정치적 측면(이는 환경적 규제요소가 아닌, 해당 지역 주민들이 건설도중 나타낼 반응 등을 의미함), 자연환경 등이 포함되었다. 또한 진민적인 사업전략을 수립하는 데 있어 인구성장뿐만 아니라 세분시장의 변화도 검토하였다. 인구센서스 자료를 보면 이 지역은 미국 전체의 인구증가율보다 더 높은 속도로 증가하고 있었다. 국가경제 및 인구통계를 검토하고 이를 이 지역 자료와 비교하였다.

■ 시장조사 분석 및 표적시장 선택

다음 단계로 Raleish/Durham 지역에 대하여 최근의 추세를 검토하였다. 누가 이곳으로 이주해 오고 있는가? 어떤 연령을 대상으로 쇼핑시설, 주거용 건물들을 짓고 있는가? 이

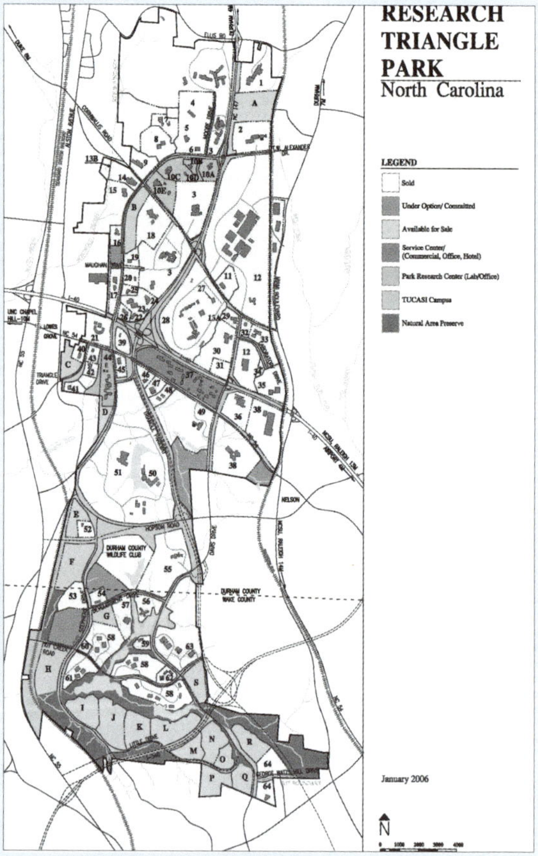

러한 추세들은 주택건설시장 및 기타 세분시장에 어떤 영향을 미치는가? 이 지역이 보여주고 있는 직업성장과 다양성은 미국 내에서 최선의 시장규모로 여겨졌다. 또한 지역경제를 추동하는 요인들로 대학, 주정부, Research Triangle Park 등이 있었는데, 특히 이 연구단지에는 하이테크기업들이 계속 증가일로에 있었다. 이러한 요소들을 살펴본 결과, 이곳이 향후 15년 내지 20년간 개발사업을 하기 위해 매우 좋은 지역임을 알게 되었다.

■ 마케팅전략 개발

다음의 문제는 무엇을 어디에서 할 것인가 하는 것이었다. 이에 관해 조사한 첫 번째 사항은 이 지역에서 다른 누군가가 무엇을 하고 있는가였다. 누가 주된 사업자인가? 누가 이곳에서 사무실과 상가건물들을 오랫동안 지어왔나? 등이었다. 또한 지도에 무언가를 표시하고 어디에 기회가 있는지 판별하고자 했으며, 이러한 정보들을 인프라 시설과 결합하였다.

이에 개발사는 현지의 지도 판매점에 가서 Research Triangle Park(이하, 'RTP') 지역의 지도를 구매하려 했으나, 그 지역에서는 어떤 것도 구입할 수 없다는 사실을 알고 매우 놀랐다. 결국 지역행정기관에 가보았으나 지역별로 단편적인 지도만 있으며, 그 지도에도 정보가 매우 불충분하였다. 어느 누구도 지도 상에 세부적인 내용을 기입하지 않았는데, 이는 부동산개발의 입장에서는 매우 특이한 기회요인이라고 볼 수 있다.

RTP 지역은 75,000명의 주민들이 3~4개의 도시에 분포되어 있으며, 경쟁사로는 40년 전에 Cameron Village 쇼핑센터를 구축한 Yorks와, 그 지역에서 대학과 지자체 건물을 지은 건설사들 외에, IBM과 같은 소수의 대기업들이 자사의 캠퍼스를 건설한 경우가 있었다. 이러한 정보가 바로 핵심적 조사결과였다. 즉, 어떤 경쟁사도 그곳에서 건설사업을 실제로 하고 있지 않았던 것이다. 단지 자사의 업무를 위해서 혹은 기존의 수요를 충족시키기 위해서 건설에 참여하는 회사들만 있었다.

다음으로 만났던 사람들은 사업활동을 추진하고 지역개발을 촉진하고 있던 지역 상공회의소 사람들이었다. 해당 지역의 상공회의소에 찾아가서 몇 가지 정보를 얻었으나, 그들은 지역개발에 관해서 대화하기를 원하지 않았다. 따라서 이들은 어떤 의미에서는 진정한 개척자였던 셈이다. 개발사가 만난 사람들은 모두 "누구도 이곳에서 살지 않을 것이다. 아무도 이곳으로 이주해 오지 않을 것이다"라고 생각하였다. 그들은 1972년에 RTP 부근에서 주택을 지으려 했다가 실패하고 도산한 기업을 얘기했다. 어떤 기업들은 높은 성장률에도 불구하고 수영장과 테니스장 부근에 우아한 주택을 구입한다는 것은 불가능하다고 분석하였다. 그래서 10년 전에 RTP 지역 부근에서 실패했다는 그 지역 750에이커를 아주 헐값에 살 수 있었다. 그 후 2년간에 걸쳐 2,000개의 주택을 판매한 Woodcroft가 탄생하였으며, 이는 이 부동산 개발사업의 환경이 얼마나 신속하게 변화하는지를 보여준다.

지금은 상상하기 어렵지만, 그 당시에는 각 지역의 상공회의소들이 상호 협력하기보다는 인정받기 위해 경쟁만 하는 모습을 보였다. 전술한 바와 같이, 적당한 지도가 없어서 U.S Geological Survey 지도들을 구하여 각 조각들을 결합하여 큰 지도를 만든 다음, 가장 큰 기회를 제공할 만한 지역이 어디인지를 종합적으로 검토하였다. 그 결과 간단한 사실들이 명백한 정보로 떠올랐다. RTP 지역에는 레스토랑이 없었다. 저녁 5시에 문을 닫는 곳밖에 없고, 호텔도 하나밖에 없었으며, 야간생활이란 더할 나위 없이 지루할 뿐이었다.

그런데 인프라 시설이 급변하였다. 공항은 활주로를 증설하였고, 항공기의 비행 횟수가 4배로 증가하였으며, America airline사는 이곳에 허브를 만들었다. RTP 지역은 1960년부터 1980년까지 20년간 4~5%의 인구증가율을 보이다가, 다음 5~6년간 20% 이상의 증가율을 보였다. 그래서 우리는 100~200에이커의 땅을 사서 사무실 건물을 건축하는 전략을 세웠다. 우리는 해당 커뮤니티가 확장하는 모습을 직접 목격하고 사무실 공간이 매우 크게 필요할 것이라고 예견한 것이다.

과거의 연간 10만 제곱피트의 흡수율은 변화할 것으로 보였다. 실제로 우리는 1983년에 50만 제곱피트가 사무실 공간으로 충당되는 것을 보았다.

<자료 : Miles, Mike, E. et al.(2005), 요약 발췌>

제 2 절 상품정의과정

오늘날 부동산개발기획과 건축디자인사업은 규모가 매우 큰 비즈니스이며, 기획 및 디자인분야 전문가들로 인해 부동산상품들이 점차 더 우수한 환경과 차별성을 지니게 되었다. 이에 따라 부동산에 관해 수없이 많은 새로운 아이디어와 계획들이 나타나고 있다.

다음 그림은 새로운 주거 커뮤니티에 대한 전체적인 상품정의의 과정을 요약한 것이다(그림 5.4 참조).

그림 5.4 ▸ 새로운 주거 커뮤니티에 대한 상품정의과정

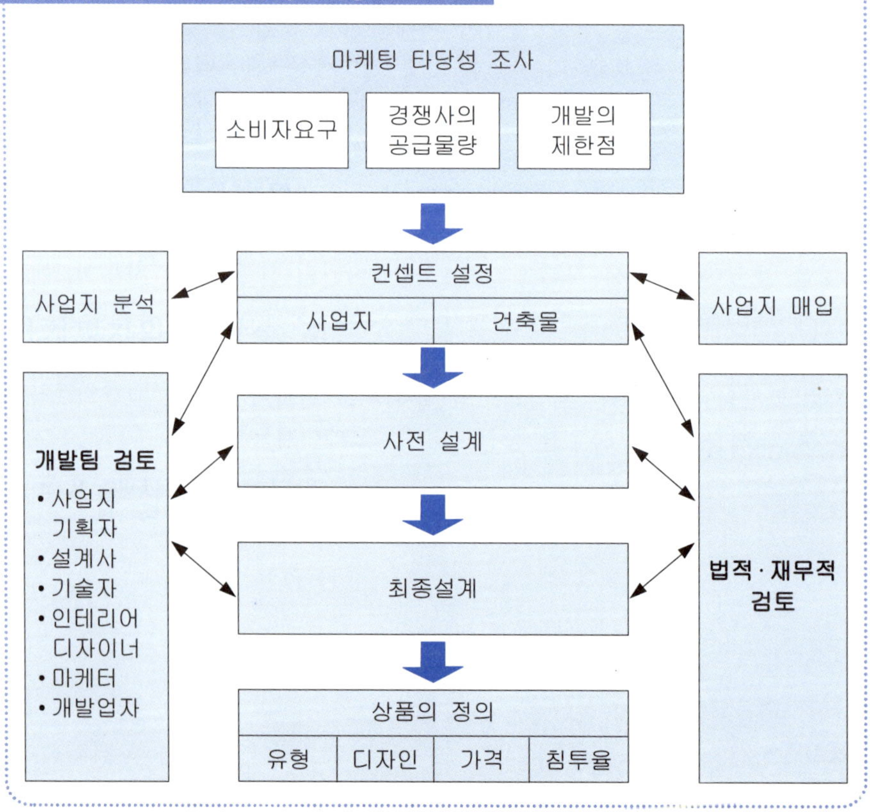

자료 : C. R. Clark et al. (1989), 수정

상품 컨셉트의 구축은 다음과 같은 세 가지 요소에 의해 결정된다.

- 소비자수요
- 경쟁상품의 공급
- 개발 제약요소

상품 컨셉트는 특정 위치에 대한 분석과 설계팀 및 법률 · 재무 분석 전문가들에 의한 검토과정을 통해 구체화된다. 이러한 상호 작용을 통한 의사결정과정은 예비단계와 최종결정단계까지 계속되며, 각 팀원들에 의해 점차 더욱 구체적이고 중요한 평가가 이루어진다. 그 결과로 특정 시간과 특정 시장에 대한 최적의 상품을 구상하고, 주거유형, 디자인, 가격, 분양률 등에 관해 결정을 하게 된다. 다음 표는 최종적으로 선정된 상품결정요소의 예이다(표 5.2 참조).

상품결정요소의 예 ◂ 표 5.2

1. 커뮤니티	2. 상품유형	3. 규 모
유형	**다세대**	**침실수**
• 중심가	• 승강기	**서재수**
• 시내	• 계단	**욕실수**
• 교외	**부속건물**	**주방**
• 뉴타운	• 1층	• 주방
크기	• 2층	• 거실
• 총면적	• 지하층	• 가족실
• 주거지역면적		• 조리실
• 밀도		• 베란다
		주차
		• 2중 주차장
		• 단일 주차장
		• 간이차고(carport)
		• 개방식

소규모 건설사들은 소수의 건물을 개발하려 할 때 이러한 절차를 거치지 않을 수도 있다. 그러나 설계팀의 규모와 관계없이 상품정의과정은 이익을 창출하기 위하여 최선의 구역과 주거환경을 선택하기 위한 논리적인 접근방법을 필요로 한다. 상품 포지셔닝, 커뮤니티 및 주거지 선정에 관한 다음의 내용은 새로운 부동산상품을 정의할 때 도움이 될 것이다. 각 개발사들의 전문적인 판단력과 체계적인 결정과정은 성공확률을 높여줄 것이다.

1. 부동산상품 포지셔닝

원래 마케팅에서 포지셔닝이란 특정 상품이나 서비스가 고객의 마음속에 자리잡은 느낌을 말한다. 예컨대, 볼보 하면 안정성 높은 자동차, 소니 하면 혁신성, 호서대학교 하면 벤처창업을 연상하게 만드는 것이다. 이렇게 포지셔닝은 추정된 소비자의 필요 및 선호와 관련하여 특정상품을 가장 잘 제시하는 방법이므로 광고업자들이 특히 자주 사용하는 어휘이기도 하다.[10)]

10) 포지셔닝은 기업이나 제품의 명칭에 사용되거나 슬로건 또는 고객교육자료, 홍보, 광고 및 촉진물에 사용된다.

포지셔닝의 목적은 상품을 경쟁사보다 더 유리한 방식으로 인식시키는 것이다. 이에 관해 광고사들이 폭넓은 기법들을 사용하고 있기는 하지만, 성공적인 포지셔닝은 원래 상품설계에서부터 시작되어야 한다. 잘못 만들어진 상품이 교묘한 광고를 통해 소비자의 수용에 성공한다 하더라도, 잘 만들어지고 잘 마케팅된 상품과 경쟁할 때에는 곧바로 실패하게 될 것이기 때문이다. 또한 부동산 포지셔닝이 성공적이기 위해서는 다음과 같이 정확한 자리매김과 유망고객에 관한 지식이 중요하다.

포지셔닝의 유의점은 다음과 같다.

- 자사제품의 우수점에 대한 고객의 인식이 중요하다. 이때 고객의 뇌리에 확실하게 인지되어야 포지셔닝된 것이다.
- 너무 많은 속성을 포함시키면 오히려 불리하다. 인간의 수용능력에는 한계가 있기 때문이다. 간단명료하게 제시하는 것이

중요하다.

- 해당 부동산상품의 중요한 속성을 도출하여 잠재고객을 대상으로 개념(concept)테스트를 실시한다. 예컨대, 스타벅스의 뛰어난 맛, 우수한 품질의 커피, 애플컴퓨터의 사용하기 쉽고 재미있는 컴퓨터 등은 속성이 잘 전달된 경우이다.
- 제품출시 이전에 마케팅 분석을 제대로 수행하여야 한다. 어떠한 제품이든 간에 실패한 제품의 60%는 시장조사만이라도 제대로 했다면 실패를 사전 방지할 수 있었을 것이라는 통계가 있다.
- 포지셔닝이 실패하는 중요한 이유 중 하나는 공급자 중심의 정보에 의존하기 때문이다. 고객은 제품 자체가 아니고 제품 사용 상의 편익(benefit)을 구매한다. 그들은 인지된(perceived) 편익에 기초하여 구매하는 것이다. 공급자 중심의 마케팅은 실패의 첩경이다.

① 정확한 포지셔닝

부동산에 있어서 포지셔닝이란 초기 부동산 획득에서 시작하여 상품설계, 마케팅, 판매 및 고객서비스활동까지 해당된다. 최선의 포지셔닝은 특정 시장에서 최고의 경쟁우위를 가지는 포지셔닝을 말한다.

② 유망고객을 알아야 한다

포지셔닝은 유망고객에 관한 지식에 근거해야 한다. 여기에는 표적소비자에 대한 상품의 정의와 설계뿐만 아니라 바로 그들을 위해 설계된 정보를 그들에게 전달하는 일이 포함된다. 이를 통해 표적소비자들은 이성적이든 감성적이든 그들의 필요와 선호에 대해 관심과 배려를 가지고 있다는 것을 알게 된다. 이러한 관심과 배려는 경쟁상품에는 자주 누락되기 때문에 효과적인 포지셔닝을 하면 매출의 상승은 크고 빨라질 것이다.

③ 포지셔닝비용(positioning cost)

포지셔닝은 비용이 많이 드는 것은 아니다. 이는 소비자의 인식 제어와 조정을 통해 이루어지며, 더욱 비용효과적인 마케팅을 가능하게 해준다. 미국의 경우 건설사들은 포지셔닝이 신규 주택사업의 성공에 필수적 요소임을 점차 널리 인식하고 있다.

타 상품과 구별되고 강력한 이미지를 구축하기 위해서는 포지셔닝의 메시지에는 일반적으로 다음의 조건들이 강조되어야 한다.

- 이해하기 쉽고 단순해야 한다. 두 구절이 넘으면 안 된다.
- 고객의 욕구에 부합되어야 한다. 어떤 경우에든 제품의 속성을 표현해야 하며 최소한 하나의 핵심적인 편익을 전달해야 한다.
- 신뢰할 수 있는 내용이어야 한다. 실제 성능을 넘어서는 과장된 메시지는 피해야 한다. 예컨대, 개인용 PC에 '지상에서 가장 강력한 컴퓨터'라는 말은 과장된 것이다.
- 신선한 표현이어야 한다. 경쟁기업의 포지셔닝과 다른 독특한 무엇이 있어야 한다. 다른 경쟁자들이 파워, 가격, 크기, 성능을 강조하고 있을 때 Nokia의 화려하고 멋진 휴대전화 단말기의 포지셔닝은 고객들에게 적중하였다.
  국내의 LG는 포켓용 컴퓨터의 포지셔닝을 시간절약가치를 강조하는 것으로 구축하여 호감을 받았다("주머니에 사무실을 설치…"). 반면 필립스는 가장 우수한 품질로 포지셔닝하여 실패한 사례가 되었다.

포지셔닝의 절차는 다음과 같다. 먼저 표적시장 내의 소비자와 경쟁기업을 분석하고 경쟁기업의 포지션을 평가한다. 그 다음 자사제품의 포지션을 개발하고 필요 시 재포지셔닝한다.

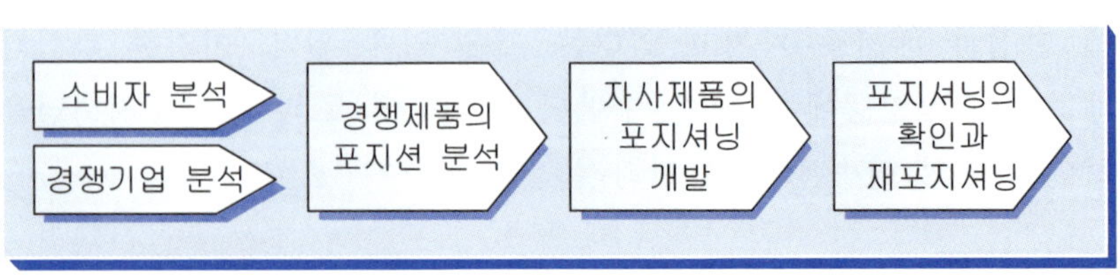

포지셔닝에는 제품속성, 사용상황, 사용자, 경쟁 등 여러 가지의 기준이 있다. 다음은 그 기준과 예를 제시한 것이다.

■ 제품속성
- 디즈니랜드 : 세계 최대 테마파크
- 비비안 : 숨어 있는 와이어가 여자를 자유롭게
- 화이트키스 치약 : 미백효과
- 레간자 : 정숙성

■ 사용상황
- 인터컨티넨탈호텔 : "인터컨티넨탈호텔에서 기다립니다. 기억하고 싶은 날"
- 짜파게티 : "짜파게티 먹는 날"

■ 사용자범주
- "대한민국 1% 렉스턴", "나의 첫 차 베르나"

■ 경쟁자 대조
- 칠성사이다 : "무색, 무카페인, 무로열티"(콜라와 경쟁)
- 청정원 햇살담은 간장 : "자연숙성"
- 네이버 : "있을 때 잘하지 그랬어"

■ 제품범주
- pacific사파리 : "오락+교육장소 테마공원"

■ 이미지 포지셔닝
- 디오스 : "여자라서 행복해요"
- 위저 : "거부할 수 있다면 유혹이 아니다. 속삭이듯 다가오는 유혹의 숨결"

포지셔닝 맵(positioning map)[11]이란 소비자가 중요시하는 속성에 따라 경쟁브랜드들이 차지하고 있는 상대적 위치를 나타내는 그림을 말한다. [그림 5. 5]는 미국 L.A.의 7개 관광명소별 포지션을 보여주며, 두 개의 명소가 가까이 있으면 고객의 마음속에 서로 유사하다고 느껴진다. 그림에서 Marineland of Pacific은 대기시간이 짧고 교육적인 곳으로, Busch Gardens는 가장 경제적인 테마공원으로 인식되어 있다.

11) 포지셔닝 맵은 지각도 또는 인식도(perceptual map)라고 표현하기도 한다. 이는 소비자들의 지각(知覺)을 중심으로 작성하기 때문이다.

그림 5.5 ▸ 지각지도(미국의 사례)

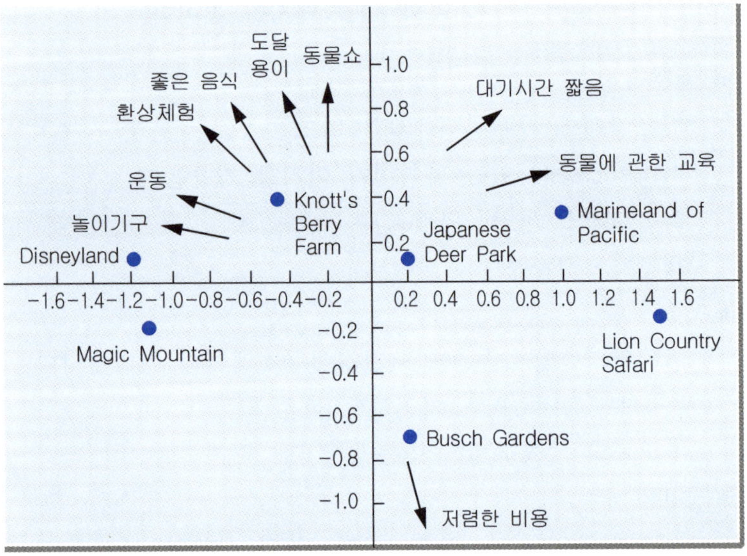

자료 : Kotler(2003)

다음 그림은 국내 고급호텔레스토랑과 평가속성을 이용한 포지셔닝 맵의 사례이다. 그림에서 롯데호텔은 입지, 명성 측면에서 인터컨티넨탈호텔과 경쟁관계임을 알 수 있다.

그림 5.6 ▸ 호텔레스토랑과 평가속성을 이용한 포지셔닝 맵

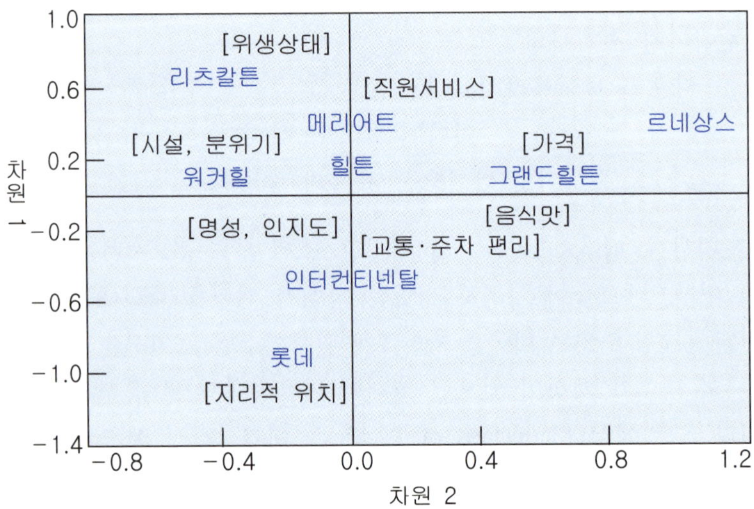

자료 : 이훈영(2002)

2. 적합한 커뮤니티 선택

커뮤니티를 계획하거나 선택할 때 건설사들은 마케팅 타당성 분석결과를 특정 커뮤니티 지침에 연계시키며, 여기에는 최선의 포지셔닝을 위해 선택된 쾌적시설 등이 포함된다. 소규모 건설사들도 대규모 건설·시행사들과 마찬가지로 커뮤니티를 선정할 때 주의를 기울여야 한다. 건설사가 주의해야 할 핵심적 결정요인은 다음과 같다.

- 위치
- 접근성 이미지
- 사업지계획
- 쾌적시설
- 부지가격

(1) 위 치

위치는 부동산구매 선택 시 가장 중요한 요인이다. 따라서 최적의 부동산상품이나 커뮤니티의 위치는 표적소비자들이 가장 바람직하다고 고려하는 부분이다. 예컨대, 고령자집단 주택의 경우 도보거리 안에 쇼핑시설이 있을 때 가장 매력적일 것이며, 처음 이주해오는 가족 중심적 수요자들은 초등학교가 도보거리 내에 위치할 때 가장 좋아할 것이다.

(2) 접근성 이미지

새로운 커뮤니티의 접근성 이미지는 부동산의 주변시설이나 진입로 개선을 통해 어느 정도는 조정될 수 있다. 예산이 제한적인 상태로 처음 이주해 오는 사람들은 진입로가 별로 안 좋아도 가격조건이 양호하다면 이를 무시할 수 있다. 그러나 자금사정이 더 유리한 세 번째 혹은 네 번째 이주자들은 새로운 커뮤니티와 그 주변환경에 대한 이미지에 더욱 민감한 반응을 보인다.

(3) 부지계획

부지계획(site plan)은 유망고객들에게 상당한 영향을 미칠 수 있다. 과거에는 무계획적인 도로구획도 종종 있었으나, 오늘날에는 모두 이를 중요시한다. 사람들은 대체로 찾기 쉬운 주소지와 이웃과 차별적인 위치를 선호한다. 누구나 무언가 특별한 것을 원하므로 최선의 부지계획(대지 구획정리)은 모든 부지의 매력을 감안하여 신중하게 수립되어야 한다.

(4) 쾌적시설

커뮤니티의 쾌적시설(amenities)은 부동산의 자연적 특징과 인공적 개선을 모두 포함한다. 예컨대, 1990년대 초 미국 부동산시장에서 가장 선호하는 커뮤니티 특성은 나무였다. 나무를 잘 보존하는 것은 모든 건설사나 개발사들이 일차적으로 관심을 갖는 요소이다. 또한 호수, 언덕 및 기타 자연환경도 새로운 커뮤니티의 가치를 높여준다.

인공적인 쾌적시설에 대한 선호도는 소비자집단에 따라 천차만별이다. 자녀를 다 출가시키고 노부부만 사는 집단들은 경비시설을 중요시한다. 반면 아이가 딸린 첫 구매자들은 이에 대한 필요성을 덜 느끼는 한편, 빠듯한 예산을 거주공간의 확대에 활용하기를 바란다. 예산을 많이 의식하는 집단들은 수영장, 테니스장 및 기타 쾌적시설에 대해 이와 유사하게 느낀다. 그러나 전문직 부부들은 이러한 쾌적시설을 더 중요시하는 경향이 있다.

국내에서도 주거상품을 개발할 때 주거생활공간만이 아니라 삶의 질을 향상시킬 수 있는 각종 시설 및 서비스 제공을 고려하고 있다. 주부들의 활동을 편리하게 해주는 디지털통제시스템, 웰빙라이프를 보장해주는 친환경 자재와 마감재, 음악이 흐르는 단지 내 공원, fitness center, 손님들을 접대할 수 있는 로비 및 게스트하우스, 우편 및 택배서비스 등과 거주공간에 건축적 미학을 강화하여 거주자로 하여금 주거공간의 자부심을 갖도록 하고 있다.

(5) 부지가격

소규모 건설사들은 부지에 관한 협상을 하는 데 있어 가격문제가 가장 중요한 요소라고 생각하는 잘못된 경향이 있다. 물론 부지가격은 중요하다. 왜냐하면 최종상품가격이 지역부동산시장에서 받아들일 수 있는 가격대이어야 하기 때문이다. 그러나 부지가격은 고려해야 할 여러 가지 핵심요소 중의 하나일 뿐이다.

3. 적합한 부동산상품 선택

대지와 건물이 잘 조화된 부동산상품이 그리 많지는 않다. 대지와 건물이 잘 조화된 부동산은 분양이 신속하게 이루어지고 주택소유자들이 만족스러워 한다. 거리, 외관, 외부 디자인, 효율적인 공간배치(floor plan), 특수외양(special features) 등 모든 것이 표적소비자들의 구미에 맞아야 한다.

(1) 거리외관

거리이미지는 유망고객들이 주택이나 커뮤니티를 선택할 때 맨 처음 고려하는 사항이다. 거리외관은 경치, 배경, 건물전경 등 중요한 요소가 결합된 것이다. 거리외관이 좋지 않더라도 잠재고객이 입주를 늦추지 않을 수는 있으나, 후속 구매자의 구매결정에는 중요한 영향을 미칠 수 있다.

(2) 외부디자인

외부디자인은 거리외관의 중요한 부분으로 건물의 앞쪽뿐만 아니라 뒤쪽도 포함되며, 표적고객집단의 선호와 직접적인 연관을 갖는다. 외부디자인의 미학적 요소에 특히 관심을 가져야 하며, 디자인 감각이 표적소비자집단의 취향과 부합해야 한다. 그럼에도 불구하고 개발사들이 제시하는 특성이 표적소비자집단의 선호사항과 일치하는 경우가 거의 없다는 점을 명심할 필요가 있다. 최근 여러 지역에서 외부디자인을 뛰어나게 잘 표현하고 있는 건축사와 설계사들로 인해 고객들이 호감을 갖는 경우가 많아지고 있다.

국내에서도 군청에서 일률적으로 몇 개씩의 표준설계를 제시해 주는 전원마을의 예에서도 볼 수 있듯이, 경우에 따라서 설계사들이 특수고객집단들을 대상으로 표준화된 설계들을 제공하고 있어서 개별적인 건축설계를 위해 더 이상 필요 이상의 비용을 들이지 않아도 된다.

건물외관을 결정할 때 소비자선호 및 경쟁부동산의 특징에 관한 시장조사결과에 바탕을 두어야 한다. 외부디자인의 선두주자들이 한 것을 그대로 따르기보다는 최고의 분양실적을 올린 건물들의 스타일과 외관의 요소들을 잘 결합시키는 것이 더 좋다.

(3) 효율적인 공간배치

공간배치(floor plan)를 미흡하게 하는 건설사들이 아직도 꽤 있지만, 소비자들은 대체로 효율적인 공간배치에 대하여 잘 알고 있다. 고가주택들은 대체로 공간면적이 매우 넓기 때문에 효율성문제가 가려진다. 공간을 효율적으로 배치하기 위한 핵심적 방안은 최종계획을 마무리하기 전에 전문 인테리어 디자이너에게 컨셉트 계획을 보여주면서 시험적으로 설치를 해보는 것이다. 가구를 놓아보면 동선과 공간문제 등을 명확히 짚어볼 수 있다.

다음의 항목들은 공간배치계획을 효율적으로 수립하는 데 도움을 주는 예이다.

- 동선은 방과 방 사이를 지나는 것을 피해야 한다. 동선은 거실에 집중되도록 한다.
- 둥근 아치형 천장은 공간이 더 넓게 보이는 효과가 있다.

- 대각선 조망(diagonal views)은 공간이 더 넓게 보이는 장점이 있다.
- 용도가 두 개 이상인 방(침실·밀실, 체련실·서재, … 등)은 공간배치가 더 효율적이고 융통성이 커서 시장성이 좋다.
- 목욕실은 전략적으로 배치하면 거주 적합성(liveability)이 높아진다.

(4) 특징(special feature)

독특한 공간배치는 분양가에 따라 그 종류나 품질이 다양해지고 있는데, 분양률을 높이는 데 필수적인 요소이다. 따라서 아무리 작은 집이라도 소비자를 유인할 수 있는 특별한 공간이 제공되어야 하며, 특히 주방이나 욕실 등을 강조하는 것이 좋다. 예컨대, 욕실의 경우 가능한 범위 내에서 다음과 같은 내용을 포함하는 것이 좋다.

- 이중 세면장과 화장공간
- 입구에서 잘 보이는 욕조와 후면 유리창
- 변기 높이보다 높은 곳에 화분 선반을 두고 천장을 둥글게 함.
- 욕조 위 거울 상단 채광틀 유리(transom glass)
- 별도 공간에 배치되거나 잘 안 보이는 변기
- 욕실 내 혹은 부근 체련장
- 남녀옷장
- dressing area
- 샤워 부스

다음은 주침실(Master bed-room)에 대하여 특징적 요소들이 첨가된 공간의 한 사례이다.

Special Bed Room

편안하고 아늑합니다!

침실은 무엇보다 편안해야 합니다. 하루의 피로를 풀고 삶의 에너지까지 재충전해주는 공간- 거제 하루애의 침실은 오늘의 피로는 씻어주고 내일의 에너지는 채워드립니다.

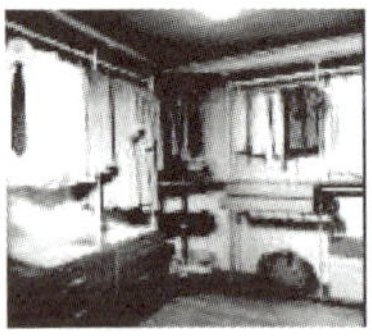

드레스룸

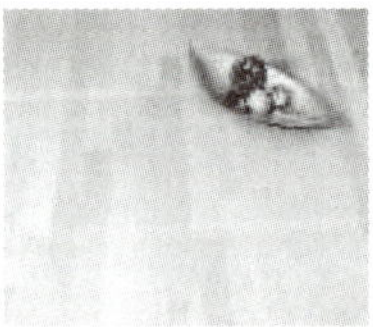

천연무늬목 온돌마루

우물천정

온도제어기

| 드레스룸 |

드레스룸이 별도로 있어 의류 수납이 쉽고 침실공간을 더 넓게 활용할 수 있습니다.

| 천연무늬목 온돌마루 |

침실바닥에 고급 온돌마루를 설치하여 품격을 높였습니다.

| 우물천정 |

우물천정의 간접조명이 귀족적인 격조를 만들어드립니다.

| 천연석 화장대 상판 |

드레스룸 화장대 상판을 천연석으로 처리하여 화장대의 품격을 한층 높였습니다.

| 점소등 리모콘 스위치 |

리모콘 하나로 인방의 조명을 손쉽게 점소등할 수 있습니다.

주방의 특별공간에는 다음과 같은 사항들이 포함된다.

- 대형 냉장실(walk-in pantry)
- 조식실(breakfast nook) 또는 주방에 바로 붙어있는 방
- 캐비넷 위 화분 선반을 둔 원형천장
- 아일랜드장(Island cabinets)

▲ 호주 브리즈번의 'KOKO' 아파트 내 설치된 주방시설

- 가족실(family room) 또는 창문을 통해 외부가 광범위하게 보이는 싱크대
- Pass-through counter(주방과 식당 사이의 벽면 카운터)
- 차고와 최소거리에 위치한 가족실에 인접할 것

특별공간에 대해 생각할 때 건설사들은 모든 사람들이 뭔가 특별한 것을 원한다는 사실과 적절한 특별공간에 대해 호의적으로 반응한다는 점을 명심해야 한다.

4. 적합한 디자인의 선택[12)]

특별공간이나 옵션 또는 건축지침 등을 포함하여 일단 부동산상품이 결정되면, 최종적인 상품정의는 건축사에게 넘겨져서 원도설계(original design)를 하거나 또는 건축계획서비스회사에 요청하여 기설계된 도안 중 하나를 선택하게 된다. 원도설계가 선택되면 건설사는 잡지용 도면, 입면도 또는 내부 특별공간 등을 표적고객집

12) "값비싼 광고를 통해 심리적으로 인식을 조작하기보다는 보기 드문 상품을 디자인 하는 데 더 많은 돈과 시간을 투자하라." (필립 코틀러)

단에게 알릴 수 있다.

(1) 건축사와의 협력

설계과정은 디자이너와 개발사 간에 상호작용하는 기간으로서 몇 주 혹은 심지어 몇 개월이 걸릴 수 있다. 건물에 대해 개발사가 구체적으로 정의해 놓을수록 이 과정이 짧아지며, 특히 초기의 컨셉트 설정단계가 단축될 수 있다. 예비적 도안에 대하여 승인이 나고 작업 도안과정으로 넘어가기 전에 개발사는 다시 한 번 시장조사결과와 상품정의 지침을 검토하여 건물이 표적소비자집단에게 여전히 잘 부합할 것인지 확인해야 한다. 바로 이때가 개발사가 어떠한 수정이나 변화를 시도해도 되는 시점이다. 건설 도중에 수정하는 것보다는 서류작업 도중에 수정하는 것이 훨씬 더 용이하고도 경제적이다.

(2) 디자이너 지침

다음의 디자이너 지침(가이드라인)은 기본적 지침이 건설설계사를 위해 어떻게 요약될 수 있는지를 보여준 것이다. 이러한 지침은 대개 대규모 커뮤니티를 위한 것이기는 하지만, 소규모 개발사들이 건설하는 여러 가지 형태의 주택에도 적용될 수 있다.

건축지침(예)					
건물유형·가격대	지역제약 조건	설계 matrix	상품 mix	소비자 프로필	상품특성
• (예)차고가 딸린 일반 도시주택	평균밀도: 용적률, 건폐율	총가격·건평·평단가	2층 주택, 방 2개	자녀가 어린 젊은 부부	단수개방형 설계, 가족실 중요 위락시설 제한적

부동산 프로젝트 분석표(미국)

부록 1

부동산 프로젝트 분석

• 일　시 : ______________________________

• 작성자 : ______________________________

1. 프로젝트 및 배경 관련자료

프로젝트명 ______________________________

개발사 ______________________________

건설사 ______________________________

주　소 ______________________________

전화번호 ______________________________

프로젝트 위치 및 방향 ______________________________

____

____

____

____

분양사무소 전화번호 ______________________________

담당자 ______________________________

프로젝트 규모 ______________________________

분양평형대 ______________________________

____

____

____

____

2. 프로젝트 개발 및 판매계획

취득 및 개발 일정계획 ______________________________

____

____

판매일정계획

일일 기대판매 및 예상판매량

사전판매 활동 및 계획

일일 총판매량

일일 계약건수

협의 중인 미진행 판매

취소된 계약의 사유

현재 판매현황 :

지난 3개월간 활동상황 :

순이익 : __________ 유형별 계획에 따른 판매수 __________

계약건수

해약건수

3. 입지 및 접근성 평가

지역에 대한 일반적 사항에 대한 고찰 :

인근 이웃들에 대한 고찰

주요 도로

접근성에 대한 고찰 :

게시판 및 방향표지판

깃발 또는 시각적 요소

발전가능성

입지에 대한 이점 :

평가 이슈 :

4. 독창성과 이미지 요소 평가

일반적 접근 :

출입구 :

브랜드명 :

조망권 :

주 차 :

담 장 :

이웃 주민의 특성 :

표지-통로-쾌적시설 등 :

이미지·특징 :

5. 편의시설 평가 및 일반적 판매환경

편의시설 :

접근성 :

시각적인 요소

사무실의 판매 총규모

디자인과 배치

인테리어 및 색상 컨셉트

개별 상담영역

6. 프리젠테이션요소 그래픽, 전시 등의 평가

전시의 품질 및 가치

디스플레이 위치

건설사의 디스플레이

사업지 지도

층별 배치도

평가

쾌적시설 ___
입주시 생활에 대한 사진 등 ___
건축물의 이점 ___

옵션 선택사항 ___
커뮤니티 활동영역 ___
자산 운영 및 관리 ___

7. 판매 브로슈어, 핸드아웃 등 인쇄물의 평가
   브로셔의 일반적 평가사항 ___
   ___
   ___
   층별 계획 ___
   가격표 ___
   부지계획 ___
   경쟁적 요소목록 ___
   환경-라이프스타일 ___
   옵션 및 선택사항 ___

DM
   감사에 대한 고지 ___
   정보에 대한 사항 ___
   ___
   ___

모델하우스, 쇼룸 등
   수 량 ___
   타입별 계획 ___
   배치순서 ___

<자료 : Clark et al., 1989>

정동상림원(上林苑)의 마케팅 컨셉트와 전략

➡ 부록 2

1. marketing 기본전략
2. marketing 운영계획
3. marketing 관련기타사항

1. marketing concept

사전 수요의 안정적 확보 + 수요맞춤형 영업활동 + image, issue, marketing 활성화 + 고급 부가서비스

concept 1	pre-marketing을 통한 사전수요 확보에 주력
concept 2	상상을 현실화하는 image-marketing
concept 3	도심형 고급 주거무화공간으로서 신개념의 최초성을 부각시킨 issue-marketing
concept 4	고객맞춤형 style-marketing
concept 5	유형의 상품은 기본, 무형의 품격 있는 부가서비스 제공

⇩

형식적 청양방식을 통한 입주자 자격심사제 도입
'강북지역 최상류층을 위한 noble country 위상정립'

⇩

입주자격심사제 도입

보수적이고 문화지향적인 강북 최상류층의 특권의식

⇩

자격심사위원회 구성 : 문화계 원로, 조선왕조 종친
학술계·교육계 원로 등

⇩

추천 및 청약 ⇨ 입주자 확정

⇩

정동 上林苑 ⇨ 대한민국 최고의 noble community 위계구축

1. marketing 기본전략
2. marketing 운영계획
3. marketing 관련기타사항

2. marketing tool ; noble marketing

신 marketing 패러다임

remarkable product 기획	정확한 target 선정에 따른 early adopter 발굴
구전효과를 통한 MGM/SGM 효과 극대화	sneezer에 의한 virus marketing

⇨ 고급 marketing으로서의 성과 극대화 창출

early
adopter
virus
marketing
후원
marketing
sneezer
구전효과
(MGM)
cross
selling
synergy
effect
공동
marketing
image
upgrade
DB 교류
limited
access
brand
marketing
secret
marketing
luxury
event
high price
noblesse
marketing
DB-based
marketing
부가가치
marketing
membership
몰
marketing
특정매체·장소
image
marketing
family 형성

<자료 : (주)CI & D 제공>

상업용지 선정, 구입사례

부록 3

수지2지구 클리닉빌딩 건축주 박 사장은 부동산을 개발한 경험은 없었다. 과거 건설회사에서 직장생활을 하면서 토목공사에 대한 경험이 풍부했다.

단독주택지나 소규모 근린생활시설은 건축경험이 없는 사람도 쉽게 건축을 할 수 있지만, 상업용지는 자금도 많이 들고 개발 컨셉트 수립 및 자금조달, 마케팅 등 다양한 분야에 전문적 식견과 능력이 필요하므로 무턱대고 덤벼들 성질은 못된다.

그러나 박 사장은 과거경험을 바탕으로 회사를 그만두고 1998년 초부터 근 1년 동안 부동산개발사업을 구상해 왔다. 당시 IMF 초기여서 부동산가격이 형편없이 떨어져 있었지만 그래도 거품이 많다느니 하며 수요가 거의 없는 상황이었다.

웬만한 부동산은 반값에 매입할 수도 있었지만 향후 발전가능성을 고려할 때 그래도 택지지구가 낫다는 판단 아래 대전둔산지구와 용인수지2지구 상업용지를 대상으로 사업성 분석에 들어갔다. 우선 대전둔산지역 중심상업용지 중 지하층 골조공사까지 마치고 공사가 중단된 건물을 토지분양가에 팔겠다는 매물이 있었다.

건물을 포함하여 총사업비가 50억 원 정도인 건물을 그 업체에서는 토지대금이자와 투입공사비 등 8억 원을 손해보면서까지 팔겠다고 하여 상당히 구미가 당겼다.

한편, 박사장이 매입하여 건축한 수지2지구 상업용지는 당시 평당 600만 원에 매물로 나와 있었고 위치도 썩 마음에 들었다. 대로변에 있으면서 옆에 보행자도로를 끼고 있어 유동인구를 확보하는 데 더할 나위 없는 조건이었다.

이 땅은 원래 생활대책용지로 공급된 토지였는데 한 사람이 지분을 모두 매수하였다가 IMF로 인하여 연체 중인 토지였다.

두 물건을 놓고 고민하다가 서울에서 부동산컨설팅을 하던 친구에게 상의했더니 주저 없이 수지를 선택하라고 충고했다. 왜냐하면 당시 수지2지구는 사업규모는 30만 평이었지만, 수지1지구와 합칠 경우 60만 평에다 기존 풍덕천리 구시가지가 있고, 인근 신봉, 동천지구를 합칠 경우 100만 평에 육박하고 있었다. 게다가 택지지구 인근에 민간건설업체에서 아파트를 짓고 있었는데, 1995년부터 1998년까지 수지지구 인근 상현리, 동천리 등에서 아파트사업승인을 받은 것만 15건에 가구수가 8천여 가구에 달했다.

수지2지구가 29만 평에 6,581가구를 수용하고 있다는 점에 비춰보면 민간건설업체에서 공급하는 물량만 보더라도 수지2지구보다 더 많았다. 더욱이 민간건설업체에서 자체 개발하는 아파트는 단지 내 상가만 있고 나머지는 인근 택지지구 상업시설을 이용해야 하므로 수지2지구 상업용지의 발전가능성은 의문의 여지가 없다고 판단했다.

이 점은 이미 1996년 말 상업용지 입찰에서 입증된 바 있다. 당시 일반 실수요자를 대상으로 실시한 상업용지와 근린생활시설용지 낙찰가격이 예정가격보다 무려 2배 이상씩 높게 나왔었다. 그래서 박 사장은 1998년 12월 그 땅을 매입하였다.

매입비용은 세금 포함하여 약 9억원 정도 들었다. 박 사장이 토지를 매입한 다음해인 1999년에는 이 지역에서 1년 동안 1만 8천 세대가 신규로 사업승인을 받았는데, 이 물량만도 택지지구 80만 평에 해당하는 엄청난 물량이다. 그래서 용인 난개발문제가 발생했지만 수지지구 상업지역에서는 환영할 만한 일이라고 할 수 있다.

▸ 생활대책용지란

택지개발예정지구 내에서 사업을 영위하거나[영업보상] 농사 등을 짓다가 [영농보상] 택지개발사업으로 인하여 생활기반을 상실한 사람들에게 생활대책용지를 공급하고 있다. 생활대책용지는 1인당 6~8평 정도씩 공급하는데, 생활대책보상자 20~30명이 조합을 결성하여 근린생활시설이나 상업용지를 분양받을 수 있다.

분양가는 감정평가가격이 적용된다.

생활대책용지는 조합원 총회를 통하여 모든 의사를 결정하므로 사업추진이 어렵다는 단점이 있다. 그래서 특정인이 분양가격에 프리미엄을 주고 조합원 지분을 매입하여 사업을 하는 경우가 많은데, 박 사장이 매입한 토지가 바로 이러한 경우이다.

용도지역	권장 및 불허용도	건축제한 사용
준주거	-건물소유주(1세대)에 한하여 30평 이하 주택허용 -준주거지역 내 허용용도 이외의 용도 불허(허용용도 중 도심기능에 부적합하거나 미관을 해칠 우려가 있는 기능 배제) -2필지까지 합병에 의한 건축 가능 -학교환경위생정화구역에 포함된 지역은 학교보건법에 의한 금지행위 및 시설 설치 불가 -주상복합건축물의 입지불가	건폐율 : 70% 용적률 : 700% 높이 : 10층 (32M) 최저층수 : 5층

▸ 클리닉빌딩에 맞춘 설계

<건물개요>

- 대지 : 용인수지2지구 00번지(149평)
- 건물 : 4층 철근콘크리트
- 건축면적 : 103평(건폐율 : 69.4%)
- 연면적 및 용도
  - 연면적 : 450평(용적률 : 272%)
  - 용도
    - 1층 : 약국, 팬시, 부동산업소
    - 2~4층 : 병원
    - 지하층 : 노래방

박사장은 오래전부터 클리닉빌딩을 유심히 보아왔다. 사실 클리닉빌딩은 1990년대 중반부터 서울 강남지역을 중심으로 꾸준히 영역을 개척해온 분야였다. 소규모 의원들이 한 건물에 모여서 종합병원 형식으로 병원을 운영하면 건물의 운영관리가 용이하고 홍보 측면에서도 소비자인지도를 높일 수 있어 여러 가지 면에서 장점을 보여왔다.

하지만 기존 시가지에서는 건물임대 문제로 인하여 신축빌딩을 중심으로 간헐적으로 클리닉빌딩이 들어섰으나, 택지개발지구에서는 집단적으로 건물이 신축되고 바로 인근에 주거단지가 밀집해 있으므로 이와 같은 클리닉빌딩이 들어서는 데 있어 최적의 조건을 갖추고 있다고 볼 수 있다. 그래서 여기에 병원과 약국을 겸비한 클리닉빌딩을 짓기로 하고 설계에 들어갔다. 배치도에서 보듯이 35m 도로에 접하는 면이 좁기 때문에 출입구를 보행자도로에 접하도록 하고 건물 우중간에 들어서도록 설계를 했다. 이때 주출입구를 통하여 건물 양측에 있는 의원을 바로 드나들 수 있어 복도가 차지하는 면적을 줄여 공간을 보다 효율적으로 활용할 수 있고 의원들이 서로 떨어져 있어 독립된 분위기를 주는 등 여러 가지 이점이 있었다. 처음에는 건물을 3층으로 설계했었다. 1층에 약국을 두고 2층과 3층에 각각 3개과씩 총 6개과를 두면 어느 정도 구색이 맞춰질 것으로 생각했다. 상세계획에 따르면 최저층수가 5층이지만 용인시에 문의한 결과 5층 이하도 가능하다는 답변을 들었다. 1999년 7월 토지대금을 완납하고 곧바로 공사에 착수한 다음 8월부터 임대를 개시하였다. 그런데 2, 3층에 들어올 내과와 산부인과에서 각층의 2/3씩을 쓰겠다고 했다. 이렇게 되면 건물에 4개과밖에 입주할 수 없어 급히 1개 층을 더 올리고 주차장출입구 윗부분까지 연면적을 확장하는 등 설계변경을 하였다. 건축공사는 박 사장이 직접 시공을 함에 따라 공사기간을 단축시키면서 건축단가를 낮출 수가 있었다.

일반 상가건물과 달리 클리닉건물은 외관은 물론 내부 인테리어까지 고급스런 분위기를 연출하면서 고객에게 편안한 느낌을 주도록 해야 하므로 건축비가 많이 들게 마련이다. 하지만 박사장은 직접 시공함으로써 건축단가를 200만 원으로 낮출 수 있었다. 만약 도급공사를 했더라면 230만 원 이상 들었을 것으로 예상했다.

층별	1층	2층	3층 이상	지하 250
대로변	800만원	330만원	270~330만원	250만원

<건물배치도>

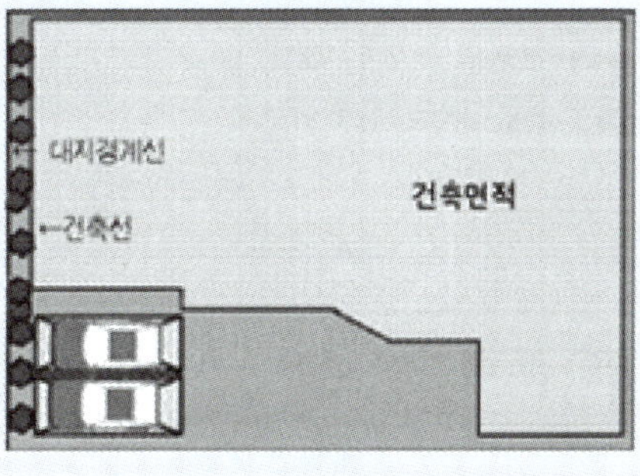

<클리닉빌딩 입주현황>

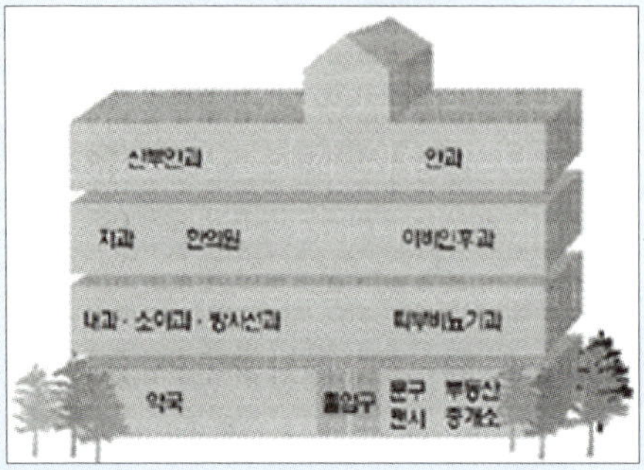

▶ 임대 및 향후과제

박 사장은 1999년 7월 토지사용 승낙이 떨어지자마자 공사에 착수하였다. 그해 8월부터 임대를 개시하였는데 임대료는 예상임대료의 90% 수준에 맞춰 책정하였다.

나중에 이웃건축업자들의 항의 섞인 원망도 들었지만 초기에 사업을 착수한 입장에서 임대료를 높이 책정할 경우 미분양에 대한 우려도 있었고 클리닉빌딩의 요건을 갖추려면 다양한 진료과목을 유치해야 하므로 어느 정도 임대료 측면에서 메리트를 줄 필요도 있다고 생각했다.

여기에 기계식 주차타워를 설치함에 따라 주차공간이 건축면적에서 빠짐으로써 전용률이 80%에 달해 전용면적당 임대료를 대폭 낮추는 효과도 있었다. 그해 12월까지 80% 정도 임대가 나갔고 나머지도 올 3월까지 모두 임대를 완료하여 성공적인 사업이라고 자평하고 있다. 총임대료는 보증금 8억 원에 월임대료가 1천 9백만 원 정도 된다.

총투자비가 18억 2천만 원인데 이 중 임대보증금 8억 원을 차감하면 순투자비는 10억 2천 원으로 볼 수 있다. 이 10억 2천만 원에 대하여 월 임대료가 1천 9백만 원이므로 연 22.4%의 수익률을 보이는 셈이다.

현재 이 건물에는 약국, 한의원을 비롯하여 양방 6개 의원 9개 과목을 진료하는 명실상부한 클리닉센터로 자리잡았다. 사실 이 건물설계를 시작한 작년 6월부터 의약분업이 1년 연기되면서 우리 사회의 첨예한 이슈로 떠올랐지만 처음에는 이 점을 미처 고려하지 못했다. 그런데 올해 7월부터 시행되는 의약분업을 앞두고 클리닉빌딩이 각광받으면서 이 건물이 클리닉빌딩의 시범케이스로 소개되면서 매스컴에서 앞다투어 취재경쟁을 벌이기도 하였다(매일경제 4.6 ; 중앙일보 4. 11. 참조).

▶ 아쉬운 점

비록 비좁은 땅에 건물을 올렸지만 토지구입 및 개발 컨셉트 설정, 설계 및 건축, 임대 등 일련의 과정이 사업규모가 크든 작든 힘들기는 매 한가지이다.

다행히 첫 번째 사업이 성공적이었다고 생각하지만 여러 가지 미흡한 점이 많았다. 우선 클리닉빌딩에 대한 연구가 미흡했지 않나 생각한다. 당초 3층까지 계획했다가 4층으로 높이고 연면적도 확장하면서 공사 중간에 설계를 변경했다.

진료과목별로 필요한 시설과 공간배치 등에 관하여 좀더 깊이 연구했더라면 처음부터 이와 같은 실수는 방지할 수 있지 않았을까 생각한다.

둘째, 입주자의 편의에 맞춰 내부 인테리어를 설계하면서 내부 공용부분에 대한 인테리어와 잘 조화될 수 있도록 하는 데 어려움이 있었다. 이를 위해서 사전에 입주자를 모집하여 서로 머리를 맞대고 상의하면서 건물을 설계했더라면 보다 훌륭한 건물이 되지 않았을까 하는 아쉬움이 남는다.

셋째, 주차문제는 여전한 숙제이다. 법정주차대수는 기계식 주차타워를 설치하여 해결할 수 있지만 병원 이용자들이 편리하게 주차하기에는 부족한 실정이다. 대지면적이 150평에 불과해 자주식 주차장을 설치하기도 어렵고 그렇다고 1층에 주차공간을 확보하자니 임대면적이 줄어들어 사업성이 떨어지기 때문에 곤란하다.

그래서 박 사장은 인근 주차장부지에 주차빌딩을 세우고 건물주들은 이에 대한 지분을 구입해 이용자들이 지분만큼 자유롭게 이용할 수 있도록 하는 방법도 괜찮지 않느냐는 제의를 했다. 실제 대전둔산지역에는 이와 같은 방법이 허용되고 있다고 했다.

넷째, 쓰레기투입구 설치문제에 토지공사가 적극적으로 나서 주었으면 한다. 상가지역은 각 건물마다 쓰레기투입구를 설치해야 하는데 관로업체에서 1곳당 설치비용을 4천만 원씩 요구하고 있어 너무 비싸다고 생각한다. 건축허가를 받을 때만 해도 쓰레기투입구 설치는 권장사항이라고 했지만 준공시에는 필수조건으로 바뀌어 있었다. 그래서 부득이 쓰레기투입구 설치계약을 하고 이 계약서를 첨부하여 조건부 준공검사를 받았다. 아쉬운 점도 많지만 첫 사업을 성공적으로 마무리하면서 보람도 많았다.

박 사장은 이 건물을 지은 후 수원지역에서 또 다른 사업을 준비하고 있다.

<자료 : http ://cafe.naver.com/developer3535/193>

참고 문헌 Reference

강병기 · 김용민 · 이국철 · 이창석 공저(2005), 부동산분양대행업, 형설출판사

김민근(2005), 부동산디벨로퍼론, 박영률출판사

김민주(2002), 마케팅 어드벤처, 미래의 창

김상일(2004), 대한민국 소비 트렌드, 원앤원북스

김해련(2005), 히트 트렌드 전략, 해냄출판사

박상언(2004), 통통 튀는 한국형 부동산마케팅, 무한

박치관 · 박준병 · 김응규 · 최종인 공역(2003), 이노비즈마케팅, 북코리아

서상혁(2003A), 시장분석의 요소와 주안점, 한남대학교 출판부

서상혁(2003B), 시장수요예측과 시장조사, 한남대학교 출판부

서상혁 외(2006), 혁신코리아 그 기반을 다진다, 한국산업기술평가원

손진수(2006), 부동산개발론, 부동산114

윤훈현 옮김(2004), 마케팅관리론, 석정

이수동(2006), 유통관리, 법문사

이창석(2005), 부동산컨설팅, 형설출판사

이창석 · 강해규 · 김용민 · 정상철 · 오준석 · 김영혜 · 박용광 · 남찬희 공편저(2004), 재건축 · 재개발 컨설팅 이론과 실무, 형설출판사

이충노(2004), 부동산 분양마케팅 전략에 관한 연구 — 주거용과 업무용 부동산의 성공 및 실패사례를 중심으로 —, 고려대학교 경영대학원 석사학위논문

이학식(2004), 마케팅, 법문사

이훈영(2002), e-마케팅 플러스, 무역경영사

전인수(2005), 마케팅전략 : 전략적 시장관리, 석정

조성근(2005), 한국의 디벨로퍼들, 이다미디어

최기열 · 박성신 공역(2005), 크리스티안 미쿤다 지음, 환상적인 체험을 제공하는 공간연출 마케팅 제3의 공간, 미래의 창

한상분(2005), 트렌드를 알아야 부동산이 보인다, 동아일보사

홍성태(2005), 마케팅의 10가지 치명적 실수, 세종서적

Arnold, Lee E., JR(2004), *Commercial Investment of Real Estate*, South-Western Thomson Learning.

Boyett, Joseph H., Jimmie T. Boyett(2003), *The Guru Guide to Marketing*, John Wiley & Sons, Inc.

Clark, Charles R., David F. Parker and Clark Parker Associates(1989), *Marketing New Homes*, National Association of Home Builders.

Cross, Carla(1994), *The Real Estate Agent's Business Planning Guide*, Dearborn.

Gaillard, Jean-Michel(2000), *Marketing et Gestion dans la Recherche et Dévelоppement*, ECONOMICA.

Hamilton, Dan(2006), *Real Estate Marketing and Sales Essentials*, Thomson South-Western.

Hopkins, Tom(2004), *Mastering the Art of Selling Real Estate*, Portfolio.

Keller, Gary and Dave Jenks and Jay Papasan(2005), *The Millionaire Real Estate Agent*, McGraw-Hill.

Kotler, Philip(2003), *Marketing Management*, 11th edition, Prentice Hall.

Martichoux, Claire(2004), *La promotion des ventes en pratiques, d'Organisation.*

Miles, Mike E., Gayle Berens, Marc A. Weiss(2005), *Real Estate Development*, Urban Land Institute.

Randall, Mary Ellen and Jamie M. Edwards(2005), *Real Estate Advertising Made Easy*, Seldon Griffin Graphics Inc.

Remley, Jim(2005), *Make Millions Selling Real Estate*, Amacom.

Richard, Dan Gooder(2000), *Real Estate Rainmaker*, John Wiley & Sons, Inc.

Schmitz, Adrienne and Deborah L. Brett(2005), *RealEstate Marketing Analysis*, Urban Land Institute.

Stone, Dave(1989), *New Home Marketing*, Dearborn.

Zagaris, Michael P.(2005), *The PMZ Way : Strategies of Highly Successful Real Estate Agent*, PMZ publishing.

Real Estate

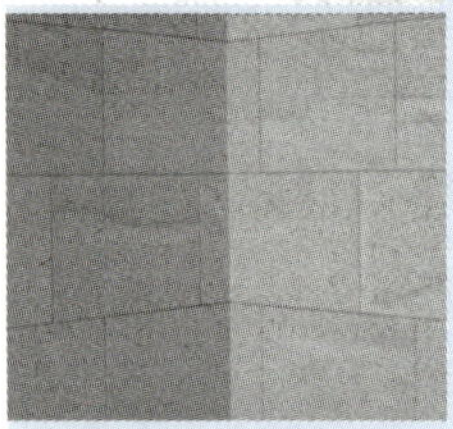

지금까지 제1부에서는 부동산전략 및 계획수립에 관해 논의하였다. 그 주요 내용으로 부동산마케팅시스템 및 부동산마케팅 전략 소개, 부동산시장 분석과 타당성, 부동산상품 분석 및 선택을 살펴보았다. 지금부터는 본서의 제2부에 해당한다. 제1부가 전략, 기획 및 시장 분석의 단계라면, 여기서부터는 앞에서 수립된 기획과 전략의 실행을 다룬다. 마케팅의 실행은 먼저 부동산상품들의 이미지 만들기부터 착수하여 홍보, 광고, 판매촉진 등 프로모션 단계를 거쳐 인적판매행위까지를 범위로 한다.

Marketing

2

p · a · r · t · t · w · o

부동산마케팅 전략의 실행

청계천 황학동의 재개발단지인 롯데캐슬 베네치아조감도(총 1870세대)

chapter 6

부동산상품의 컨셉트와 가격결정

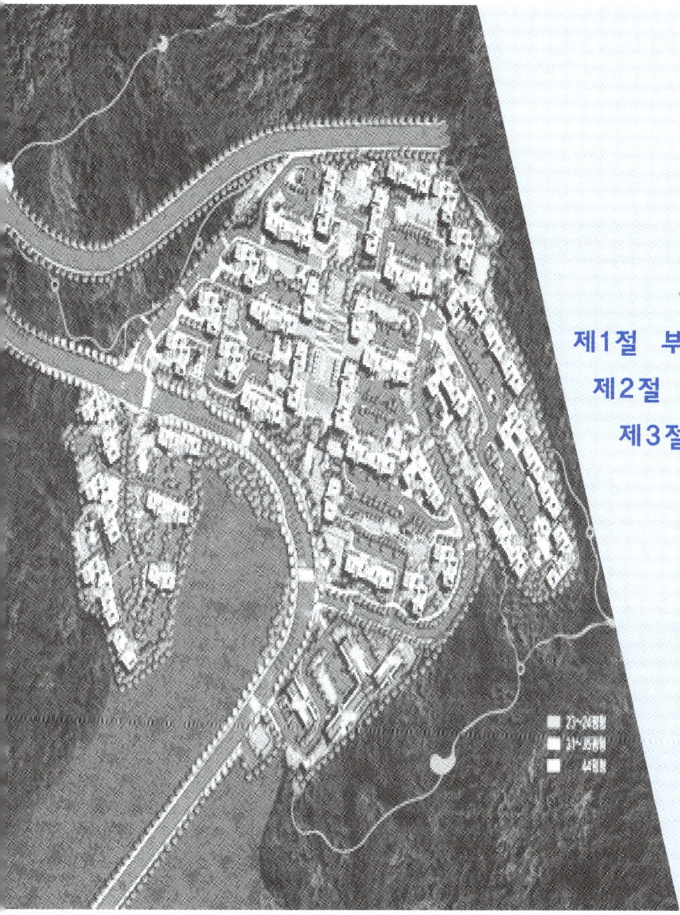

◀ 대한주택공사의 재개발단지인 관악산 뜨란채 (3,320세대 입주)

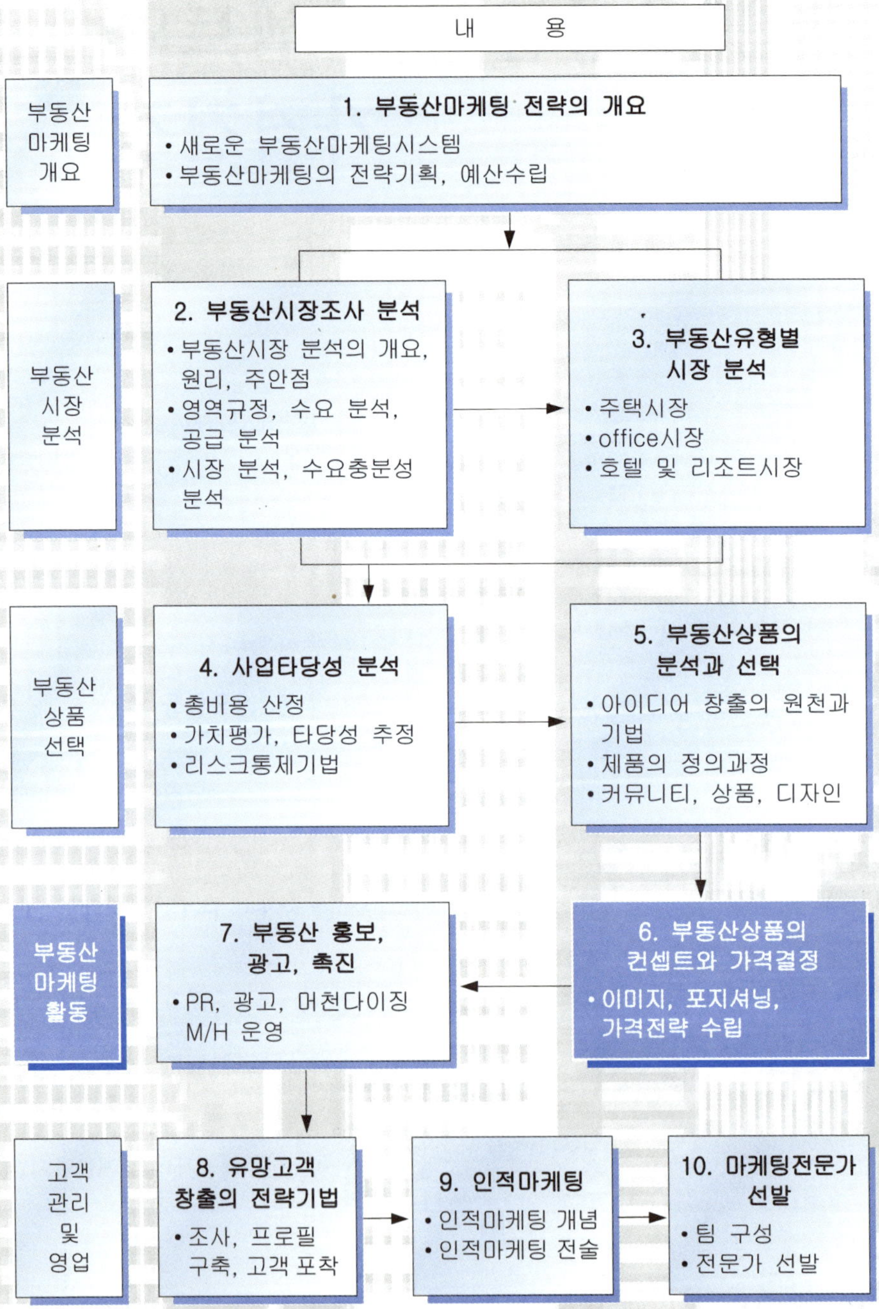

내 용
부동산 마케팅 개요
1. 부동산마케팅 전략의 개요
• 새로운 부동산마케팅시스템
• 부동산마케팅의 전략기획, 예산수립
부동산 시장 분석
2. 부동산시장조사 분석
• 부동산시장 분석의 개요, 원리, 주안점
• 영역규정, 수요 분석, 공급 분석
• 시장 분석, 수요충분성 분석
3. 부동산유형별 시장 분석
• 주택시장
• office시장
• 호텔 및 리조트시장
부동산 상품 선택
4. 사업타당성 분석
• 총비용 산정
• 가치평가, 타당성 추정
• 리스크통제기법
5. 부동산상품의 분석과 선택
• 아이디어 창출의 원천과 기법
• 제품의 정의과정
• 커뮤니티, 상품, 디자인
부동산 마케팅 활동
6. 부동산상품의 컨셉트와 가격결정
• 이미지, 포지셔닝, 가격전략 수립
7. 부동산 홍보, 광고, 촉진
• PR, 광고, 머천다이징 M/H 운영
고객 관리 및 영업
8. 유망고객 창출의 전략기법
• 조사, 프로필 구축, 고객 포착
9. 인적마케팅
• 인적마케팅 개념
• 인적마케팅 전술
10. 마케팅전문가 선발
• 팀 구성
• 전문가 선발

앞 장에서는 부동산상품 개발의 아이디어 창출과 부동산상품의 선택에 관해 서술하였다. 이어서 본 장에서는 부동산상품의 컨셉트와 가격설정전략을 다룬다. 본 장에서 제시될 내용은 다음과 같다.

- 부동산상품의 이미지
- 최대의 관심을 끌기 위한 컨셉트 구축
- 부동산가격 설정

제 1 절 부동산이미지 구축

일단 시장조사가 완료되고 시장기회가 포착되고 나면 마케팅실행의 초기단계에서는 이미지 포지셔닝을 개발하는 작업을 진행해야 한다. 만약 개발 프로젝트가 대규모이고 다양한 주거형태와 여러 집단으로 구성된 종합적 커뮤니티를 대상으로 한다면 전체적 개발프로그램을 포지셔닝하기 위해 창의적인 능력을 집중해야 한다. 반면에 기존 커뮤니티 내에 속하는 소규모의 개발사업이라면 이 과정은 해당지역과 근접지역의 설계기준에 국한될 수 있다.

1. 개념의 구축

부동산사업의 전략적 계획에 있어서 핵심은 건물과 주위환경에 대한 개념을 확립하는 일이다. 소비자심리학에서는 구매결정의 주된 동기로서 자아상(self-image)을 제시하고 있으며, 이는 구매과정에서 별다른 선택대안이 있을 경우를 제외하고는 소비자는 자아개념과 부합되는 제품을 선택한다는 이론이다.

이를 부동산시장에 대입해보면, 소비자는 부동산 구매결정 시 거주장소와 거주지역이 자아상과 얼마나 유사한가를 가장 중시한다는 것을 의미한다. 예컨대, 부모로부터 독립할 나이가 되면 지금까지 부모와 살면서 가졌던 공간보다 훨씬 더 작은 주거공간이지만, 자신만의 독립적 자아상(ideal-image)을 충족시켜 주는 주거공간에 더 만족할 수 있다. 또한 소비자들은 현재의 자아상보다는 미래의 바람직한 자아상을 제품구매와 연결시키는 경향이 있다. 따라서 주거공간은 미래의 꿈을 현실화시키는 중요한 수단이 된다. 이러한 꿈은 미래 계획을 달성하기 위해 일상생활을 충실하게 보내는 원동력이기도 하다. 따라서 모든 개발사업에 있어서 마케팅전략의 수립 시 가장 기본적인 관심사항은 유망고객의 동기 및 자아상과 관련된 강력하고도 긍정적인 정체성(identity)에 중점을 두어야 하는 것이다.

소비자가 부동산상품을 선택하는 데는 커뮤니티의 주변지역, 건물디자인의 이미지 등에 영향을 미치는 모든 요소들이 작용한다. 아주 작은 요소임에도 불구하고 소비자가 인지하는 정체성 가치(identity values)를 확립하는 데에 아주 중요한 역할을 하는 경우도 많다. 표적고객의 관심과 관련된 긍정적인 가치강화이미지(value-reinforcing image)를 구축하지 않는다면 마케팅 캠페인은 실패로 끝날 가능성이 높다. 예컨대, 금전적 가치보다는 전문성이나 정신적 풍요를 더 중시하는 전문직이나 예술분야 전문가들은 지나치게 부를 상징하는 이미지에 대하여 오히려 거부감을 가질 수 있다. 따라서 이 경우 지나치게 호화로운 아파트보다는 단아한 복고풍의 구조와 정서적 느낌을 주는 주거공간이 더 효과적일 수 있다.

2. 지역이미지 구축

입지(location)는 유망고객들이 가장 중요시하는 정체성으로 주요한 고려사항이다. 고객들은 부동산을 탐색하기 전에 이 요소를 고려한다. 부동산을 탐색할 때에도 찾아다닐 만한 가치가 있다고 판단되는 지역으로 관심을 국한시킨다. 따라서 입지에 대한 모든 측면을 고려하고 표적고객에게 전달할 가치이미지를 판단해야 한다. 만약 부정적인 이미지가 있다면 이를 최소화시키거나 상쇄시키거나 정당화시켜야 한다. 부동산구매자들이 부동산이미지와 관련하여 고려하는 주된 요소들로서 다음을 들 수 있다.

- 주변의 부동산개발 상황
- 해당 지역 내 주택(건물)의 가격범주
- 학교 및 교육의 질
- 동료집단의 인식
- 지역의 인구통계적 요소
- 커뮤니티 활동과 정치적 부합성
- 수명주기 상의 이익여건

만약 주변의 이미지가 이미 잘 구축되어 있는 곳에 부동산을 개발하고자 할 경우에는 그 이미지를 잘 활용하여 안착하면 된다. 반대로 만약 주변의 이미지가 부정적인 경우에는 중대한 마케팅과제에 직면하게 된다. 즉, 새로 건축하는 부동산의 이미지를 주변의 것으로부터 격리시켜야 한다. 이는 마케팅계획의 시각적 · 심리적 요소를 창출하기 전에 결단을 내려야 하는 기본적인 전략의 한 부분이다.

부동산의 주제를 설정하고 긍정적인 시각디자인과 건축구조를 구축하는 일은 전략적 마케팅과정에서 매우 중요한 과제이다. 유망고객들에게 어떤 메시지를 전달할 것이며, 어떤 시각적 경험을 제공할 것인가? 그 지역을 선택할 때 어떤 심리적 이익을 그릴 수 있도록 해줄 것인가? 주변의 경쟁기업, 경쟁부동산상품이 부정적인 이미지를 가졌을 때 이와 별개적인 이미지를 구축하기 위해서는 어떤 이미지전략이 필요한가 등의 과제가 해결되어야 한다.

3. 부동산 브랜드 네이밍

거리를 다니다 보면 부동산이름이 아무렇게나 지어진 경우를 종종 보게 된다. 이는 마치 사람의 이름을 무성의하게 짓는 것과 마찬가지로 마케팅의 중요한 요소 중의 하나를 간과하는 셈이다. 일반상품이나 서비스의 경우 브랜딩요소로서 다음과 같은 것들이 중요시된다.

- 제품(서비스)의 특징을 암시할 것
- 발음하기 좋을 것
- 기억하기 유리할 것
- 차별화될 것
- 외국어로 번역할 경우 법적 문제가 없을 것
- 고객의 이미지와 부합될 것

이상의 조건들을 고려했을 때 좋은 이름으로, 예컨대 '까끌래 뽀끌래', '백설표 설탕'. '살로우만 햄', 'e-편한세상', '싱싱 냉장고' 등을 들 수 있다. 한편, 어떤 부동산의 경우 몇 번을 들어도 기억이 되지 않거나 그 주변의 상황, 혹은 단지의 성격 등과 전혀 일치하지 않는 경우도 많다. 외국의 경우, 예컨대 주변에 소나무가 전혀 안 보이는데 'Pine Acres'라고 짓거나, 건물 주위가 평지로만 되어 있는데 'Rolling Hills'라고 짓는 경우를 들 수 있다. 우리나라의 경우에도 정원시설이 전혀 없는데도 불고기집을 '××가든'으로, 건물 앞에 넓은 광장이 없는데도 건물이 좀 크다 싶으면 '××플라자'로 이름 짓는 경향이 있다.

또한 신규 분양되는 건물이나 아파트 등에도 고객의 입장에서 쉽게 이해되지 않거나 잘 기억되지 않는 경우가 적지 않은 것이 사실이다. 부동산명칭은 앞에서 제시된 대로 건물의 이미지와 브랜딩 조건 이외에도 주변의 특정여건과 부합되어야 한다. 기억하기 쉽고 긍정적인 이미지를 주는 이름은 표적고객의 관심을 끌고 광고효과를 증진시키며 매출을 용이하게 한다. 새로운 커뮤니티와 모델하우스에 적합한 명칭을 부여하는 것은 중요한 일이다. 이름은 소비자에게 기억회상을 도와주며 개발사의 이미지 구축을 지원한다. 나아가 숫자보다는 이름을 사용하는 것이 감정적인 반응을 일으키기가 훨씬 쉽다. 예컨대, 잠재고객들은 'plan 2103'보다는 'Hi Seoul'을 더 잘 기억한다.

이름은 매력적이고 정확한 이미지를 전달해야 한다. 개발사들은 산이나 숲, 강, 언덕 등 실제 이외의 건설환경에 기초하여 이름을 짓기도 한다. 또 어떤 업체들은 낭만적이거나 역사적인 테마(예 : '경희궁의 아침', '용비어천가' 등)를 사용하기도 한다.[1] 다음은 커뮤니티나 주택의 이름을 지을 때 고려해야 할 몇 가지 규칙이다.

① 일관성

이름이 일단 선정되면 어떤 의미에서 개발사는 커뮤니티의 테마를 선택한 셈이다. 이와 반대로 만약 커뮤니티의 이름이 이미 지어져 있다면, 모델하우스의 이름은 기존의 테마와 연계되어야 한다. 테마로서 역사적 사실, 경계의 표시, 지형 등 어떤 것을 사용하든 일관성은 이러한 이미지를 강화시켜 줄 것이다.

② 단순성

이름은 기억하기 쉬워야 한다. 긴 이름보다는 한두 개 단어가 로고와 결합하기 용이하므로 더 좋다. 발음하기 어렵거나 잘 안 쓰는 외래어 등은 피해야 한다. 마케팅전문가들은 외국어를 유창하게 말하면 좋지만, 대부분의 고객들은 그럴 필요가 없다. 사람들은 특히 발음하기 어려운 단어에 대해 불편한 마음을 느낀다. 잠재고객들로 하여금 인지 상에 불편함을 느끼지 않도록 모든 조치를 강구하는 것은 마케팅의 기본이다

③ 개인성

커뮤니티는 어느 곳이든 경쟁사들과 무언가가 달라야 하며, 이러한 차별성이 이름에 곧바로 반영되어야 한다. 개발사는 타사들이 이미 사용 중인 이름을 사용하지 않기 위하여 지역 신문들을 잘 점검해야 한다. 이름을 잘 짓기 위한 영감의 원천으로 지역 외부 신문의 부동산 섹션을 들 수 있다.

1) 경우에 따라서는 시공사보다는 커뮤니티나 건물(아파트)의 브랜드파워를 강화시킬 수도 있다. 이의 극단적인 예로서 의도적으로 시공사를 알리지 않고 브랜드만을 내세울 수도 있다. 이를 브랜드 포커싱 전략(Brand focusing strategy)이라고 한다.

커뮤니티의 이름이나 로고를 선택할 때에는 멈춤(stop), 주목(look), 경청(listen)의 원칙을 다루는 것이 유용하다.

- 이름은 사람들이 보기 위해 멈추고(stop) 주목할 정도로 충분히 특이해야 한다.
- 이름은 보는 사람들이 기억하고 상징하는 바를 이해하도록, 충분히 흥미를 돋우는 것(look)이어야 한다.
- 이름은 듣기 좋아야 한다(listen).

만약 이름을 불렀을 때 개발사들에게 느낌이 잘 전달되지 않는다면 잠재고객들에게도 제대로 잘 인식되지 않을 것이다.[2)]

2) "브랜드는 명사가 아니고 동사다. 애플은 반대하고 IBM은 해결하고 나이키는 설득하고 소니는 꿈꾸고 베네통은 저항한다." (TBWA. CEO, 장 마리 드루)

국내 아파트 브랜드 중에서 최상류층의 이미지를 부각시킨 예로서는 리첸시아, 메가트리엄, 로얄팰리스 등이 있다. 한편, GS의 자이와 현대산업개발의 I-park는 첨단기능을, 꿈에그린, e-그린타워,

표 6.1 ▸ 아파트브랜드들의 차별적 가치의 예

브랜드명	약속한 차별적 가치
롯데캐슬	-도시형의 고급아파트, 최고의 프레스티지공간 -당신이 누구인지 말해주는 주거공간
GS자이	-능력과 세련된 이미지로 남보다 한 발 앞선 사람들이 선택하는 첨단의 고급아파트
삼성래미안	-디지털 미래공간(來), 아름다운 공간(美), 안전한 공간(安) -자부심이 남다른 아파트
대림 e-편한세상	-인터넷아파트, 편리하고 편안한 아파트 -가족이 행복한 아파트, 세심하게 소비자를 배려한 아파트
현대 I-Park	-Innovation의 이니셜인 I를 상징화해 기존아파트 개념 혁신 -Park는 사람들이 가장 편안한 상태에서 문화를 누릴 수 있는 공간
현대 홈타운	-현대건설의 신뢰도가 가족적인 주거공간 -인간 중심의 휴머니티 아파트

자료 : 신종칠(2004)

푸르지오 등은 환경친화를 강조하고 있다. 앞의 표는 아파트 브랜드들의 포지셔닝 예이다(표 6.1 참조).

4. 낭만적인 분위기의 조성

인간은 물리적인 주변환경의 영향을 받는다. 또한 우리의 시각을 자극하는 환경에 본능적으로 반응하며, 웰빙 조건에서 살고 싶어한다. 도시의 무미건조한 회색빛 생활보다는 개방적인 녹색공원과 같은 공간은 우리의 삶을 이완시켜 주고 시각적으로 안정감을 주며 주거공간으로 항상 환영받는다. 아스팔트, 시멘트, 주차장, 복잡한 건축물 등은 전혀 아름답지도 인간적이지도 않다. 반면에 사람은 나무, 꽃, 호수, 산, 들판과 같은 자연환경을 애호한다. 이러한 사항은 이미 국내 부동산시장에서 널리 인식되고 있는 상식에 속하므로 이 정도로 줄이고자 한다.

단, 부동산마케팅의 선도자들은 이 정도의, 즉 경관과 내부 장식 등 현지 마케팅중심의 전략을 뛰어넘어야 할 것이다. 인간은 소리로 들은 내용보다 직접 본 것을 더 믿고 기억하며 이에 반응한다. 따라서 인테리어 머천다이징 프로그램은 감각적 요소를 더 강조해야 한다. 각 모델하우스에는 방향제를 사용하고 표적고객의 취향에 맞는 배경음악을 부드럽게 깔아주어야 한다. 외부에는 잠시 휴식할 수 있는 공간을 두어 고객들이 추후 이곳에 거주하면서 즐길 수 있는 경관을 상상 속에 그릴 수 있도록 해야 한다. 이러한 것들은 마케팅에서 전체적 접근(holistic approach)이라고 부른다. 즉, 생활에 낭만적인 측면을 강조하여 감성에 호소하는 방법을 부동산마케팅에서 중시해야 한다.

제품이나 서비스를 구매할 때에 소비자들은 합리적인 구매보다는 감성적인 구매를 하는 경향이 있다. 즉, 감성에 따라 구매한 후 나중에 사실로 합리화한다. 이것은 부동산구매의 경우에도 마찬가지이다. 표적고객들이 감성적으로 자극을 받아서 그 지역에 안주하고 싶도록 전략을 세우는 것이 필요하다.

5. 안전성과 개인생활보호

건물 등 주변건설을 디자인할 때 개발사의 마케팅책임자는 안전성과 개인생활보호(privacy)에 대해 특별히 주의해야 한다. 농촌보다 도심지역에서 이러한 요소가 훨씬 더 중요하다. 특히, 도시의 고밀도 주거지역은 그 과밀성 때문에 개인생활보호보다는 안전성이 더 중요하다. 안전벽, 안전 출입문, 경비초소, 외등시스템, 전자경보장치, 이동순찰차량 등은 일반적인 안전프로그램들이다. 설계사들은 주택환경이 심리적으로나 물리적으로 안전하다고 느껴지도록 하는 방법을 찾아야 한다.

개인생활보호는 물리적 안전을 넘는 다른 차원의 고려사항이다. 설계 및 마케팅차원에서 볼 때, 보통 다음과 같이 세 가지 측면에서 개인생활보호에 관심을 가져야 한다.

- 사회적 측면
- 소음 측면
- 시각적 측면

사회적 측면의 개인생활보호는 사람과 공간 관계에서 미묘하고도 중요한 문제이다. 인구가 밀집된 지역은 사람들에게 무언가 부정적인 감정을 느끼게 한다. 만약 고밀도의 대규모 커뮤니티를 건설해야 할 경우에는 개인의 사생활을 침해하는 느낌을 감소시키기 위해 특별한 마케팅노력을 기울여야 한다.

소음은 부동산구매자들이 중요시하는 또 하나의 점검요소이다. 지나친 소음은 생활의 질을 떨어뜨리고 개인적 생활을 침해한다. 벽이 매우 얇은 아파트의 경우 심리적으로 문제를 야기한다.

시각적 측면의 개인생활보호는 주변의 거주민들에게 노출되지 않은 상태에서 자신의 내부공간과 외부공간을 사용할 수 있도록 설계해야 함을 뜻한다.

최대의 관심을 끌 만한 컨셉트 만들기 제2절

1. 개발사 이미지

개발사의 전반적인 마케팅 메시지는 모든 마케팅 커뮤니케이션 활동에 스며드는 강력한 이미지에 기반을 두어야 한다. 로고나 브랜드명, 이미지 지원자료들은 개발사가 외부에 알려지게 되는 항구적인 식별의 심볼이다. 이미지를 창출하는 작업은 그래픽전문가, 사업지의 상품기획자, 광고대행사 또는 PR회사들의 도움을 받아 개발사가 해야 할 일이며, 이에 참여하는 기업들은 모두 이 분야에서 최고로 잘 식별될 수 있는 로고와 부수적인 자료들을 제작해야 한다.

(1) 로고디자인

기업이나 지역의 로고는 촉진자료의 동질성을 구축하고 식별시키며 광고를 촉진하고 시각적으로 즉각적인 인식을 가능케 해준다. 또한 로고는 용도가 많으며 흔히 광고, 명함, 사무용품, 정보센터 그래픽, 브로슈어, 판촉물 등에 사용된다. 시간이 지남에 따라 소비자들은 로고의 인식에 기초하여 개발사나 커뮤니티에 대한 시각적 동질성을 갖게 된다. 따라서 로고 사용의 핵심은 일관성이다. 로고는 개발사가 소비자에게 전달하는 모든 시각적 형태에 정확하게 동일하게 나타나야 한다. 로고는 장기간 지속적으로 사용되므로 개발에 상당한 노력을 경주해야 한다. 가능한 한 최고형태의 로고를 얻기 위해서 개발사는 다음의 지침에 따라야 한다.

① 명확성

소비자들은 로고를 분석하거나 읽지 않는다. 그래픽 로고는 소비자들의 눈과 마음에 거의 동시에 인식된다. 따라서 로고는 일종의 시각적인 '속기(shorthand)'이므로 명확하고 단순해야 한다.

② 유연성

로고는 모든 크기의 광고물과 외부 표지판, 판촉물 등 다양한 형태의 자료에 활용되게 된다. 따라서 매우 작은 크기로 나타날 때는 특히 명료해야 한다. 브로슈어 표지나 분양사무실 그래픽에서는 굵고 아름답게 보여야 한다. 로고를 디자인할 때 마케팅 팀은 여러 가지 필요를 충족시킬 수 있는 디자인이 가능하도록 다양한 용도를 반드시 고려해야 한다.

③ 색 상

색상을 선택할 때 반드시 표적시장을 염두에 두어야 한다. 예컨대, 인간 수명주기 중 텅 빈 보금자리(empty nester)[3]에 속한 시장은 밝은 색보다는 좀더 전통적인 색상을 고려할 것이다. 반면에 최초 구매자들은 보다 더 밝은 색을 선호하게 된다. 여러 세분시장을 목표로 하는 경우 색상은 어떤 세분시장에게도 부정적인 이미지를 주지 않도록 선택하여야 한다. 로고 자체와 마찬가지로 로고의 색상도 여러 가지 마케팅도구에 적합한 것이어야 한다.

3) 성년의 자녀를 모두 출가시킨 장·노년의 부부가족

④ 비용효과성

개발사가 로고를 제작할 때 전반적인 광고예산을 염두에 두어야 한다. 로고를 흑백으로 잘 제작하는 것도 좋다. 1, 2색도 정도의 로고는 사무용품이나 판촉물 제작 시 비용이 덜 들게 된다. 또한 호화로운 표면은 첫 인상에는 좋으나 명함이나 브로슈어 커버 제작 시 비용효과성문제가 발생할 수 있다.

⑤ 표본로고

다음 그림은 읽기 쉽고 신문에 올리기 쉬우며 여러 가지 용도에 적용하기 쉬운 공동체 로고이다.

이러한 예는 커뮤니티 로고뿐만 아니라 기업 로고로도 적합할 것이다.

이는 롯데캐슬의 주상복합 이미지를 경영철학 및 기업의 이미지와 조화롭게 구성하여 고객의 마음에 깊이 인지될 수 있도록 하였다. 지속적인 이미지 부응을 위하여 단순하면서도 고급스런 색상과 디자인을 고려하였다.

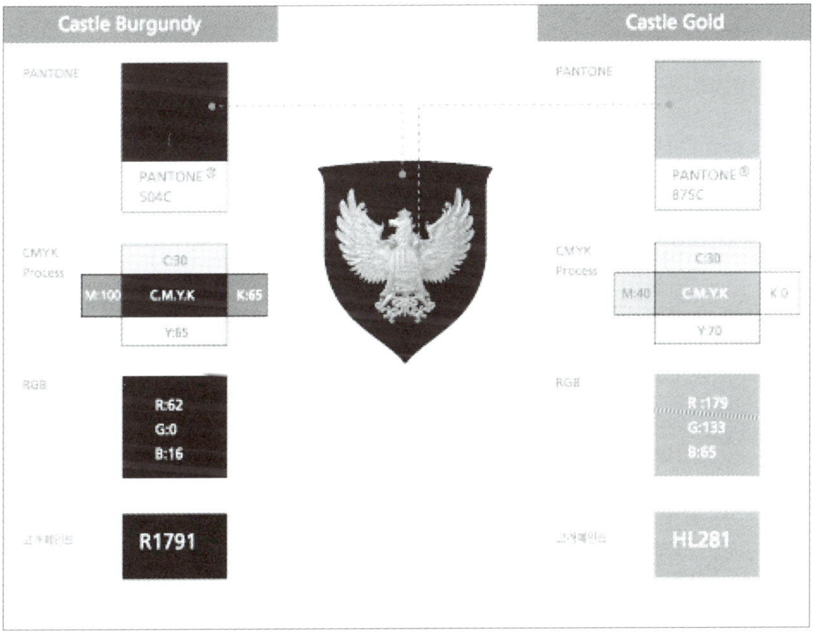

▲ 롯데캐슬 브랜드의 다양한 모양과 색상표

앞의 롯데캐슬 브랜드 이미지 및 로고는 롯데의 기업철학과 경영철학을 바탕으로 창조되었으며, 이는 자연스레 상품 컨셉트와 연결되어 로고 및 브랜드로서 기업이미지를 제고하고 상품의 브랜드 가치를 창출하고 있다.

상품의 컨셉트를 이루는 근본정신을 정립하고 이에 맞는 상품을 출시하는 과정으로서 일련의 이러한 과정들을 일관성 있게 진행하고 있다.

(2) 신뢰메시지 구축(builder credibility message)

개발사의 신뢰메시지는 흔히 개발사의 성공적인 과거 실적을 강조하기 위해 제작된다. 여기에는 건설사 자체 혹은 과거에 지은 건물들의 사진이 포함될 수 있다. 다음은 미국 및 국내(자이)의 간략한 메시지의 예이다.

> "XX사의 혁신적인 커뮤니티 계획과 흥미로운 신주택 설계는 XX사와 전국적으로 저명한 설계사, 지역개발 계획기관 및 마케팅전문가들에 의해 실시되었습니다.
> 데니스, 테리 그리고 개리 닐은 주택과 상업용 부동산에 63년 이상의 경험을 갖고 있습니다. 그들은 두 세대에 걸친 Neal 가문으로 Dealware의 New Castle Country에 훌륭한 건물을 제공하고

있습니다.
Neal 가문은 1958년 Alton F. Neal에 의해 10명으로 설립된 회사입니다."

Xi 자이

2002년 9월 탄생한 자이(Xi)는 '앞선 사람들이 선택하는 고품격 아파트' 입니다. 앞선 사람들이 선택하는 고품격 아파트 자이(Xi)는 단순한 주거공간으로써의 아파트일 뿐만 아니라 사람을 담는 그릇이라는 기본원칙을 바탕으로 앞으로 우리가 만들어가야 할 문화도 함께 제시합니다.

자이는 eXtra intelligent(특별한 지성)의 약자로, '앞선 사람들이 선택하는 고품격 아파트' 를 말합니다. 앞선 사람들은 남다른 생각과 삶의 방식을 통해 사회를 이끌어가는 선구자이며, 자유로운 사고로 삶의 여유를 중시하는 사람입니다.

가격전략 제 3 절

1. 가격전략의 개요

최근 추세를 보면 국내 부동산 개발업계에서 가격책정문제가 쉽지 않은 과제인 듯하다. 일반적인 마케팅이론에서는 원가중심법, 경쟁중심법 및 수요중심법 등 몇 가지의 가격결정방법이 있다. 원가중심법은 문자 그대로 부동산개발 및 건설, 분양에 따른 제반 비용을 중심으로 가격을 책정하는 것이며, 비용에 어느 정도의 마진을 추가하여 가격을 설정한다. 경쟁중심법은 경쟁사들의 가격을 기준으로 설정하는 것을 말하며, 보통 경쟁사보다 약산 너 낮거나 동등하게 가격을 책정하는 방법을 말한다. 수요중심법은 가격대별로 시장수요가 어떻게 달라질 수 있고 수요자가 느끼는 실제 가치(value)가 어느 정도인지를 파악하여 가격을 책정하는 것이다.

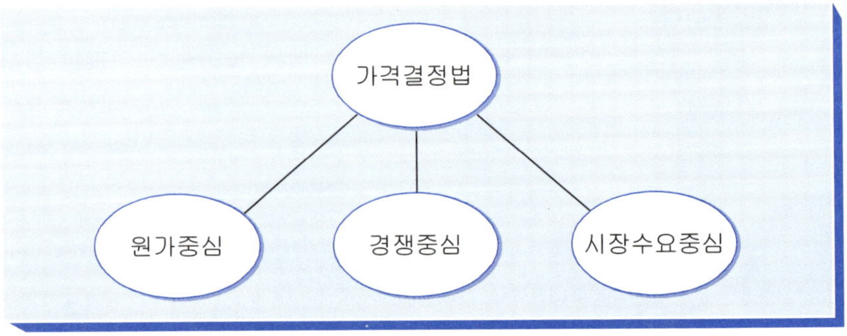

만약 가격변화에 따라 부동산매출량을 추정할 수 있다면 계획된 기간 내의 손익을 최대로 실현할 수 있는 가격을 정할 수 있다. <표 6. 2>에서 보듯이 수입이 최대인(900,000) 가격은 3,000이지만 이익이 최대(625,000)로 실현되는 가격은 3,500이다.

표 6. 2 ▸ 다양한 가격의 공헌이익

단위가격	매출량(개)	수 입	비 용	공헌이익
1,000	600	600,000	600,000	0
1,500	500	750,000	500,000	250,000
2,000(초기)	400	800,000	400,000	400,000
2,500	350	875,000	350,000	525,000
3,000(최고수입)	**300**	**900,000**	**300,000**	**600,000**
3,500(최고이익)	**250**	**875,000**	**250,000**	**625,000**
4,000	200	800,000	200,000	600,000
5,000	100	500,000	100,000	400,000

자료 : 박치관 외(2001)
에서 일부 수정

일반적으로 가격의 결정절차는 다음과 같이 도식화할 수 있다.

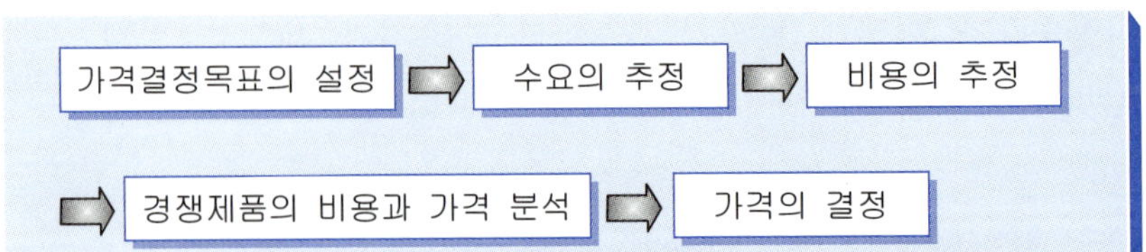

<자료 : 이학식(2004)>

(1) 가격결정 목표설정

가격목표의 설정은 그 목표에 따라 가격전략이 달라지기 때문에 가장 우선적으로 실행되어야 한다. 이때의 목표는 기업의 존속(극심한 경쟁, 불경기, 유동성위기 등), 단기이익 극대화, 시장점유율 제고, 초기이익 극대화, 품질선도 등이 있다. 이러한 목표에 따라 다음과 같이 가격을 결정한다.

- 시장점유율 제고 : 침투가격전략[4)]
- 신제품 도입 후 초기이익극대화 : 초기 고가전략[5)]
- 제품품질 선도 : 고가전략

(2) 수요추정

수요의 추정은 과거 수요추세분석, 시장조사 및 수요예측을 통해 가격의 변화에 대한 수요를 평가한다. 아울러 수요의 가격탄력성을 측정하여 가격에 반영한다. 예컨대, 수요의 가격탄력성이 큰 상황에서는 저가격으로 수요를 대폭 증가시킬 수 있다.

(3) 비용추정

비용의 추정은 부동산상품의 개발, 건설, 분양에 이르는 모든 단계의 고정비와 변동비를 감안하여 실시한다. 생산량의 증가에 따라 평균비용이 감소(규모의 경제)하며, 부동산 판매가격과 원하는 마진을 미리 결정한 후 이에 따라 투입된 표적비용을 결정할 수도 있다.[6)]

(4) 경쟁제품의 비용과 가격 분석

경쟁제품의 비용 및 가격의 책정과 변화를 고려하여 자사 부동산의 가격결정에 참고하는 단계이고, 국내에서도 가격결정 시 인근 경쟁부동산 분양가 및 시세를 반드시 고려하고 있다. 자사 부동산

4) 침투가격(penetration pricing)은 시장침투를 위해 저가전략을 사용하며 가격민감도가 높은 경우 유효하다.
5) 초기 고가정책(initial skimming pricing) : 경쟁자가 적은 시기인 신제품 출시 초기에 초고가전략을 구사하며 가격민감도가 낮은 시장에서 유효하다.
6) 이를 표적비용법(target costing)이라 한다.

상품이 경쟁부동산의 품질보다 우수할 경우 혹은 브랜드 파워를 형성하였을 경우 더 높은 가격을 책정할 수 있다.

(5) 가격결정단계

이상의 모든 단계를 통해 최종적으로 가격을 결정하며, 특히 앞에서 본 고객의 수요, 비용 및 경쟁자의 가격을 주요 요인으로 한다.

(6) 가격결정전술

가격결정전술로는 다음과 같은 것들이 있다.

- 수량할인 : 여러 개를 구입 시 가격할인
- 소비자지각 가치기준 : 소비자가 지각하는 가치에 따라 최적 가격결정
- 의도적 고가격 : 가격과 품질의 연상을 이용하여 의도적으로 고가결정(예 : premium brand가격)
- 로스리더(Loss leader) : 이미지 개선과 타 제품판매를 위하여 특정 제품을 원가 혹은 원가 이하로 판매
- 단수가격(Odd pricing) : 가격을 낮게 인식시키고자 단수가격 책정
- 장기계약할인 : 기간에 따라 할인가격 조정
- 보상판매(trade in allowance) : 고객이 보유 중인 기존제품을 구입하여 주고 가격에서 차감(보상가격)
- 가격선(price line) : 고객이 받아들일 수 있는 가격대를 조사하여 그 범주 내에서 책정

개발사업에 있어서 가격을 책정하고 최대의 이익을 취하는 일은 단순히 몇 퍼센트의 가치를 공식적으로 산출하는 문제가 아니다. 경직성 비용, 운용비 및 이익목표 등을 설정해야 하는 것은 사실이지만, 각 부동산의 가격은 커뮤니티에 대한 가치인식에 영향을

미치는 제반 변수들을 감안해야 한다.

개발 초기에 시장지향적인 가격전략의 중요성을 충분히 인식하지 못한 개발사들은 결국 손해를 보는 경우가 많다. 대체로 이익을 창출하기 전에 기본적 간접경비를 감당하기 위해 매년 최소한의 매출을 달성해야 한다. 대지 개발의 경우에는 대부분의 이익이 마지막 20~30%의 단계에서 생성되는 것이 정상이다.

합리적인 이익률은 어느 정도일까? 혹자는 '시장이 감당할 수 있는 정도'라고 말할 수 있다. 이런 견해도 일리는 있다. 왜냐하면 시장에서 제품의 생산비보다 판매비가 더 높은 경우가 많기 때문이다. 미국의 부동산시장에서 정상적인 경우 부동산개발사가 취하는 목표이익의 범위는 총판매가격의 10~15%이다(부록 1 참조). 부지개발이익과 건설이익은 가급적 분리하는 것이 좋다. 개발사는 부동산 구획정리와 기획사업으로부터 가치를 창출한다. 만약 어느 부지에 대해 건설준비를 완료했다면 부지개발이익은 그 지역에 투자하는 모험자본에 대한 적절한 투자이익률을 반영한 부가가치를 기반으로 한다. 부지개발은 같은 규모의 주택건설사업의 경우보다 훨씬 더 많은 이익을 창출하는 것이 보통이다.

개발사 또는 건설사들이 모두 부동산 비즈니스라는 자본집약적 산업에서 상당한 리스크를 부담하고 적절한 가치를 창출한다고 해서 모두 이익을 발생시키고 있다고 보기는 어렵다. 마케팅적 관점에서 볼 때 만약 가격과 지각가치(perceived value)가 소비자의 수용을 증가시킬 수 있도록 전략적으로 수립되었다면 이익을 창출하기가 훨씬 쉽다.

마케팅부서에서 부동산가격을 결정하는 데 최종적인 책임을 지는 경우는 별로 없으나, 가격결정에 중요한 영향을 미친다. 기본적인 가격설정원리를 고려하지 않는다면 전체사업은 매우 어려워질 것이다. 조직적으로 잘 정비된 부동산 건설사 및 개발사의 경우 가격전략은 관리부서를 돕는 여러 기능과 마케팅부서의 협력에 의해 수립된다. 회계부서, 생산부서장, 재무관리자, 최고경영자 등은 가격을 결정하기 전에 마케팅적 관점을 가져야 한다. 그 목적은 성과 지향적 전략이며, 다음과 같은 핵심적 요소를 고려해야 한다.

① 시장 타당성 분석에 기초하여 특정 시간 내에 동 사업이 달성할 수 있는 적합한 침투율(penetration rate)
② 매출총규모와 관계없이 이 지역 내에서 개발·건설사가 달성할 수 있는 최대생산율 혹은 희망생산율. 시장기회는 특정 회사가 충족할 용량을 초과하는 것이 보통이다.
③ 소비자의 시각에서 본 부동산의 경쟁적 위치. 일반대중이 가격과 구매조건에 호의적으로 반응할 수 있도록 인식가치지표(perceived-value index)를 사용하는 것이 좋다.
④ 간접경비와 부동산개발계획을 완성함에 있어 사전 계획된 시간 내에 발생해야 할 총매출액
⑤ 총사업에 대한 개발사 및 건설사의 총이익 및 순이익목표. 이때 공동투자자들의 기대사항을 감안해야 한다.

이러한 다섯 가지의 핵심적 결정요인들에 대한 진지한 평가과정이 없이 가격계획을 수립하는 것은 큰 실패를 초래하기 쉽다. 또한 과잉기대로 인해 크게 실망할 수도 있다. 가격결정 시에는 개발·건설사의 이익보전을 확실히 해야 하지만, 때로는 다른 부동산상품에서 더 큰 이익을 창출하기 위해 어떤 부동산사업지에서는 원가 이하로 판매할 수도 있다. 부동산 비즈니스에서 기본적인 가치는 건물이 아니고 부지에서 나온다는 점을 인식해야 한다.

2. 가격의 적정범주

새로운 커뮤니티를 기획하는 단계에서 반드시 내려야 할 초기 결정사항 중 하나는 실제적이고 시장성 있는 가격범주문제이다. 주어진 건물주변환경 내에서 최소가격과 최대가격의 차이는 얼마나 되어야 하나? 바로 근접한 지역에서 상당히 저렴한 가격의 부동산이 존재한다면 고가격대의 부동산 가격을 어떻게 처리해야 하나? 특정가격전략을 추구할 경우 커뮤니티에 대한 일반대중의 평가는

어떻게 나타날까?

이러한 내용은 그냥 지나칠 문제들이 아니다. 기본적 가격대로 결정된 결론은 부동산사업 전체에 대한 소비자의 인식에 중요한 영향을 미친다. 여기에는 부동산이미지와 부동산가치문제가 관련된다. 예컨대, 거주 중인 아파트의 가격은 거주자의 생활수준을 반영한다. 거주자의 자아상과 성공 및 부동산가격 간에는 직접적인 상관관계가 존재한다. 노련한 부동산전문가 및 평가자들은 과도한 시설과 경제적 진부화의 문제를 잘 알고 있다. 주변가격이 높게 책정되어 있는 지역시장에서 이보다 낮은 가격대의 부동산판매는 그 반대의 경우보다 훨씬 더 판매하기가 용이하다. 주변시세가 6억 원인 경우 5억 원대의 아파트는 주변의 가격대 때문에 그 이상의 가치가 있다고 인정될 수 있다.

새로운 커뮤니티에 부동산 건설업을 착수할 때 우선해야 할 일은 유치할 고객의 프로필을 분석하는 것이다. 또한 가격대나 제품특성을 결정하기 이전에 침투율 달성을 확실히 하기 위하여 유망고객을 확보하여야 한다. 합리적이고 시장성 있는 가격대는 얼마인가? 이에 대한 대답은 다음과 같다. "현지 시장(고객)의 태도와 과거 수용 가능한 가격범위에 달려 있다. 그러나 경험에 따르면 몇 가지 실질적인 지침이 있다."

현지 고객의 사회경제적 측면의 프로필을 보면 그들이 특정 가격대에 대해 편안하게 느끼는 범위가 있다. 일반 마케팅이론에서는 이를 가격선(price line)이라고 부르는데, 이 가격범주 미만(하향선)인 경우는 좋은 상품으로 인정되지 않는 경향이 있으며, 상향선을 초과하는 경우에도 구매 저항에 직면하여 그 초과가격에 대하여 별도의 이유제시가 필수적으로 있어야 한다. 또한 같은 소비자라도 몇 년 후에는 더 좋은 이웃을 의식하며 다음 거주지를 결정할 때는 보다 더 좋은 집에서 살고 싶어한다.

가격결정 시 주변의 건물들을 분석하고 그 지역의 사회적 기대와 표적고객들의 정체성과 의식에 따라 가격범위를 설정해야 한다. 건축과 가두외관(street scapes)을 조화롭게 함으로써 부동산의 가격범위를 잘 유지해야 한다. 가격범위와 상관없이 설계된 커뮤니티의 외양과 외부디자인은 일반인들의 인식에 큰 영향을 미친다. 일반 승강기와는 달리 디자인이 우수한 승강기는 흔히 보는 박스형 승강기보다 훨씬 더 큰 차이를 가진 것처럼 보일 수 있다.

만약 표적시장이 고급계층 구매자일 경우에는 가격의 조절을 엄밀하게 통제해야 한다. 이러한 고급주택 거주자들은 자신의 사회경제적 기준에 부합된다고 생각하는 범위가 있으며, 어떤 기준 이하에서는 투자의 효과에 대해 진지하게 고려하게 된다. 주택이나 아파트를 구매할 때 고객들은 가치관과 라이프스타일을 중시하여 구매하는 경향이 높아지고 있다. 예컨대, 소속자(belonger)형 라이프스타일을 가진 사람은 성취자(achiever)형 라이프스타일을 가진 사람과는 다른 환경을 추구한다.

3. 매출속도에 영향을 주는 가격결정

개발사나 건설사의 입장에서 새로운 커뮤니티나 지역에 처음 진입할 경우 매출을 촉진시키거나 바람직한 활동속도를 얻는 데에 초점을 두고 가격전략을 세울 수 있다. 예컨대, 분양대상 부동산이 많은 경우에는 단계적 전략(phasing strategy)을 사용하는 것이 좋다. 또한 건축 이전 혹은 분양개시일 이전에 마케팅계획을 수립하여 모델하우스를 오픈하거나 중요 이벤트 등 본 마케팅활동이 개시되기 전에 수많은 판매달성을 위한 사전 마케팅계획을 수립해두는 것이 좋다. 만약 유망고객들에게 다른 사람들보다 더 빨리 구입하는 것에 대한 보답으로 가격 상의 이익을 준다면 고객들은 혜택을 받는다고 생각할 것이다. 보통 완공 전 3~5% 정도 저렴한 가격이라면 충분한 추진력이 될 수 있다. 만약 각 가격수준에서 판매할 건물이나 부지의 수를 제한한다면 분양개시일 이전에도 쉽게 가격을 인상할 수 있다.

매출활동을 빨리 시작하는 것은 마케팅목표 중의 하나이다. 그러나 부동산을 너무 빨리 판매함으로써 추가적으로 얻을 수 있는 이익을 얻지 못할 수도 있다. 개발사나 건설사는 분양 개시일에 다 팔리는 사업에 익숙해있으나, 이 경우 결국 손해를 보게 되거나 그들이 원하는 가격대로 매출을 성취할 수 없을 수도 있다. 이는 초기에 모두 판매됨으로써 매출액이 너무 작거나 혹은 건축비용이 예상보다 훨씬 더 커질 경우도 생길 수 있기 때문이다.

생산일정, 자금융통과 계약절차 등 비용에 대하여 강력한 통제권을 가지고 있지 않다면, 소비자가 개발사나 건설사의 이익을 결정하고, 개발사나 건설사는 가격을 조정할 기회를 얻지 못하는 비효과적인 환경에 놓이게 된다. 판매속도, 이익, 가격결정방식 간의 합당한 균형을 유지하도록 힘써야 한다. 특별가격으로 판매하는 부동산의 숫자나 비율을 제한함으로써 의사결정자들은 결과를 점검하고 바람직한 추진력을 유지하기 위한 중간조정을 할 수 있다.

앞에서 잠시 서술하였지만 미국에서는 가격전략으로서 loss leader 전략(손실유도품)을 사용하기도 한다. 이 원리는 커뮤니티 내에서 총매출 증대를 촉진하기 위하여 소량의 부동산물건을 원가 내지는 이하의 가격으로 판매하는 것이다. 이 전략은 개발사업의 중요성이 큰 경우 매출을 촉진하고 시장에서의 지위를 신속하게 확보하기 위한 것이다. 이는 일반제품의 경우 많은 소매점에서 고의적으로 소수의 제품에 손해를 보거나 원가 정도의 가격으로 판매함으로써 고객을 유인하고 여타 상품의 판매로 손실을 보전하는 전략과 유사하다.

가가이 주택이나 건물, 사업지에 개별 가격을 부여하여 비교가 되도록 한다. 새로운 커뮤니티에서 판매율 및 이익에 영향을 미치는 중요한 변수는 개별 사업지에서의 가격결정이다. 특별가격이나 공제가격을 지원하기 위한 소규모의 대지는 별로 없으나, 대부분의 토지 구분은 각 위치별로 가격차이를 발생시킬 수 있다. 개발사나 건설사들이 제공하는 주택의 가치를 판단하는 방법의 하나는 완공 후 3~4년에 해당 주택의 판매예상가를 조사·추정해보는 것이다.

일반인들은 더 넓은 집, 나무가 많은 곳, 조망이 특히 좋은 집

혹은 기타 가치가 높은 집에 대해 즉시 그 가치를 알아보고 기꺼이 돈을 지불하려 한다. 따라서 마케터가 성공하려면 다음과 같은 질문을 사전에 던져보는 것이 기본적인 과제이다. “미래의 시장에 나타내야 할 잠재적 가치인식은 어떤 것인가?” 그런 다음에는 이러한 인식을 잘 활용하여 건설사로 하여금 이익을 증대하고 분양률을 높이도록 도와주는 것이 마케터의 역할이다. 신중하게 각 사업지를 연구하고, 조망(view)으로부터 개인생활(privacy) 보호까지 모든 것을 잘 비교하는 점검표를 사용하여 높은 가격할인을 적절히 확립한다면 투자이익률과 분양률을 높일 수 있다.

마케터는 개발사와 건설사들의 목표이익, 부지 양도의 불확정요인, 현금흐름요구 정도, 개발 관련문제 등에 대해 사전에 알고 있어야 한다. 이러한 요소들이 최종결과와 총이익에 미칠 영향을 모르고 가격을 결정하는 것은 마치 목표지점을 모르고 항해하는 것과 같다.

장기간 소요되는(보통 3년 이상) 커뮤니티 개발의 경우 다르게 고려해야 할 사항이 있다. 즉, 마케팅전략과 이익 측면에서 재판매시장은 무엇을 해야 하는가 하는 문제이다. 미국의 경우 재판매시장의 경쟁으로부터 어려움을 겪는 개발사들이 많다. 새로운 부동산 판매에 대한 장애요소는 개발사가 아니라 새로운 부동산물건보다 더 싸거나 유사한 가격이 책정된 2~3년 전에 지어진 주택이다. 똑같은 부동산에 대해 기존 주위 사람들에게는 낮은 가격으로 판매하면서 신규 구매자에게 더 높은 가격을 부여한다면 고객을 납득시키기가 어렵다. 새로운 부동산들에 새로운 보증과 몇 가지 특색을 추가하였다 하더라도 인근에서 이를 인정해주지 않는다면 개발사가 그 가치를 정당화시키기 어렵다.

다음 표에서 각 칸에 1점에서 10점까지 점수를 부여할 수 있다. 총점은 각 대안별 점수를 나타낸다. 마케팅의 기본목표 중 하나는 (특히, 마케팅기간이 너무 길어 동일 부동산 간에 경쟁해야 하는 경우) 이러한 가치들이 모든 단계에서 그리고 시장이 허용하는 한 꾸준히 창출되고 증진될 수 있는가를 점검하는 것이다.

부동산상품의 가치평가 ◂ 표 6.3

부지 번호	규모	조망	건축성	개인생활 보호	(쾌적성)	안전성	명성	나무	총점

이는 왜 시장의 최고점에서 출발하거나 혹은 추가매출 발생 시 가격상승의 여지가 없이 건설사업을 착수해서는 안 되는지를 설명해준다. 국내의 경우 부분적으로 어려움이 있겠지만, 각 건설 국면마다 가격을 인상할 수 있는 사전계획 및 전략을 세워 두는 것은 공공의 신뢰를 높이고 꾸준한 판매를 보장하는 최선의 방법이다. 개별적인 부지에 대한 가격결정은 이러한 목표를 달성하는 방법 중 하나이다. 오랫동안 인플레이션을 겪지 않았다면 건축비를 대폭 인상하는 것은 정당화시키기 어렵다. 부지가격, 분양 전 가격, 특별공제, 계획된 삭감 조정 등을 감안함으로써 일반적인 시장조건과 다른 별도의 내적 가치를 형성할 수 있다. 즉, 경제적인 혼란 속에서 한 섬처럼 있는 것도 때로는 필요하다. 싸움에서 지는 편에 속해서는 거의 이길 수 없는 것이다.

부동산가치와 이익을 보전하는 더욱 좋은 방법 중 하나는 새로운 디자인을 도입하고 더 재미있는 모델과 쾌적시설을 보강하는 것이다. 한 가지 머천다이징에 오랫동안 머물러 있는다면 스스로 경쟁을 창출시키는 셈이 된다. 자동차산업의 경우 이러한 계획적 진부화(planned obsolescence)전략을 잘 활용하고 있다. 새로운 디자인은 기존의 디자인을 진부한 것으로 만든다. 과거의 것에 불만을 품게 하는 것은 새로운 것을 사게 만드는 기본적인 마케팅전략이다. 최소한 18~24개월 정도에 한 번씩 모델을 추가하거나 변화시켜야 한다. 시장에서 입증된 선두기업일지라도 새로운 모델을 한두 개씩 추가하는 것이 바람직하다.

한편, 건설사나 시행사들이 원하든 원치 않든 부동산 감정평가기관들은 가격전략 결정에 중요한 역할을 담당한다. 그들은 비용산출 포맷이나 비교자료 및 수익산출방식을 기초로 하여 수용 가능한 시장가격을 판정한다. 개발사가 사전에 계획된 가격결정시스템을 사용하여 새로운 커뮤니티에서 부동산의 가치를 설정하려 할 때 감정평가사나 전문가들의 평가를 활용할 수 있다. 경쟁사들의 자료와 비용 및 부동산가치 추정자료들을 만들어서 그 기관들의 영향력을 활용하기도 한다. 설령 감정평가전문가가 어떤 한 사업지와 다른 사업지 간의 차이를 인식하지 못하거나 부동산가격을 재평가하는 일에 동의하지 않는다 해도 이러한 전략을 포기할 필요는 없다. 시행사가 자신의 할 일을 다하고 그들에게 참고자료를 내놓을 준비가 되어 있다면 그러한 의견선도자들에게 영향을 미칠 수도 있다. 최종적인 분석단계에서 감정평가표준에 부합시키기 위해 다소 조정해야 할지 모르지만, 처음부터 그러한 획일성이 바람직한 마케팅표준이라고 생각할 필요는 없다.

4. 기본가격과 옵션가격의 책정방법

가격결정에 있어서 매우 중요한 측면 중의 하나는 기본가격 결정전략과 추가적인 옵션가격 및 업그레이드가격 결정에 대한 방법이다. 마케터들이나 일반인들에게 최종적인 가격 패키지를 제시하기 이전에 여러 가지 요소들을 고려해야 한다. 기본가격에 정상적으로 어떤 요소들이 포함되어야 하는지에 대한 소비자들의 기대에 따라 가격은 매우 큰 영향을 받을 수 있다. 가격결정을 하기 이전에 개발사들은 이러한 기본요소들을 포함하여 기본적인 목적을 설정하여야 하며, 그런 다음 그러한 기본적인 지침에 따라야 한다.

만약 개발사들이 상가건물을 기획하고 있다면, 옵션이나 특별사양은 건설과정에서 장애물이 되거나 또는 추진하고 싶지 않은 일이 될 수도 있다. 이와는 반대로 만약 전체적인 설계과정이 주문생산체제에 따르는 경우에는 전반적인 선택사양이 필요하고 바람직한 것이라 할 수 있다. 선택사양을 추가적인 이익추구행위(흔히 정상가격에 상당한 마진을 추가)로 간주하기도 하지만 때로는 건설을 지연시키고 간접비를 증가시키는 일종의 장애요소로 보기도 한다.

이러한 두 가지 판단 중 어느 것이 옳고 그른지 따질 필요는 없다. 단지 회사의 특성과 건물의 규모, 그리고 이익을 유지해 주는 가장 효과적인 절차에 따라 어느 접근방법이든 타당하게 사용할 수 있다. 그러나 목적을 혼동하여 경쟁지향적인 차원에서 가격이 설정된 상황에서는 가격 상승요인인 옵션 패키지를 운영하거나 매우 신속히 변화하도록 설정하는 것은 잘못이다. 이 경우에는 마이너스 옵션을 사용하는 것이 바람직할 것이다. 마케팅은 가치인식과 소비자이해의 측면에서 받아들일 수 있는 방법으로 부동산가격을 제시하는 과제에 항상 직면한다.

유망고객을 혼란스럽게 만들거나 경쟁품 간의 개별 항목별 비교를 강요하는 행위는 판매성과를 감소시키는 경향이 있다. 판매와 행정관리를 용이하게 하는 측면에서 어떤 건물이든 가장 용이한 판매방법은 유망고객들에게 다음과 같이 제시하는 것이다.

"이 집(건물)의 가격은 ×××이며, 여기에는 현재 보시는 모든 사양들이 포함되어 있습니다."

이는 모델하우스나 생산사양에 포함된 총가치를 제시하는 적극적인 방법이다. 저렴한 주택인 경우에는 정규가격 접근방법을 사용한다. 선택사양은 카펫색상이나 내부장식 정도로 제한될 수 있다. 고가주택인 경우에는 보통 소비자의 선택범위가 넓은데, 이는 구매자들이 각자의 개인적 취향에 따라 주문식으로 설계하기를 기대하기 때문이다. 다음의 요소들은 어떤 항목들이 기본요소이고 어떤 항목들이 소비자 선택사양인지를 보여준다.

- 비교되는 가격대의 건물, 또는 유사한 유형의 건물을 건설하는 경쟁사의 선택사양들
- 해당 부동산에 대하여 전형적인 구매자가 그 부동산에 대해

마땅히 포함되어야 한다고 기대하는 사양들

- 경쟁사들이 제공하지 않는 항목 중 소비자에게 더욱 가치 있는 것으로 인식될 수 있는 것
- 현재 잠재고객들이 거주하고 있는 주택과 비교하여 기대하고 있는 사양이나 불만족스럽게 여기는 요소를 도출하고, 불만족을 충족시켜 줄 경우 매출에 큰 영향을 줄 수 있는 요소
- 건설공정에 부정적인 영향을 주지 않으면서 관리하기 쉬운 옵션
- 총가격에 포함시키지 않고 옵션으로 분류함으로써 추가적으로 얻을 수 있는 이익
- 모든 옵션을 포함하여 총패키지 형식으로 마케팅하기보다는 기본가격형태로 판매함으로써 매출이 더 용이한 것

마케팅관점에서 개발사들은 판매과정에서 잠재적으로 혼란을 야기하는 것은 무엇이든지 항상 유의하여야 한다. 그리고 고객들이 자신들에게 무언가를 숨기고 있지는 않을까 하고 우려하게 되는 불신의 문제를 일으키지 않도록 해야 한다. 만약 고객이 기대하는 사양이 포함되어 있지 않다면 고객들은 또 그러한 예가 있는지 찾아보기 시작할 수 있으며, 마케팅전술에 대해 고객이 방어적 자세를 취할 수 있다. 가격전략에 있어서 기본가격에 포함시킬 것인지 옵션으로 할 것인지 여부는 임의로 결정할 사항이 아니다. 가격결정의 결과는 소비자가 그 부동산의 가치를 인식하는 데 주된 영향을 미치게 되기 때문이다.

부동산프로젝트 추정수지분석 사례

부록 1

구 분			금 액	산출근거	비 고
매출액	분양 수입	상가분양금	9,477,600	1,184.7×800만 원	
		오피스텔분양금	62,405,200	9,600.8×650만 원	
		부가세			
		합 계	71,882,800		
투입액	토지 관련	택지비	20,000,000	720×2,770만 원	
		제세공과금	1,160,000	매입원가의 5.8%	
		종합토지세	240,000	택지비의 1.2%	
		소 계	21,400,000		
	공사비	공사비	29,120,850	10,785.5×270만 원	
		소 계	29,120,850		
	간접 공사비	설계·감리	1,078,500	10,785.5×10만 원	
		예술장식 설치	291,200	공사비의 1%	
		기반·보증수수료	582,400	공사비의 2%	
		소 계	1,952,100		
	영업 관련	모델하우스 및 운영비	600,000		
		홍보 및 광고비	647,000	공사비의 2%	
		판매수수료	718,800	매출의 1%	
		대여금 이자	2,550,000	200억×10%×1.5년	
		기 타	647,000	공사비의 2%	
		소 계	5,162,800		
	총투입금합계		57,635,750		
세전수익금			14,247,050		
오피스텔 600만 원으로 분양 시는 세전수익 : 10,562,000(2안)					

부록 2 부동산 가격산출 비교사례법(예)

구 분	내 용
비교대상	• ××동 ××단지
비교사례 선정사유	• 광주시 대표적 주거지 및 사업지 인근 • 대단지아파트 : 1, 2, 3, 5단지 인접으로 총 2,066세대 • 생활편의시설 유사 - 인근 초등학교 입지 - 공공시설 및 편의시설 입지 → 비교전제 : 편의시설 확보 등의 기본요소는 동일한 것으로 보며, 그 외의 차별적 요소 비교함.
가격책정기준	• 상품구상에 따른 가격지수 설정 - 주택산업연구원 : 아파트 가격결정모형 참조 • 상품 차별화에 따른 가격보정

▶ **아파트가격결정모형(주택산업연구원)**

구 분		가격변동	비 고
단위면적당 효과	서비스면적 1평 증가 시	평당 6.15만 원 상승	
세대특성	산 조망권	2.3% 상승	
건립연도	3~5년 단위	최대 9% 상승	• 1992~93년 입주 대비 1994~96년 비교가 - 1992~93년 당시 부실시공과 관련 있는 것으로 보임.
시공사 프리미엄	상위 10위	1.5% 상승	

1) 기준가 산정

▶ **성원 5단지 매매가 현황**

아파트명	총세대수	입주연도	전용률	평형	평당 매매가	전용률 76.5% (사업지)보정가
성원 5단지	550	2002	86%	29	707	629
				38	632	562
				47	638	568

▶ 비교기준가 산정

29평형 매매가 : 707만 원/평	→	전용률 88%→76.5% (사업지 전용률 적용)	→	기준가 629만 원/평

2) 상품비교

▶ 상품비교에 따른 가격변동요인

구 분	성원 5단지	사업지	상품구성 비교분석
서비스면적 증가	9.59평	10.9평	1.31평 증가
산/근린공원 경관	조망권 없음	산 조망	조망권 프리미엄 2.3%
건립연도	2002년 입주	2007년 입주(예정)	경과연수 5년
시공사	성원거설 (시공순위 60위)	포스코건설 (시공순위 7위)	시공사 프리미엄 1.5%

3) 가격보정

▶ 보정가 산정

구 분	산정방식	상승가격	총가격 상승가격
1.31평 증가	1.31평×6.15만 원/평	8.05만 원/평	57.07만 원/평
조망권 프리미엄 2.3%	629만 원/평×2.3%	14.46만 원/평	
경과연수 5년	629만 원/평×4%	25.16만 원/평	
시공사 프리미엄 1.5%	629만 원/평×1.5%	9.4만 원/평	

▶ 가격보정

기준가	→	기준가 보정	→	2차 보정가
707만 원/평		629만 원/평		686만 원/평
기준평형 : 성원 5단지 29평형		• 1차 보정 : 전용률 보정 – 사업지 전용률 76.5% 적용		• 2차 보정 : 서비스면적, 경과연수 조망권/시공사 프리미엄

<자료 : 김병수(2006)>

참고 문헌 Reference

김민근(2005), 부동산디벨로퍼론, 박영률출판사

김병수(2006), "분양가 산정기법과 사례", 한국생산성본부 부동산마케팅과 분양전문교육과정 교재

박상언(2004), 통통 튀는 한국형 부동산 마케팅, 무한

박치관·박준병·김응규·최종인 공역(2003), 이노비즈마케팅, 북코리아

서구원·배상승(2005), 도시마케팅, 커뮤니케이션북스

서상혁 외(2006), 대한민국 혁신예보 맑음, 국가균형발전위원회, 산업자원부, 한국산업기술평가원

손진수(2006), 부동산개발론, 부동산114

신병철(2004), 쉽고 강한 브랜드전략, 살림출판사

신종칠(2004), "다차원척도법을 활용한 아파트브랜드 포지셔닝에 관한 연구", 대한국토·도시계획학회

유필화(1991), 가격정책론, 박영사

윤훈현 옮김(2004), 마케팅관리론, 석정

이문숙(2006), "아파트 브랜드 자산에 관한 연구", 성균관대학교 경영학과 박사학위 논문

이유재(2004), 서비스마케팅, 학현사

이은석·심형석 옮김(2002), 오리야마 카즈히사 지음, 건설·부동산 비즈니스 마케팅전략, 박영률출판사

이창석·강해규·김용민·정상철·오준석·김영혜·박용광·남찬희 공편저(2004), 재건축·재개발 컨설팅 이론과 실무, 형설출판사

이충노(2004), "부동산 분양마케팅 전략에 관한 연구 — 주거용과 업무용 부동산의 성공 및 실패사례를 중심으로 —", 고려대학교 경영대학원 석사학위논문

이학식(2004), 마케팅, 법문사

이훈영(2002), e-마케팅 플러스, 무역경영사

조성근(2005), 한국의 디벨로퍼들, 이다미디어

최기열 · 박성신 공역(2005), 크리스티안 미쿤다 지음, 환상적인 체험을 제공하는 공간연출 마케팅 제3의 공간, 미래의 창
한국생산성본부(2006), 부동산마케팅 및 분양전략실무

Clark, Charles R., David F. Parker and Clark Parker Associates(1989), *Marketing New Homes*, National Association of Home Builders.
Cook, Frank((2002), *21 things I wish my broker had told me*, Dearborn.
Cross, Carla(1994), *The Real Estate Agent's Business Planning Guide*, Dearborn.
Entrepreneurial Marketing, Lessons from Wharton's Pioneering MBA Course.
Hamilton, Dan(2006), *Real Estate Marketing and Sales Essentials*, Thomson South-Western.
Keller, Gary and Dave Jenks and Jay Papasan(2005), *The Millionaire Real Estate Agent*, McGraw-Hill.
Kotler, Philip(2003), *Marketing Management*, 11th edition, Prentice Hall.
Lovelock, Christopher and Lauren Wright(2002), *Principles of Service marketing and Management*, Prentice Hall.
Randall, Mary Ellen and Jamie M. Edwards(2005), *Real Estate Advertising Made Easy*, Seldon Griffin Graphics Inc.
Remley, Jim(2005), *Make Millions Selling Real Estate*, Amacom.
Richard, Dan Gooder(2000), *Real Estate Rainmaker*, John Wiley & Sons, Inc.
Richard, Dan Gooder(2004), *Real Estate Rainmaker Guide to Online Marketing*, John Wiley & Sons, Inc.
Stone, Dave(1989), *New Home Marketing*, Dearborn.
Sullivan, Marilyn(2003), *Success as a Real Estate agent*, Alpha.
Zagaris, Michael P.(2005), *The PMZ Way : Strategies of Highly Successful Real Estate agent*, PMZ publishing.

chapter

7

부동산 홍보, 광고 및 촉진활동

◀ 은평구 뉴타운 조감도

	내 용
부동산 마케팅 개요	**1. 부동산마케팅 전략의 개요** • 새로운 부동산마케팅시스템 • 부동산마케팅의 전략기획, 예산수립
부동산 시장 분석	**2. 부동산시장조사 분석** • 부동산시장 분석의 개요, 원리, 주안점 • 영역규정, 수요 분석, 공급 분석 • 시장 분석, 수요충분성 분석 → **3. 부동산유형별 시장 분석** • 주택시장 • office시장 • 호텔 및 리조트시장
부동산 상품 선택	**4. 사업타당성 분석** • 총비용 산정 • 가치평가, 타당성 추정 • 리스크통제기법 → **5. 부동산상품의 분석과 선택** • 아이디어 창출의 원천과 기법 • 제품의 정의과정 • 커뮤니티, 상품, 디자인 → **6. 부동산상품의 컨셉트와 가격결정** • 이미지, 포지셔닝, 가격전략 수립
부동산 마케팅 활동	**7. 부동산 홍보, 광고, 촉진** • PR, 광고, 머천다이징 M/H 운영
고객 관리 및 영업	**8. 유망고객 창출의 전략기법** • 조사, 프로필 구축, 고객 포착 → **9. 인적마케팅** • 인적마케팅 개념 • 인적마케팅 전술 → **10. 마케팅전문가 선발** • 팀 구성 • 전문가 선발

앞 장에서는 부동산상품의 컨셉트와 이미지 구축, 브랜드네이밍 및 가격결정에 관해 논의하였다. 이러한 내용은 앞으로 다룰 마케팅 커뮤니케이션활동과 직결된다. 이 장부터는 마케팅 4P's 중 마지막 부분이자 가장 중요하다고 할 수 있는 촉진활동에 대해 서술하고자 한다. 이 장에서는 홍보, 광고를 집중적으로 다루고 판매촉진을 부수적으로 서술하며, 제8장에서는 고객창출활동, 제9장에서는 인적판매활동을 소개한다. 따라서 이 장부터 연속되는 3개 장의 내용은 모두 촉진활동에 해당한다.

- 촉진의 개요
- 부동산 PR[1)]
- 부동산광고
- 머천다이징

1) 마케팅기술 중에서 가장 중요한 것이 커뮤니케이션과 프로모션이라고 한다. 최근 통합 마케팅 커뮤니케이션(IMC)에 대한 관심이 매우 높아지고 있다.

촉진의 개요 제1절

1. 촉진의 유형

촉진(promotion)이란 제품을 소비자에게 알리고 구매를 자극, 설득하는 활동이다. promotion이란 말의 어원은 promouvre(앞으로 나아간다)로서 제품을 고객 앞으로 나아가게 하는 뜻에서 기원하였다. 제품의 품질이 아무리 우수하고 가격이 적정하며 유통구소가 효과적으로 구축되었다 하더라도 이를 소비자들에게 효과적으로 알리지 않는다면 구매가 원활하게 이루어지기 어렵다. 이런 점에서 촉진은 마케팅 4p's 중에서도 마케팅의 진수에 가장 가깝다고 볼 수 있다.

촉진이 고객을 대상으로 정보를 제공하고 설득하는 것이라면 이는 커뮤니케이션과 매우 흡사하다. 따라서 촉진이라는 용어 대신 마케팅커뮤니케이션이라는 말을 사용하기도 한다. 촉진유형은 다음과 같이 다섯 가지로 구분할 수 있다.

- **광고(advertising)** : TV, 라디오, 잡지, 신문 등 비인적 매체를 통해 광고주가 대가를 지불하고 제품에 관한 정보를 소비자들에게 전달하는 행위
- **PR 및 홍보(publicity)** : 기업의 이미지나 제품을 알리고 지역사회와의 호의적 관계를 조성하려는 활동
- **판매촉진(sales promotion)** : 제품의 구매를 야기하는 단기적이고 다양한 활동으로서 당장 구매할 동기부여를 제공
- **인적판매(personal selling)** : 판매원, 영업사원 등을 중심으로 잠재구매자와 직접 대면하여 교류를 통하여 판매를 촉진하고 주문을 획득하는 수단[2)]
- **직접 마케팅(direct marketing)** : DM(Direct mail), 텔레마케팅, 인터넷 마케팅, 팩스 등 여러 가지 형태가 있으며, 특정 고객들로부터 직접 반응을 얻거나 직접 의사소통하기 위한 활동

2) 부동산 비즈니스에서는 개발사나 분양대행사 판매원뿐만 아니라 브로커, 중개사 등도 중요한 인적판매 요원이다. 본서에서는 인적마케팅(personalized marketing)이라고 표현하고 이에 관해서는 다음 장에서 별도로 다룬다.

이상의 촉진유형별로 사용되는 세부적 수단들은 다음과 같다.

광 고	PR 및 홍보	판매촉진	인적판매	직접마케팅
인쇄 및 방송광고	신문게재용 자료	경진회, 경기대회	판매제시	카탈로그
포장-외장	연설	추첨, 복권	판매회의	우편
포장 내 삽입물	세미나	경품, 프리미엄	유인 프로그램	전화마케팅
영화	연차보고서	견본배포	견본	전자식 쇼핑
브로슈어와 소책자	자선적 기부	업계 전시회와 박람회	박람회와 전시회	TV 쇼핑
포스터와 팸플릿	주관, 주최	전시회		팩스우편
안내서	발간	실연		전자우편
광고의 복사물	공동체 관계	쿠폰		음성우편
간판	로비	환불금(rebates)		
진열간판	기업실체용 매체	저리 이자		
구매시점 광고	기업잡지	오락		
시청각 자료	사건(행사)	중고품 교환공제		
상징과 로고		단골고객 프로그램		
비디오테이프		함께 끼워 팔기		

<자료 : 윤훈현(2004)>

2. 커뮤니케이션 목표별 최적 촉진 믹스

이상의 여러 가지 수단 중 무엇이 가장 효과적인 촉진수단인가는 시장상황과 제품, 대상자 등에 따라 달라진다. 또한 구매자의 구매준비상태에 따라 최적의 유형이 달라지며, 특정의 한 가지 수단보다는 여러 수단 간의 결합, 즉 최적 믹스(mix)를 발견해내는 것이 중요한 과제이다. 구매자의 구매준비단계모델을 보면 다음과 같다.

주의(attention) ⇨ 관심(interest) ⇨ 욕망(desire ⇨ 행동(action)

인지적 단계 감정적 단계 행동적 단계

어떤 제품이든 소비자가 보자마자 구매충동을 느껴 그 자리에서 구매하는 경우는 거의 없다. 즉, 소비자들은 일상적인 제품구매의 경우[3]를 제외하고는 위의 그림과 같은 인지적 · 감정적 · 행동적 과정을 거친다. 주의(attention)란 특정제품에 대해 잠재고객들이 주목하게 되었음을 의미한다. 표적고객집단들이 특정 부동산상품에 관해 우선 이름만이라도 알고 있어야 한다. 관심(interest)단계는 그 제품에 관해 이해와 숙지의 과정을 말한다. 이 단계에 진입한 고객이 그 제품에 대해 얼마나 숙지하고 얼마나 호의적으로 느끼고 있는지 분석하는 것이 필요하다. 욕망(desire)단계는 해당 상품에 관해 구매욕구를 가지게 된 상태이다. 표적구매자들이 해당 부동산상품에 대해 구매욕을 가지고 있으나 구매력과 구매의사를 강력히 가지고 있지 않다면 다음단계인 구매행동으로 진입하기 어렵다.

최종단계는 구매 행동(action)이지만 소비자들이 제품에 대해 확신을 가졌다고 해서 즉시 구매하는 것은 아니다. 즉, 더 많은 정보를 얻고자 하거나 주변의 다른 소비자들의 구매를 보아가며 결정할 수도 있다. 전술한 바와 같이, 특정의 저관여 제품을 제외하고

3) 이러한 제품을 저관여(low involvement)제품이라 한다. 예컨대, 치약(저관여제품)을 선택할 때에는 해외여행지(고관여제품)를 선택할 때와 다른 구매과정을 거친다. 부동산의 경우 구매자의 관심과 중요도가 매우 높은 고관여제품이다.

는 어떤 소비자든 제품을 즉각적으로 구매로 연결[4]하는 경우는 극히 드물며, 인지적·감정적 과정을 거친다는 점을 상기할 필요가 있다. 촉진활동은 이러한 연속과정의 단계별로 그 효과가 다르게 나타난다. 이를 그림으로 표시하면 다음과 같다.

그림 7.1 ▸ 구매준비단계모델과 촉진믹스

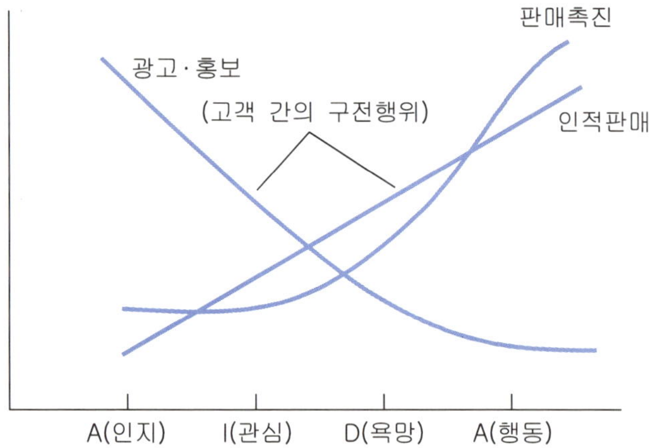

그림에서 보듯이 광고나 PR·홍보 활동은 해당제품의 인지를 도와주는 수단이다. 따라서 직접적으로 구매와 연계되기는 어렵지만, 제품구매로 이어지는 인지적 과정에서 매우 중요한 역할을 한다.[5] 인적판매는 나중의 단계로 갈수록 효과가 높으며, 판매촉진은 주로 구매와 직접 연계시키는 활동을 하는 경우가 많다. 이러한 촉진유형들은 고객을 직접 대면(personal communication)하거나 제품을 고객에게 직접 제시(presentation)하는 효과가 있어서 구매로 연결시키기가 더 용이하다. 그러나 나중 단계에서도 광고나 PR·홍보 등 이른바 공중전의 지원사격이 있어야만 각개격파가 훨씬 더 쉬워짐을 간과해서는 안 될 것이다. 가운데에 제시된 고객 간 구전(word-of mouth)행위는 정보의 원천이 고객이므로 기업의 촉진활동에 속하지 않으나 그 영향력은 매우 크다. 최근의 마케팅이론에서 긍정적 정보의 유통을 활성화시키고, 부정적 정보의 경우 이를 조

4) 하이테크제품의 혁신가집단(innovator)들은 종종 이러한 양태를 보이는데 이들을 테크노매니아집단이라고 부르기도 한다.

5) 이러한 점에서 광고예산을 설정할 때나 광고효과를 측정할 때에 "부동산광고를 보고 부동산을 구매하는 사람은 없다."라는 식으로 평가하는 것은 매우 근시안적인(marketing myopia) 태도이다.

기에 해소하기 위한 전략과 기법들이 속속 연구되고 있다.

3. 메시지전략 개요

커뮤니케이션 효과를 높이기 위해서는 내용제시방식, 메시지구조, 메시지 양식 등이 효율적이어야 한다. 내용제시방법으로는 이성적 소구보다는 감성적 소구(emotional appeal)방식이 더 효과적인 것이 정설이다. 예컨대, 아파트의 구조나 재질, 평면도보다는 환경친화적 느낌, 안락한 분위기 등을 보다 더 강조하는 것이 좋다.

메시지 구조는 일방적인 것과 양면적인 것이 있고, 내용제시의 순서, 결론의 제시 등을 고려한다. 부동산광고의 경우 타산업분야와 마찬가지로 양면적인 내용(긍정적 · 부정적 정보)전달은 그다지 많지 않은 것이 사실이다. 내용제시 순서는 주장하고자 하는 점을 앞에 제시하는 것이 대체로 더 바람직하다. 메시지의 결론을 제시하는 것이 좋은지에 대해서는 대체로 결론을 제시하는 편이 더 효과적이다. 최근 teaser 광고,[6] 단순 이미지광고 등으로 표적고객의 뇌리에 더 강하게 각인하는 경우도 있으나, 설령 효과가 있더라도 이러한 전략은 매우 간헐적으로 사용하는 것이 좋다.

메시지 양식으로는 언어적 · 비언어적, 시각적 · 청각적 양식이 있다. 부동산의 경우 매우 관여도가 높은 제품이므로 언어적 · 비언어적(삽화, 사진) 양식과 시 · 청각적 전달을 병행하는 것이 더 바람직하다. 이러한 내용들은 이 장에서 계속 다룰 예정이다.

6) 전달하고자 하는 정보를 명확히 제시하지 않고 궁금하게 만들어서 주목과 관심을 끌고 커뮤니케이션 효과를 높이는 전략이다.

제 2 절 부동산 PR

개발사들은 일반적으로 사람들이 구매하는 단일품목 중 큰 규모라 할 수 있는 상품을 제공한다. 특히, 주택상품은 시간이 지나면 지날수록 대체로 가치가 상승되는 몇 안 되는 상품 중 하나이다. 이에 따라 주택은 두 가지 목적, 즉 주거의 목적과 투자의 목적으로 구매하게 되며, 이에 소비자는 항상 개발사 및 건설사의 평판과 더불어 제공되는 상품이 얼마나 잘 지어졌는가를 평가하게 된다. 소비자는 이를 통해 자신들의 투자가 성공하기를 기대한다. PR은 소비자가 신규주택을 구매할 때 기대감을 갖게 하거나 불안감을 해소시키는 주요한 촉진수단으로서의 역할을 한다.

1. PR의 정의

PR(Public Relations)[7]을 간단히 정리하면 개발사의 사업과 관련된 이해관계자들과의 접촉 모두를 포함한다. PR은 제3자의 암묵적·명시적 신뢰도를 통해 개발사의 이미지를 개선하는 데 그 기본목적을 두고 있다. 이는 당사자가 자신의 사업에 대해 스스로 말하는 것보다는 제3자가 말하는 것이 더 신뢰도가 높기 때문이다.[8] 즉, 전문성이 높은 제3자가 만든 PR은 가장 효율적인 접촉을 가능하게 한다. 신문이나 잡지 등 대중매체를 통한 정보노출이 소비자의 주목을 크게 이끌어낸다는 사실은 이미 여러 차례 검증된 바 있다. 이하에서는 홍보캠페인을 기획하고 제3자의 신뢰도를 활용하는 방법을 서술하고자 한다.

7) PR은 '공중관계'라고 번역되며 기업의 이미지나 제품을 촉진하고 보호하기 위해 계획된 다양한 프로그램을 말한다.

8) 마케팅기술 중에서 가장 중요한 것이 커뮤니케이션과 프로모션이라고 한다. 최근 통합마케팅 커뮤니케이션(Integrated Marketing Communication)에 대한 관심이 매우 높아지고 있다.

2. PR 실행계획

PR활동을 직접 계획하든 전문대행사에게 맡기든 PR은 대체로 다음의 절차를 거쳐야 한다.

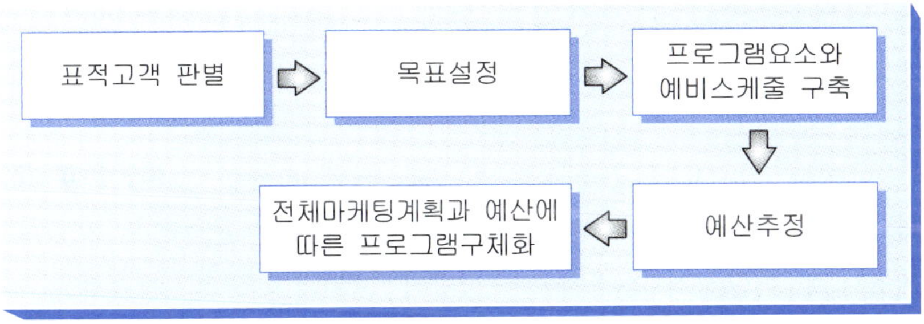

(1) 표적고객 판별

표적고객은 보통 마케팅조사를 통해 판별되며, 개발사업의 포지셔닝[9]에 포함된다. 그러나 PR 실행은 전반적인 표적고객 중 특정 고객만을 대상으로 전개할 수도 있다. 예컨대, 처음 주택을 장만하는 사람들을 표적으로 하는 개발 프로그램의 경우 가정 내에서 독립적인 공간을 필요로 하는 부부들을 위해 제2 또는 제3의 침실·서재를 포함시킬 수 있으며, 이 표적집단을 대상으로 이를 특별히 홍보할 수 있다. 또 따른 PR 프로그램들은 여타의 소비자집단을 표적화할 수 있으며, 그 밖에 표적소비자 전체를 대상으로 PR을 디자인할 수도 있다.

9) 포지셔닝(positioning)은 본래 '표적고객의 마음속에 독특한 자리를 확보하기 위해 자사의 상품(서비스)과 이미지를 디자인하는 행동'이라고 정의할 수 있으며, 학자에 따라서는 '위치화', '정위화', '자리매김' 등으로 표현하기도 한다.

(2) 목표설정

PR 실행의 목표에는 전반적인 마케팅목표와 각 요소별 구체적 목표가 포함된다. 여러 마케팅 프로그램을 지원하는 PR목표는 여러 가지 프로그램 요소, 일정지침서와 비용 등과 함께 문서화되어야 한다. 동일한 목표를 달성하기 위한 여러 가지 수단들이 평가되어야 하며 최종프로그램을 위한 최선의 프로그램 요소들이 결정되어야 한다.

① 마케팅 컨셉트

PR 실행계획의 마지막 단계에서는 PR의 주제와 일정 등을 전체적 마케팅 프로그램과 조화시키는 것이다. 여타 프로그램과 조화를 이루게 하고 비용효과성을 높이기 위해서는 마케팅 컨셉트가 광고나 PR 프로모션, 머천다이징 등에 지속적으로 표출되어야 한다.

마케팅 컨셉트의 구축에는 마케팅 팀원 전체의 노력이 필요하다. 또한 최종결정 이전에 예비프로그램과 최종프로그램을 전체 팀원들에게 회람시켜 논평을 받는 것이 전체과정을 더 신속하게 진행하는 데 도움이 된다. PR 캠페인의 새로운 아이디어를 창출하기 위해서는 심도 있고 창의적인 브레인스토밍 작업이 요구된다. 이 브레인스토밍[10)]은 신상품을 마케팅하기 위한 핵심적인 컨셉트를 제공할 것이다. 그리고 개발사들은 이에 맞게 광고와 머천다이징을 조정해야 한다.

10) 브레인스토밍에 실패하는 '요령'은 ① 사전에 이야기의 범위를 제한하고, ② 전문가를 특별히 대우하며, ③ 각자의 발언시간을 균등배분하고, ④ 쓸모없이 보이는 이야기는 핀잔을 잘 주는 것이다.

마케팅 TIP

좋은 홍보를 계획하는 방법

- 항상 홍보를 광고의 대체물로 생각하라. 홍보는 어떤 것보다 더 효과적인 경우가 많다. 또한 홍보는 광고비용을 절감해 준다.
- 신문의 부동산부문 편집자들과 교분을 유지하라. 당신이 단지 무료홍보에만 관심이 있는 사람이 아니라 전문가임을 인식시켜 주어라. 커뮤니티에 대한 관심과 편집자의 뉴스거리에 대한 관심을 가지면 무료 기삿거리를 만들기가 훨씬 쉬워진다.
- 시간을 중요시하라. 이미 지나간 사실은 뉴스가 아니다. 만약 데드라인을 놓치게 되면 나중에 그들의 지원을 얻기 힘들어진다.
- 모든 내용을 독자의 관점에서 작성하라. 이는 상업용 광고가 아니고 뉴스이어야 한다. 만약 작성내용이 명백한 광고라면 기사화되지 않을 것이다.
- 이야기에 부수된 사진을 찍을 때에는 반드시 전문사진사를 활용하라.
- 만약 전달될 내용이 독점기사라면 이를 꼭 강조하라. 편집자들은 독점기사를 선호한다.
- 발표(기사화)일자를 밝혀라. 가급적 즉각 발표용이라고 하고 날짜를 제시하라.
- 발표하는 모든 내용은 신뢰성을 가져야 한다. 사실에 근거하지 않은 과장된 내용은 피한다. 가능한 한 발표된 내용에 숫자나 통계를 사용하라.

http://www.samsungapt.co.kr - 래미안 - 당신의 이름이 됩니다. - Microsoft Internet Explorer
래미안
Women's
Concert
6
2006 June
자세히 보기
자세히 보기
법률상담

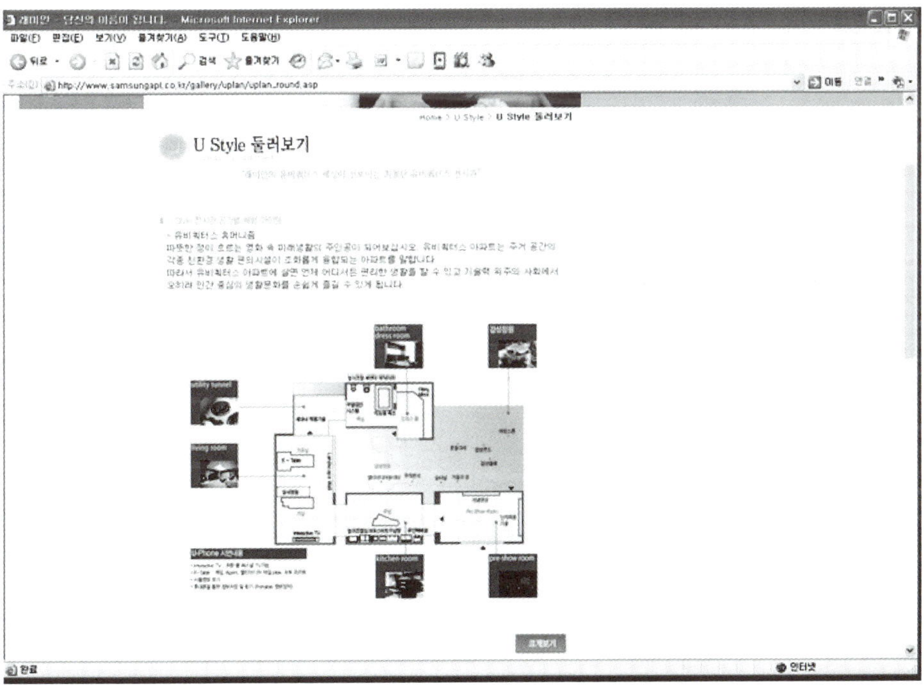
파일(F) 편집(E) 보기(V) 즐겨찾기(A) 도구(T) 도움말(H)
U Style 둘러보기
bathroom
dress room
utility tunnel
living room
kitchen room
pre-show room

앞의 그림은 삼성래미안이 '래미안 Women's Concert'를 개최하여 기업의 이미지를 친밀하게 알리고 고객과의 관계를 강화시키고 있는 한 예이다. 이를 통하여 첨단아파트인 'U-style 시스템'을 동시에 부각시키고 있다. 이 홍보는 문화와 기술이 연계된 휴먼디지털라이프라는 컨셉트를 암묵적으로 전달하고 있다.

3. PR실행의 제요인

(1) 홍 보

PR과 홍보를 혼동하는 경우가 많은데, 여기에서는 홍보에 관해 살펴보자. 가장 일반적인 PR은 홍보(publicity)이다. 홍보란 방송이나 인쇄물로 되어 있는 신문기사, 사진, 연재물 등을 통해 알리는 것을 말한다. 이러한 홍보수단들은 많은 소비자들에게 노출이 되는 것이 장점이기는 하지만, 그 내용, 타이밍, 빈도를 통제할 수 없다는 단점이 있다. 그래서 개발사들은 가끔 뉴스레터, 보도자료 및 언론사 대상 정보제공 등을 통해 소수의 표적고객을 정하여 정보를 통제한다. 이러한 홍보방식은 대상의 규모는 작지만 내용을 통제할 수 있다.

개발사들은 홍보를 방송과 인쇄매체에 제공할 수 있다. 그러나 방송은 시간의 제약성 때문에 영세 개발사들에게는 활용하기 힘든 것이 사실이다. 이 매체들을 활용하기 위한 구체적인 방법은 다음에서 논의할 것이다. 우선 염두에 두어야 할 것은 홍보대행전문가들을 활용하면 그들이 구축한 모든 인맥과 신뢰도를 통해 인쇄 및 방송매체에 접촉하기 쉬워진다는 점이다.

다음에 제시된 내용은 뉴타운 개발에 대한 객관적인 기사로서 개발단지에 대한 신뢰도를 높이고, 개발상품에 대하여 관심을 이끌어내고 있다.

미니신도시급 메머드 분양 풍성 … 하반기 2,000가구 이상 20곳

올 하반기에 전국에서 2000가구 이상의 미니신도시급 대단지 분양이 대거 예정돼 있는 것으로 나타났다. 건설업계에서는 통상 1,000가구 이상이면 대단지로 분류하고 있어 이들 단지에 실수요자들의 관심이 쏠릴 것으로 예상된다.

6일 부동산정보업체인 스피드뱅크에 따르면 올 하반기 전국에서 공급되는 단지 가운데 2,000가구 이상인 곳은 모두 20개 단지로 총 5만 5,791가구 가운데 4만 3,654가구가 일반분양될 예정인 것으로 조사됐다. 하반기에 수도권에서 서울 은평뉴타운 등 2,000가구를 넘는 대단지 분양이 대거 예정돼 있어 관심이 쏠리고 있다(사진은 오는 9월부터 총 6,000가구가 단계적으로 공급되는 은평뉴타운 조감도).

서울에서는 오는 9월 은평구 진관내·외동과 구파발동 일대 은평뉴타운 1, 2지구에서 총 6,000가구(일반분양 3,373가구)가 공급된다. 아직 평형은 미정이며 두산산업개발, 현대건설, 동부건설이 시공을 맡았다.

'리조트형 생태도시'로 만들어지는 은평뉴타운에서는 2008년 말까지 총 1만 5,000여 가구의 물량이 쏟아질 예정이다. 하반기에 수도권에서 서울 은평뉴타운 등 2,000가구를 넘는 대단지 분양이 대거 예정되어 있어 관심이 쏠리고 있다.

<자료 : 한국경제 2006. 7. 6.>

다음은 신문지면 상 기사형태를 활용한 광고로서 시장성과 상품성에 대한 객관적 정보라고 인식하게끔 만드는 긍정적인 효과를 가져다준다. 홍보매체별로 홍보전략과 주안점들을 살펴보자.

한국경제

전원주택+아파트 '타운하우스' 열풍

한국경제

타운하우스를 노려라!

택지개발지구 내 블록형 타운하우스의 인기가 상승하고 있다.

파이낸셜 뉴스

고급 연립주택에서 전원주택처럼 살아볼까?

택지지구 내 고급 연립 주택 관심을 모으고 있다.

<자료 : 동탄 우림필유 게이티드하우스 광고>
http ://www.woolimapt.co.kr/Data/Distribute/fillu_dongtan_gate/Sale/Introduce.asp

① 인쇄매체

인쇄매체는 크게 신문과 잡지로 구성된다. 신문은 간결한 최신의 정보를 제공하며, 대체로 작은 공간에 제시되지만 잡지보다는 더 즉각적인 정보를 제공한다. 잡지기사는 조금 더 구체적이고 더 많은 정보를 사진과 함께 보다 오랫동안 제공할 수 있다. 그러나 잡지기사화하려면 적어도 출판 두 달 전에는 관련 정보를 잡지사에 제공하여야 한다. 주간지는 전달되는 내용의 길이나 깊이에서 일반 잡지와 일간신문의 사이에 있다고 생각하면 된다. 참고로 주간지 홍보는 많은 인원을 필요로 하지 않기 때문에 미국에서는 개발사들이 선호하는 수단이다.

특집기사(feature articles)는 폭넓은 독자들에게 어필하기 위한 것이다. 이는 대개 기사화된 형태로 제공되고, 인터뷰나 제3자의 추천이 포함될 수 있다. 특집기사에 적합한 주제로는 다음과 같은 것들이 있다.

- 커뮤니티 프로필
- 마케팅 추세
- 건축설계사의 인터뷰
- 소비자선호도 조사

- 쾌적시설
- 만족감을 느끼는 제3자의 추천
- 최고 인기주택과 그 이유

컨셉트가 있는 PR프로그램(컨셉트(예) : 친환경) ◂ 표 7.1

단 계	PR및 프로모션 활동	광 고	상품화
1. 사업지 계획	• 컨셉트 홍보 : 개발팀에 저명한 환경주의자가 포함되었음을 알림	• 계획 · 제작 • 환경전문가의 사진게재	• 계획 · 제작
2. 건설	• 환경보호를 강조하는 기공식 홍보 • 부동산중개사들에게 사업계획과 부동산상품을 소개하는 프로모션 이벤트 개최 • 위 이벤트들을 기록한 부동산중개사 뉴스레터 배포	• '자연과 함께'라는 컨셉트를 담은 이미지광고	• 설치
3. 판매 활동	• 새 등 기타 환경관련 특별 팸플릿 발간을 위한 준비 • 부동산중개사, 언론인 및 VIP를 위한 정보센터 및 모델하우스 개최, 행사진행 • 개최행사와 자연 프로그램을 게재한 소비자 뉴스레터 배포 • 주말에 환경주의자가 진행하는 공공자연프로그램 실행	• 입주자들이 자연환경에서 즐기는 모습을 담은 광고 실행	• 입구, 울타리와 간판 등에 입주자들이 자연에서 즐기는 모습을 담은 사진을 넣어 자연친화적 이미지 강화 • 자연경관 내 모델하우스 운영
4. 이용 단계	• 초기 입주자들에 대한 홍보 및 지역활동 지속 • 분기별로 성공한 부동산중개사를 소개한 부동산중개사 뉴스레터 배포 • 반기별로 입주자들이 자연화경에 만족함을 강조한 소비자 뉴스레터 배포 • 판매성과와 참여를 높이기 위해 상금(여행상품, 식사, 현금)이 걸린 주기적인 브로커 대회 개최 • 구전마케팅을 위해 입주자들과 방문객들에게 주기적인 이벤트 개최	• 입주자들이 자연전망대를 포함한 단지 오락시설을 즐기는 모습을 담은 사진	• 거리표지판 이용

한편, 영세 개발사들은 다음의 사항들을 잘 유념하면서 홍보하는 것이 필요하다.

- 부동산이 가진 최고의 특징을 간략히 서술하고 각 주택의 외부 스케치를 제시
- 지역신문사 및 잡지기자들과의 관계를 돈독히 하기 위해 지속적으로 노력

개발사들은 기자들과 교류할 때 자신들이 만든 주택에 대한 강한 열정을 보여주어야 한다. 개발사는 친목이벤트나 신규 주택 오프닝행사 등에 기자들을 초청하거나, 혹은 점심에 초대하는 것이 좋다.[11)]

11) 이에 관해서는 본장 제3절에서 자세히 서술할 것이다.

② 방송매체

방송은 지속적으로 새로운 뉴스의 유입과 뉴스의 갱신을 필요로 한다. 정치, 경제 등 딱딱한 뉴스는 비일상적인 사건이나 사고를 다루기 때문에 개발사가 홍보에 이용하기 어렵겠지만, 큰 뉴스가 비교적 적은 주말뉴스시간은 좋은 홍보기회가 될 수 있다. 방송을 위해서 마케팅 팀은 지속성, 적극성 및 이해 용이성 등을 중요시하고, 시각적인 것보다는 청각적인 측면을 염두에 두어야 한다.

공공서비스 정보와 특집 프로그램은 영세개발사들에게 가장 좋은 방송기회가 될 수 있다. 비록 형식적으로는 건설회사가 공공서비스 정보를 가장한 형태로 광고를 하지 못하게 되어 있지만, 잘 찾아보면 활용할 수 있는 많은 기회가 존재한다. 예컨대, 세미나의 스폰서링이나 지역행사를 자신의 건물에서 주최함으로써 홍보효과를 볼 수 있다. 이러한 공공서비스 정보 관련행사에 참여하기 위해서는 해당 지역의 공공서비스 정보 담당자의 승인이 필요하다.

개발사가 건축조합이나 관련 조직의 중요 인사가 아닌 이상 특집 프로그램을 활용하기는 어려울 것이다. 그러나 독특한 특징과 외관을 갖춘 건물은 방송매체의 이목을 충분히 끌고 있다.

(2) 보도용 배포자료

보도용 배포자료(press kits)는 미디어 노출기회를 높여 줄 뉴스 발표문, 간단한 보고서, 사진 및 기타 관련 정보들을 묶어 놓은 것이다. 주택을 소개하는 모든 정보들은 폴더에 정리하며, 이 폴더는 종종 차후에 다른 용도로 요긴하게 쓰일 수 있다. 보도용 배포자료의 구성물은 다음과 같다.

① 뉴스 발표문

어떤 배포자료라도 주된 구성요소는 뉴스 발표문이 된다. 이 뉴스 발표문(news releases)은 올바른 형식을 갖추고 오류가 없어야 한다. 대부분의 기자나 편집자들은 간결하고 잘 작성된 뉴스 발표문을 좋아한다. 기자들이 뉴스 발표문을 준비할 때 사용하는 법칙은 바로 언제, 어디서, 누가, 무엇을, 왜의 5W이다.

- 누가 관여되어 있는가?
- 무슨 일이 일어났는가?
- 언제 일어났는가?
- 어디서 일어났는가?
- 왜 혹은 어떻게 일어났는가?

뉴스 발표문의 첫 문장은 가장 중요한 정보를 간략히 서술해야 하고, 그 뒤 문장들은 중요도 순으로 서술되어야 한다. 이것은 편집자가 분량을 줄이려 할 때 중요한 정보가 빠지지 않게 하기 위함이다. 뉴스 발표문에는 다음과 같은 추가적 자료가 포함될 수 있다.

- 발표일 : 발표문이 인쇄(발표)될 날짜
- 개발사 : 발표문의 대상이 되는 개발사
- 문의 : 문의사항이 있을 때 연락해야 할 사람의 이름과 연락처

마케팅 TIP

바람직한 뉴스 발표문 작성

- 강조를 위한 밑줄은 사용하지 않는다.
- 편집을 용이하게 하기 위해 최소한의 여백을 남겨둔다.
- 한 단락을 두 페이지에 걸치지 않게 한다.
- 항상 특정 편집자를 위한 내용을 쓴다.
- 2~3페이지로 짧게 한다.
- 항상 날짜와 함께 '즉시 배포'라는 문구를 큰 글씨로 기입한다.
- 내용이 정확한지, 완벽한 내용을 포함하고 있는지 확인한다.
- 간결하고 직설적으로 쓴다. 유식해 보이려고 하거나 너무 서민적으로 써서도 안 된다. 평가는 편집자의 몫이므로 화려한 형용사로 꾸밀 필요가 없다.
- 이름을 명확히 표기한다.
- 오타가 있는지, 철자나 문법이 틀리지 않았는지 다시 한 번 확인한다.
- 모든 발표문에는 각각 커버레터를 포함해서 보낸다.
- 발표문은 홍보의 표적이 되는 지역의 눈높이에 맞추어 작성해야 한다.
- 신문의 마감날짜에 맞춰 제출한다.
- 내용이 완성되는 대로 송부한다.
- 편집자에게 내용 중 고쳐야 할 부분을 지적해 달라고 한다.

■ 주제 : 무슨 내용인지 기사제목을 제안한다.

■ 머리글 : 머리글은 글의 주제를 말한다. 위에서 말한 언제, 어디서, 누가, 무엇을, 왜에 관한 정보는 이 부분에 나타나야 한다.

■ 계속 : 각 페이지의 끝에 '계속'이라는 말을 넣음으로써 뒤에 계속 내용이 있다는 것을 알린다. 혹시 프린트가 누락될 경우에 대비한 것이다.

■ 쪽 식별자료(page identification) : 각 페이지에는 개발사, 주제와 쪽번호가 기입되어야 한다.

- 끝: 발표문의 내용이 끝났다는 것을 표시해준다. 이는 편집자들의 혼란을 덜 수 있는 중요한 정보이다.
- 추신란: 담당자의 이름과 연락처도 추신란에 기입해야 한다.

② 보고서

보도용 배포자료의 또 다른 중요 구성물인 보고서는 관련 주제에 관한 모든 객관적인 사실들을 간략하고 읽기 쉽게 기록해 놓은 것이다. 보고서는 기자들에게 어디에 중점을 두고 인터뷰를 하고 기사를 작성할지에 대한 기초자료를 제공해 준다. 보고서에는 다음의 사항들이 포함된다.

- 커뮤니티의 컨셉트
- 이벤트 개최일시
- 위치
- 면적(대개 방의 면적도 포함)
- 디자인 팀
- 지역 쾌적시설
- 개발사 인적사항 및 경력사항
- 기타 필요사항

③ 특 집

전문가들의 사진과 함께 구성된 재미있고 상세한 연재물은 보도용 자료의 핵심이 된다. 편집자들은 독특한 주제나 사람들이 관심을 갖는 주제와 관련된 사진들을 선호한다. 사진의 캡션(설명)도 상당히 중요한데, 캡션은 간략하고 완벽하게 작성해야 하며 시계방향으로 제시해야 한다. 사진에는 보통 3명 이상의 사람이 들어가지 않도록 하고, 아무리 많아도 5명은 넘지 않도록 한다.

홍보사진은 특정한 형식을 갖추고 있지 않지만, 광고사진에는 세밀함이 요구된다. 그러므로 사진들은 용도에 맞게 따로 촬영되어야 한다(물론 동일한 사진사를 고용하여 비용절감을 꾀할 수 있다.).

④ 미디어

언론인들은 마감기한에 항상 쫓기며 생활한다. 그렇기 때문에 이들의 촉박한 사정을 최대한 이해하려고 노력하고, 이들에게 최대한 간결하고 정직하게 필요한 것만 제시해야 한다.

(3) 뉴스레터

뉴스레터는 정해진 고객들에게 제3자 신뢰도[12]를 활용할 수 있는, 비용효율이 좋은 통제된 홍보수단이다. 비록 기업이 뉴스레터를 스폰서하고 있다는 사실을 독자들이 안다고 해도, 제대로 작성된 뉴스레터의 형식, 디자인과 내용은 여전히 독자들에게 높은 제3자 신뢰도를 전달할 수 있다.

12) 여기서 신뢰도란 기업이 아닌 언론사의 객관적인 홍보제공이 갖는 신뢰도를 말한다.

뉴스레터는 마케팅 팸플릿을 대체하는 것이 아니라 보충하는 수단이다. 뉴스레터는 관심 있는 사람들과 주택소유자들에게 관련 소식을 지속적으로 접하게 하고 건축현황을 알리는 것을 주목적으로 한다. 대부분의 개발사는 두 가지의 뉴스레터를 배포해야 하는데, 하나는 소비자 뉴스레터이고, 다른 하나는 부동산중개사들을 위한 뉴스레터이다. 첫 번째 뉴스레터를 부동산전문가들에게 보내도 무방하기는 하나, 부동산전문가들의 사업 관심분야에 어필할 수 있도록 디자인되어야 하는 것은 두 번째 뉴스레터이다. 사내 의사소통을 위한 뉴스레터를 발간할 수 있으나, 소규모 건설사 및 개발사들은 이를 많이 사용하지는 않는다.

① 소비자 뉴스레터

부동산에 관한 소비자 뉴스레터는 주택소유자 및 이에 관심을 갖고 있는 사람들을 대상으로 주택단지의 크기나 형태에 따라 분기별 혹은 반기별로 배포한다. 이 뉴스레터는 현 주택소유주나 미래의 주택소유주들이 관심을 갖는 간략한 기삿거리를 포함해야 한다. 예를 들어, 특정 입주자에 대한 특집기사, 지역의 오락시설이나 단지의 특징, 주요 스태프에 대한 소개, 그리고 새로운 기능이 갖는 이익 등에 대한 내용을 제시하면 좋다. 또한 입주자들이 집에서 편히 쉬거나 생활하는 모습을 담은 사진(가능한 컬러로)을 넣는 것도 필요하다. 외부 정면도와 같은 식상한 사진은 가능한 피해야 한다.

② 부동산중개사 뉴스레터

부동산중개사 대상 뉴스레터 역시 소비자 뉴스레터와 동일한 크기와 형식으로 작성되어야 한다. 부동산중개사 뉴스레터에는 특별히 부동산중개사들이 관심 있어 하는 기사를 포함시킨다. 예컨대, 주택매매 관련 정책 및 절차라든가, 최근 어느 중개사가 주택매매를 위임받은 것에 관한 이야기와 관련사진이 있을 수 있다. 부동산중개사들의 지속적인 관심을 끌기 위해서 이 뉴스레터는 소비자 뉴스레터보다는 자주(최소한 3개월에 한 번) 배포되어야 한다.

③ 고지우편

선택된 특정 집단에게만 뉴스레터를 배포할 수 있듯이, 홍보 기사문, 특별 공시나 프로모션 이벤트 초대 등의 내용이 담긴 고지우편(awareness mailing)도 선택된 특정 집단에게 배포할 수 있다. 그러므로 고객리스트를 확보하고 관리하는 것이 이 마케팅 프로그램의 핵심이라 할 수 있다.

(4) 판매촉진활동

관계자들을 초빙하여 파티[13]를 여는 것과 프로모션활동을 혼동하는 사람들이 있다. 프로모션활동은 순전히 일반소비자만을 위한 이벤트가 아니라 개발사와 잠재고객, 부동산중개사와의 상호작용을 원활히 하기 위한 일련의 노력이다.

제대로 계획된 프로모션은 마케팅 프로그램들 중 가장 비용효과적인 활동이 된다. 판매촉진활동은 현장 내에서든 현장 외부에서든 잠재고객을 확보하는 데, 그리고 관심이 없는 고객들이나 부동

13) 최근 고가주택 판매의 경우 귀족마케팅의 한 방법으로 표적고객들을 초대하여 다양한 이벤트를 개최하면서 판매하고자 하는 부동산상품을 소개하고 있는 추세이다. 초대된 표적고객은 한정된 인원으로, 북적대는 모델하우스 분위기보다는 대우받는 느낌을 줄 수 있는 분위기를 연출한다.

산중개사들의 관심을 끄는 데 가장 효과적이라는 것이 이미 증명되었다.

① 현장 프로모션활동

현장 프로모션활동은 표적집단이나 특정 목표에 따라 달라진다. 예컨대, 오프닝 행사나 기타 그와 유사한 특별한 프로모션활동들은 새로운 잠재고객들의 창출에 기여한다. 이러한 활동들에는 아이들을 위한 마술공연이나 젊은 커플들을 위한 기구, 아이 없는 부부들을 위한 현장 실내장식 제공 등 미디어 홍보를 위한 행사들이 있다. 예를 들어, 개발사는 집들이 등을 후원하면서 집주인의 친구들을 잠재고객으로 만들 수도 있다. 또한 소규모 개발사는 저렴한 프로모션 이벤트로서 애완동물 관람회나 마라톤대회 등을 개최할 수 있다.

판매도우미의 도움 없이 소수의 주택을 마케팅하고, 부동산중개사들에게 의지하여 매출을 올리고 주문건설을 하는 개발사 및 건설사의 경우에는 본인의 명성과 소개로 영업을 할 것이다. 이러한 경우에도 개인적으로 인간관계를 넓혀가는 것이 중요하다.

② 현장 외부 프로모션활동

현장 외부 프로모션활동으로 대규모 개발사들이나 리조트 개발사들은 트레이드 쇼와 백화점 디스플레이 등을 함께 진행하기도 한다. 그러나 소규모 개발사들의 경우에는 가정이나 클럽에서 집주인들이나 이들의 친구들, 혹은 지역의 기관장들을 초대하여 비공식적으로 현장 외부 프레젠테이션을 개최하여 종종 성공을 거두기도 한다. 이러한 프레젠테이션은 훈련된 사람이 주택의 기능과 장점들을 시청각적으로 간결하게 자제된 목소리로 진행해야 한다. 이러한 프로모션을 개최할 때 집주인들로 하여금 관심 있어 하는 주변 친구들을 초대하도록 한다. 개발사는 모든 리셉션 예약이나 지출을 관리해야 한다.

(5) 지역사회와의 관계

대부분의 개발사들은 관련 공직자와 금융기관들과 좋은 업무관계를 맺고 있다. 이러한 관계는 사업상 일상적으로 계속 유지되어야 하며, 보통 조금만 신경을 쓰면 되는 것이다.

경우에 따라서는 지역사회 관련전문가가 필요할 수도 있다. 지역사회 관계개선활동이 필요한 네 가지 상황을 보면 다음과 같다.

① 부지설정 및 분양지 승인

현 입주자들이 주변에 새롭게 단지가 조성되는 것을 좋아하지 않을 수도 있다. 이러한 부정적인 반응을 보이는 이유는 그들의 현재 상황 및 환경을 저해할 수도 있기 때문이다. 이는 개발 관련 내용을 사적으로 만나서 설명(personalized presentation)함으로써 완화할 수 있다. 또한 정부의 인허가를 얻는 데 문제가 발생할 수도 있다. 이는 단지개발 시에 발생할 수 있는 문제로서 계획단계 이전에 파악해야 한다. 이웃과 정부 공직자, 그리고 언론의 지지를 이끌어내기 위해서는 정보전달, 프로모션 이벤트, 홍보지 배포 등 지역사회 관계 프로그램이 세밀하게 기획되어야 한다.

② 소유자 조합

개발사에 대응하기 위해 종종 소유자조합이 조직된다. 이들은 대체로 조합활동과 오락, 문화시설에 대한 운영 및 유지, 그리고 부대시설의 소유권 이양을 주로 요구한다. 이들과 협상하는 과정에서 때로는 개발사가 하룻밤에 악덕 개발사로 내몰리기도 하는데, 이 과정에서 만들어진 악덕 개발사라는 인식은 평생 따라 다닐 수도 있다. 기존 소유자들과 언론을 대상으로 한 지역사회 관계개선 캠페인을 통하여 이러한 문제들을 사전에 인지·대처해야 한다.

예를 들면, 판매촉진을 계획하고 조합을 구성할 때 미리 조합의 의무와 통제권의 이양에 관한 간결하고 명확한 성명서를 준비해야 한다. 방해가 되는 잠재적인 이슈들을 지역 뉴스레터에 반복적으로 게재함으로써 시공사 및 개발사와 입주자 간의 오해나 불필요한 갈등을 막을 수 있다. 실제로 정기적으로 뉴스레터를 발송함으로써 입주자들의 문의전화를 많이 줄인 사례가 있다.

③ 소송과 중재

이 두 가지의 불쾌한 상황은 안타깝게도 개발사들에게는 일상적인 일이다. 소송의 경우, 지역사회 관계개선 전문가를 변호사로 지명하여 추후에 당할 불쾌한 상황을 사전에 막아야 한다. 다만 개인적인 중재의 경우에는 대개 법정 밖에서 이루어지기 때문에 지역사회 관계개선 전문가가 특별히 필요하지는 않을 것이다.

소송이나 중재의 당사자들이나 언론을 대상으로 지역관계 개선 캠페인을 기획함으로써 언제라도 법정 밖에서 문제를 해결할 수 있도록 한다. 또한 정보가 새나가지 않도록 하기 위해서 캠페인을 기획하기도 한다. 많은 경우 이러한 캠페인에는 원활한 정보제공보다 더 많은 전문가의 도움이 필요하다.

④ 대출신청

금융기관 담당자로부터 대규모의 대출신청을 승인받기 위해 지역사회 전문가나 사업계획서 작성·검토 전문가를 물색하여 자문을 받는 것이 매우 효과적이다. 대출신청 시에 발표나 구비서류를 어떻게 준비했느냐가 승인 여부에 크게 영향을 미치기 때문이다.

실행계획의 주요 내용 ◂ 표 7.2

실행계획-신상품
- 마케팅조사
- 제품정의
- 계획과 예산
- 팀 조직 및 구성
- PR 및 프로모션
- 이미지 도출
- 광고
- 단지 판촉활동
- 인테리어 판촉활동

실행계획 검토양식

팀 조직 및 구성
- 1팀
  - 마케팅 및 판매 컨설턴트
  - 부지 매입담당자
  - 경관 건축설계사
  - 시공사
  - 인테리어 디자이너
- 2팀
  - PR 및 프로모션 대행사
  - 광고대행사
  - 그래픽 디자이너

마케팅조사
- 실행가능성 조사
  - 경쟁사 분석
  - 소비사 분식
  - 표적시장
  - 제품 포지셔닝
  - 분기/년 별 목표
  - 상품 프로필
  - 상품 믹스
- 제품의 정의
  - 부지분석
  - 부지입안
  - 제품설계
  - 제품인테리어 디자인
  - 단지명

제품의 정의
- 단지 입구
- 단지 부대시설
- 가격
  - 원가
  - 프리미엄 가격
  - 옵션가격
- 기초공사

마케팅, 판매계획과 예산

PR 및 프로모션
- 프로그램 개요
- 프로그램 예산승인

이미지 도출
- 로고 디자인
- 단지 및 사무용품 디자인
- 명함
- image package 제작

광고
- 크리에이티브 컨셉트
- 매체 프로그램
- 매체 예산승인

단지 판촉활동

모델하우스 설계 및 운영계획
- 라이프스타일
- 단지, 주변건물 명시 간판
- 부지 입안
- 건설업자 story
- 평면도 및 입면도

인테리어 디자인
- 모델하우스 인테리어 디자인
- 모델하우스 이름

PR
- 홍보물
  - 사진
  - Press Kit
  - 언론 보도물

광고
- 매체계약
- 광고제작
  - 신문
  - 잡지
  - TV 및 라디오
  - 광고게시판

단지 판촉활동
- 정보센터 전시 제작
- 단지 입구
  - 벽, 지형, 담
  - 단지 명시
- 현장 간판
  - 간판 디자인 및 색
  - 임시간판
  - 교통신호
  - 모델하우스 명시 간판
  - 공사부지 명시 간판
  - 부대시설
  - 정보센터 명시 간판
- 기타
  - 마케팅 팸플릿 및 표지
  - 평면도 및 입면도
  - 지도 및 찾아오는 길
  - 토지 입안
  - 단지 부대시설
  - 기능 및 옵션
  - 건설업자
  - 팸플릿 및 카드
  - 인쇄 및 배포
- 조경
  - 조경 디자인
  - 조경 설치

인테리어 디자인

모델하우스

제 3 절 성과를 내는 광고

부동산광고는 소비자가 꾸준히 부동산에 관해 문의하도록 만들어야 하며, 따라서 매출목표를 달성하는 데 매우 중요한 요인이 된다. 예컨대, 만약 어느 개발사가 지금까지 5%의 전환율[14)]을 기록

하였고 광고가 월 평균 40건(연 480건)의 문의를 발생시켰다면, 개발사는 연간 24건[15]의 판매에 달하는 매출예산을 설정해야 한다. 만약 개발사가 동일한 전환율 조건 하에서 매출을 2배로 증가시키고자 한다면, 문의 횟수를 두 배로 높일 수 있도록 광고 프로그램을 추진해야 한다.

14) 제1장에서 전환율이란 고객의 문의에 대한 매출비율(매출·문의)이라고 설명한 바 있다.
15) 24/480=5%

1. 광고의 용도

전세계적으로 개발사들의 마케팅전략이 점점 더 세련되어감에 따라 광고의 역할이 더욱 중요해지고 있다. 부동산광고는 개발사나 커뮤니티에 대해 다음과 같은 역할을 수행한다.

- 적합한 소비자시장의 표적화
- 경쟁자와의 차별성 제고
- 차별화된 이미지 구축

울산 매곡동 하이밸리-3차

"숨 크게 쉬고 살아요~!
가슴 활짝 펴고 살아요~!"
환경친화적 주거공간의 이미지를 전달하는 메시지가 잘 표현되어 있다.

개발사는 신규 부동산시장에 대하여 인쇄광고, 옥외광고, 라디오, TV, DM 등의 광고방법들을 사용한다. 이 방법들을 소개하면 다음과 같다.

2. 인쇄광고

신문은 상품을 보여주고, 설명해주고 다른 개발사와 비교되는 주택이나 커뮤니티 특성을 전달할 수 있다. 부동산 지면을 보면 개발사들에게 첨예한 경쟁적 요소가 요구된다는 것을 쉽게 알 수 있다. 요즈음 신문을 보면, 약간 과장하면 속된 표현으로 '물 반, 부동산광고 반'이라고 할 만큼 수많은 부동산광고들이 같은 소비자를 대상으로 경쟁하고 있다. 아무리 부동산이 훌륭하게 설계되고 좋은 입지와 좋은 가격에 제공된다 하더라도 소비자들이 유용하다고 인지하지 않는다면 그 부동산은 팔리지 않는다. 유용하다고 인지하도록 도와주는 것이 바로 광고 등의 촉진활동이다.

(1) 구매자 동기부여

광고의 그림과 머리글은 독자들이 광고에 몰입하여 읽고 싶어하도록 제시되어야 한다. 간단히 주의(집중)를 끌어내야 하지만, 이것만으로는 불충분하다. 성공적인 광고는 역시 독자들이 전화나 방문 등을 하게끔 동기를 유발시켜야 한다. 이를 위해서는 광고가 독자에게 어떤 혜택을 제공하여야 한다. 그 혜택이란 비용을 줄일 수 있다는 등의 실제적인 내용과 편안하고 안락하게 생활을 즐길 수 있고 생활을 향상시킬 수 있다는 인식을 줄 수 있어야 한다. 이는 개발사가 단순히 주택만을 판매하는 것이 아니라 꿈도 팔아야 하기 때문에 중요하다.

부천 중동 위브 더 스테이트

살기 좋은 주거공간이라는 부동산상품에 자부심이 담겨 있는 감성적 메시지가 잘 표현되어 있다.

(2) 인쇄광고의 유형

신문광고는 항목광고(특정 지면, 예컨대 부동산 지면)와 대형광고(주목을 끌기 위한 화려한 광고)로 구성된다. 이 두 가지 형태가 모두 효과적이라 할 수 있으며, 신문광고 지면을 구매할 때 주의 깊게 고려해야 한다. 두 광고 모두 잠재고객을 이끌어내는 데 비용효과적이다.

(가) 항목별 광고

항목광고(classified ads)는 간단한 로고 외에 삽화, 그림, 사진 등이 없는 단순한 인쇄형 광고이다. 대체로 신문의 특정 섹션에 게재되고, 대형광고(display ads)보다는 작은 규모이다.

① 언제, 어떤 목적으로 하는가

항목광고는 모든 개발사들에게 경제적인 광고가 된다. 이런 형태의 광고는 부동산회사의 외부에서 제공되는 주된 정보원천이므로 많은 유망고객들은 이 광고를 처음으로 접하게 된다. 그러므로 개발사들은 같은 메시지를 전달하는 것을 피하고, 매주 다른 정보들을 제공하면서 항목별 광고를 지속적으로 게재해야 한다.

② 선전문구

독자의 주의를 끌기 위해 사용하는 선전문구(buzz[16] words)는 항목광고에서 특히 중요하다. 예컨대, 다음과 같은 것들이 포함된다.

- 무지개 꿈의 실현, 정원 같은 아파트, 궁전 같은 입구, 정원이 바라보이는 우아한 식당, 목가적 분위기, 이태리식 빌라, 지중해식 고급주택, 벽난로와 스토브가 있는 집, 온천, 꿈과 같은 즐거움 …

③ 항목광고를 실행할 때의 권유사항

- 회사 상호보다는 전화번호만 쓴다.
- 가급적 5줄 이상 쓰지 않는다.
- 광고의 상단 줄을 굵게 쓴다.

(나) 대형광고

대형광고(display ads)는 보통 신문 전면에 게재되거나 전 지면을 채우며, 보통 예술적 그림이나 사진을 포함한다. 신문의 부동산 섹션광고들은 대부분 이에 속한다. 그러나 고객들의 주목을 끌기 위해서 반드시 큼지막한 크기의 광고를 해야 하는 것은 아니며, 동일 지역 내의 경쟁자와 차별되는 특징들을 부각시켜야 한다.[17]

다음 광고는 단지의 쾌적성과 편리성을 간단한 카피로 표현한 사례이다.

16) 여기서 Buzz란 의성어로서(벌의 날개짓) 소비자 간의 구전행위가 벌의 날개짓처럼 활발하게 이루어지는 상황을 말한다.

17) 믿어지지 않겠지만 사람들은 하루에 평균 1,600개의 상업광고 메시지 세례를 받으며, 이 중 80개 정도를 의식적으로 주시하고 12개 정도에 어떤 반응(행동 또는 심리적)을 야기하는 자극을 받는다. 이는 광고나 홍보가 왜 소비자의 주목을 끌어야 하는지를 설명한다.

① 신문지면 구매

신문의 지면을 사는 것은 비교적 간단한 과정이다. 개발사는 신문에 광고를 싣기 위해 필요한 모든 정보를 입수해야 한다. 여기에는 발간량, 구독률, 마감시간 등이 포함되며, 아울러 대략적인 광고비와 함께 특정 기간 중 광고비 할인정보 등이 포함된다.

② 사진, 삽화

흥미를 끄는 사진이나 삽화는 단번에 소비자의 이목을 이끌어낸다. 이미지 삭업은 특히 경쟁자의 광고와 차별화되어야 한다. 만약 대부분의 신문광고가 검은 배경에 흰 내용물을 제시하고 있다 할지라도, 이러한 기법은 지양하는 것이 좋다. 주목을 끄는 광고의 핵심은 고객에게 차별화된 모습을 보이는 데 있다. 단순한 모방은 실패를 가져온다.

<자료 : 우림필유의 게이티드하우스 상품 컨셉트를 전하는 이미지 사례>

③ 제 목

재치 있고 힘 있는 표제는 고객을 광고로 유인 · 자극하고 주의를 집중시킬 수 있다. 만약 그 내용이 소비자의 효익을 담고 있다면 더욱 좋다. 그러나 제목(headline)에 모든 내용을 담으려 하지 말고 독자들의 시선을 본문과 삽화로 유인해야 한다.

④ 광고형태

광고의 형태 역시 다른 경쟁사와 차별화되어야 한다. 만약 다른 경쟁사들이 1/4 규모의 종단광고를 게재하였다면, 1/4 횡단광고가 더 좋은 결과를 가져올 수 있다.

<자료 : 하늘정원>

⑤ 여 백

효과적인 광고는 대체로 간략하게 내용을 전달한다. 즉, 광고지면을 내용과 그림으로 가득 채우는 것은 잘못이다. 여백(white space) — 글이나 그림이 없는 빈 공간 — 을 사용하는 것은 광고를 읽기 쉽게 해주고 더 호감을 갖게 해준다.[18)]

18) 국내광고의 경우 너무 빡빡하게 지면을 채우는 경향이 있는데, 여백을 충분히 두어 절제의 미를 살리는 것이 훨씬 더 효과적이다.

⑥ 눈에 띄도록 하는 것

광고에 있어서 가장 중요한 요소는 눈에 띄는 것이다. 이를 테스트하는 간단한 방법은 광고를 거꾸로 뒤집어 보고 무엇이 눈에 확 띄는지 보는 것이다. 이는 제목, 로고, 삽화 등일 수 있다. 만약 모든 요소들이 눈에 띄는 정도가 비슷하다면 광고의 효과는 별로 크지 않을 것이다. 광고는 읽히기 전에 주목받아야 하고, 행동으로 이어지기 전에 먼저 읽혀야만 한다.

아래의 인쇄광고는 건설사의 기업이미지를 전하는 광고로 실력으로 승부하겠다는 메시지를 코믹하게 연출하였다.

⑦ 광고에는 무엇이 포함되어야 하는가

개발사들이 광고와 관련하여 보통 간과하기 쉬운 두 가지 요소는 너무 많은 정보를 전달하려 하거나, 아니면 너무 적은 정보를 게재하는 것이다. 광고는 다음과 같은 정보를 담고 있어야 하며, 섬세한 밸런스가 유지되어야 한다.

- 커뮤니티 이름
- 주택의 유형
- 가격 또는 가격대 단, 고가주택은 제외하여도 된다.
- 사업지의 주소와 위치
- 전화번호
- 정보센터와 모델하우스 오픈시간
- 제품의 독특한 특징
- 독특한 판매특성,[19] 예컨대 입면도, 외관, 라이프스타일, 자금지원, 특별한 이점, 기타 구매자를 위한 혜택 등을 제시한다.

19) 이를 USP(Unique Selling Proposition)라고 하며 보통 한 가지의 독특한 특성을 개발하고 고수하는 것이 좋다. 예컨대, Crest 치약은 시종일관 충치예방을 프로모션한다.

이러한 기본정보에 추가하여 부동산광고는 문의전화 또는 방문을 유도하는 내용을 담고 있어야 한다. 다음은 접촉을 유도하는 내용이다.

- 이전 가격으로 오늘 구매하세요.
- 오늘 방문하셔서 저희의 최우선 고객명단에 올라가세요.
- 오늘 방문하셔서 분양이전 특가혜택을 받으세요.

가능하면 이벤트를 개최하는 것이 좋다. 이벤트는 배너광고로 공지하거나, 혹은 기존광고의 상단이나 하단에 간략히 공지한다.

- Grand Opening
- 모델하우스가 지금 오픈 중입니다.
- 새로운 모델하우스를 소개합니다.

⑧ 피해야만 하는 실수

광고를 게재한 후 반응이 거의 없거나 문의가 없다면 낙담하게 된다. 그러나 이러한 실패는 광고를 신중하게 계획했다면 피할 수 있다. 이를 야기하는 광고 상의 실수는 다음과 같다.

■ **표적고객을 무례하게 대하는 것** : 불필요한 노출광고와 성차별처럼 고객에게 상처를 주는 것, 또는 소비자를 비하하는 것, 지나친 경쟁광고나 비속한 언어 등은 고객을 식상하게 하는 광고(tasteless adv.)이다.

■ **기술적 용어를 과다하게 쓰는 것** : 기술적 단어나 필요 이상의 건축 관련 전문용어는 감성에 다가가지 못하므로 광고에 담지 말라.

■ **장황한 설명** : 광고에 강조하고 싶은 부동산의 특징을 선택하라. 개발사 입장에서는, 예컨대 카펫의 질이나 눈에 띄는 외관의 인테리어가 중요할지 모르지만 소비자에게는 중요치 않을 수 있다. 고객의 마음에 확실하게 어필할 수 있도록 시간과 돈이 절약된다는 내용이나 편의성과 안락함을 제공한다는 것을 강조하여야 한다.

■ **적절치 못한 타이밍** : 만약 기상캐스터가 폭풍이나 다른 심각한 날씨를 예고하였다면 가급적 광고를 취소하여야 한다. 나아가 다른 중요한 스포츠중계시간이나 지역선거일, 국경일 등을 피하여 잠재고객이 적합한 시간에 광고에 집중할 수 있도록 하여야 한다.

(3) 인쇄광고에 필요한 기술적 고려사항

경쟁적인 시장을 대상으로 하는 인쇄광고의 카피 제작 시 디자인, 성과물 등이 동시에 고려되어야 한다. 이러한 것들이 실패한다면 광고효과는 기대할 수 없다. 이 중에서도 특히 고려되어야 할 요소는 다음과 같다.

① 인쇄의 질

각 신문들은 프린트 품질이 서로 다르다. 만약, 인쇄의 질이 의심스럽다면 사진보다는 삽화를 삽입하는 것이 더 좋다.

② 서 체

활자는 그 형태가 아주 다양하다. 여기서 지켜야 할 규칙은 화려하거나 예술적 형태보다는 간단한 활자를 활용해서 읽기 쉽게 하는 것이 좋다는 점이다. 화려한 활자는 읽기 어려우며, 특히 아주 작은 활자체일 경우 더욱 그렇다.

③ 활자크기

활자크기 역시 매우 다양하게 사용할 수 있다. 크기는 광고 전체 크기, 머리글인지 본문인지 여부, 그리고 강조하고자 하는 내용의 분량에 따라 선택한다.

3. 옥외광고

옥외광고는 개발사가 광고를 실행할 때 가장 비용효과적인 형태로 생각하는 경우가 많다. 미국의 경우 고객의 문의 중 40~60%가 옥외표지판에 의해서 발생한다고 한다. 부동산구매자를 유인하기 위하여 다음과 같이 다양한 표지판이 사용될 수 있다.

- 옥외전광판
- 게시판
- 길 바닥표시
- 방향표시판
- 진입표지판
- 분양현장 내 방향표시

표지판(sign)은 너무 상세하게 설명하지 않으면서도 부동산에 대하여 무언가를 항상 전달하도록 만들어져야 한다. 간결한 메시지는 자세히 설명이 되어 있는 메시지보다 쉽게 기억되고 읽힐 수 있다. 대부분의 표지판은 운전 도중에 차 안에서 읽는다는 것을 알아야 한다.

표지판의 모습과 느낌은 바람직한 커뮤니티 이미지를 보완해 주어야 한다. 표지판을 손으로 직접 쓰거나 비용이 적게 든 것 같은 비전문적인 느낌을 주는 표지판은 피해야 한다. 표지판은 로고와 커뮤니티 색상을 사용함으로써 커뮤니티 이미지를 확립하는 데 도움을 주어야 한다. 표지판의 재료들도 그러한 이미지를 강화하는 데 활용될 수 있다. 예를 들어, 사업지에서 구할 수 있는 자연석을 커뮤니티 입구에 설치해둘 수 있다.

(1) 옥외광고(billboard)

페인트 게시판과 포스터 게시판을 포함해서 광고게시판은 비교적 적은 비용으로 많은 사람들에게 도달할 수 있기 때문에 광고에서 중요한 역할을 한다. 게시판은 고객을 사업지에 끌어들이거나 광고 주제를 강화시키기 위해 사용할 때 가장 효과적이다.

광고판을 만드는 비용은 회사나 커뮤니티 로고 또는 기존의 사진 등을 사용함으로써 절감할 수 있다. 또한 이렇게 동일한 도안을 반복해서 사용하는 것은 다른 광고 메시지를 강화(reinforce)하는 추가적인 이득도 있다. 옥외광고판 광고를 하고자 하는 개발사는 그 효과를 향상시키기 위해서는 다음의 가이드라인을 따라야 한다.

① 게시판을 활용하는 시점

전술한 바와 같이 게시판은 고객이 부동산에 방문하도록 만들기 위해 사용할 때 가장 효과적이다. 그러나 광고예산의 규모가 대단히 큰 경우를 제외하고는, 옥외광고판을 통해 이미지를 창출하는 것은 비용이 매우 많이 드는 일이다. 만약 옥외광고판 사용의 타당성이 낮다면 다른 매체를 사용하면 될 것이다.

② 게시판 광고의 유형

개발사는 게시판 광고로 대체로 포스터 광고와 교차지점 광고 등 두 가지 유형을 사용한다. 포스터 광고는 일정한 간격으로 종이 위에 메시지를 전달할 수 있다. 반면, 교차지점 광고는 다양한 지역에서 볼 수 있도록 하는 종단 패널에 메시지를 적어놓는다.

③ 지역과 위치

옥외광고판 비용은 그 광고판이 위치하는 도로에서 움직이는 차량의 양에 기초한다. 즉, 게시판을 볼 수 있는 통행량 규모에 따라 그 위치의 상대적 비용이 결정된다. 옥외광고판은 주요 통행로에 위치하여야 한다. 특정 지역을 선정하기 전에 차를 운전해 지나가면서 살펴보고 각 지역을 판단해야 한다. 바람직한 게시판은 운전자가 방해받지 않고 직접 메시지를 볼 수 있는 곳에 위치해 있는 게시판이다.

④ 최소한의 카피(minimal copy)

효과적인 게시판의 열쇠는 카피나 사진 및 컬러가 간결해야 한다는 것이다. 메시지는 간결하고 읽기 쉬워야 한다. 게시판의 경우 최적의 단어수는 7개이다. 예를 들어, 카피는 커뮤니티나 개발사의 명칭, 가격대, 전화번호, 방향안내 등으로 제한하여야 한다.

⑤ 밝은 색상 사용

밝고 진한 색상은 주목을 끈다. 먼 거리에서 가장 쉽게 볼 수 있는 색상이 무엇인지에 대해서 많은 연구가 이루어져 있다. 빨간색이 가장 강력하고 가장 쉽게 인식되는 색상이기는 하지만, 커뮤니티 색상은 일관성 있게 지속적으로 사용하는 것이 중요하다. 오늘날 여러 가지 색조와 눈에 띄게 하는 기법들이 많이 개발되고 있다.

⑥ 조 명

개발사가 옥외광고판 광고를 계획할 때 고려해야 하는 또 다른 요소는 조명이다. 조명을 통해 차량이 많은 통로에서 노출을 최대화할 수 있다. 밤에 조명장치를 해두면 게시판의 내용을 읽을 수 있기 때문에 게시판 조명은 비용효과적이다.

⑦ 비용효과성(cost-effectiveness)

많은 개발사들은 게시판 부지를 근처에서 빌리거나 자신의 부지를 활용함으로써 비용을 절약한다. 이러한 것이 가능치 않을 때는 기존의 게시판을 연장하여 빌리는 것이 더 비용효과적이다. 장기간 계약하면 단위 개월당 비용이 더 저렴해진다. 게시판을 신선하고 새롭게 유지하기 위해서는 재도장을 고려해야 한다.

⑧ 사업지 외부에서의 방향표지판

길에 설치하는 표지와 같이 외곽의 방향표지는 또 다른 비용효과적인 옥외광고이다. 이들은 개발사의 존재를 알리고 사업지의 방향(위치)을 알려주기 위하여 도로변의 말뚝에 세워진다. 어떤 지자체들은 길거리 표지를 제한하기도 한다. 그러나 허용이 될 경우 고객들의 문의를 유도하고 개발사의 정체성을 확립하는 데 매우 효과적이다. 거리표지판을 통해 강한 인상을 심어주기 위해서는 다음과 같은 지침을 따라야 한다.

■ **간결한 메시지** : 거리표지는 유망고객이 건설사업지를 확인할 수 있도록 해주는 목적을 가지고 있다. 그러므로 가격안내 등 다른 판매정보를 이러한 작은 표지판에 넣으면 안 된다. 여기에는 단지 회사나 커뮤니티 로고와 방향 화살표만 나타낸다.

■ **효과적인 색상** : 거리표지는 수많은 광고 중에서 쉽게 눈에 띄어야 한다. 길거리 바닥색과 유사한 색은 혼동되므로 피하고, 회사나 커뮤니티 컬러와 조화를 이루는 범위 내에서 밝은 색이 추천할 만하다.

■ **독특한 형태** : 독특한 표지를 사용하면 고객들이 고속주행 중에 회사로고나 상호를 미처 보지 못하더라도 빨리 인지할 수 있다.

4. 직접우편

직접우편(direct mail : DM)은 표적고객에게 우편을 통해서, 혹은 직접 전달하는 인쇄물 광고이다. 전단지, 엽서, 편지, 팸플릿을 포함하는 DM은 많은 광고프로그램에서 필수적이고, 유망고객에게 도달하는 매우 효과적인 광고이다.

(1) DM의 지침

DM은 목적을 분명히 하고 발송대상자를 신중하게 선택해야 한다. 다음은 DM의 지침이다.

① 목 적

DM은 목적에 따라 여러 형태로 나뉘는데, 일반적인 예로 제품 홍보, 마케팅 브로슈어, 이벤트 초청장 등이 대표적인 세 가지 유형이다.

② 행동야기(call to action)

DM은 특별한 반응을 불러일으킬 수 있도록 만들어져야 한다. 새로운 모델하우스의 기본계획을 알리고자 할 때 개발사는 지금 당장 새로운 고객들이 주택을 방문하도록 초청해야 한다. 가까운 시일 내에 가격이 올라간다고 알려주며, 유망고객들이 가격상승 이전에 구매하도록 설득할 필요가 있다.

③ DM Follow-up

유망고객에 대한 후속 우편발송(follow-up)은 별도의 우편물을 포함하는 경우가 많다. 이 경우 손으로 직접 주소를 작성하고, 요금 별납우편(metered postage)보다는 특수우표를 사용하여 개인화(personalize)하는 것이 필요하다. 이러한 후속 DM은 개인적 접촉을 위한 약속을 지정할 수 있는 기회이다. 예컨대, "혹시 선생님께서 이 부동산에 대해 궁금한 사항이 있으실지 몰라 목요일 7시에 전화 드리겠습니다."와 같은 메시지를 전달할 수 있다. 경험적으로 볼 때 이렇게 개인화된 우편이 표준우편보다 더 효과적이다.

④ 반복(repetition)

DM은 다른 형태의 광고와 마찬가지로 무작위로 보내는 것이 아니다. 마치 최고의 결과를 위하여 신문광고를 여러 차례에 걸쳐 게재하듯이, DM 역시 표적집단에게 여러 번 발송될 때 반응률이 상당히 더 높아진다.

(2) DM의 표적화

DM의 비용효과적인 반응비율은 신중한 기획과 수행에 의해 크게 좌우된다. DM의 전형적인 반응비율은 1% 내지 2%이지만, 우편발송이 두 번째 이루어질 경우 비율을 3%로 끌어올릴 수 있다. 반응비율은 개별화된 메일을 보내고 이벤트에 초청함으로써 더 높일 수 있다. 다음은 DM의 비용효과성을 높이는 데 도움을 준다.

① 표적발송

신중하게 선정된 표적고객을 대상으로 DM을 발송하면 광고비가 절감된다. 예컨대, 제1차 표적고객으로서 분양예정 부동산의 특정 거리 이내 거주자[20]에 대해 DM을 발송할 수 있다. 그런 다음 훨씬 더 선택적인 표적발송을 할 수 있는데, 예컨대 투자프로그램 커뮤니티 회원들을 대상으로 할 수 있다. 아울러 인근의 부동산중개사들을 표적화할 수도 있다.

20) 미국의 경우 15마일, 즉 80Km까지로 선정하기도 한다(C. R. Clark et al., 1989, 전게서).

② 응답자 리스트 구매

전문 DM업자들은 연령, 소속 또는 현 거주지 등 여러 가지의 고객표적화 요인에 근거하여 만든 리스트를 제공한다. DM 발송회사를 접촉하기 전에 시장을 잘 아는 것이 중요하다. 인구통계적이든 지리적이든 표적시장을 잘 정의해두면 그만큼 더 DM이 비용효과적이 된다. 전화번호를 포함한 리스트를 확보하여 후속으로 전화를 하는 것이 좋다.

5. 잡지, 라디오 및 TV광고

이 매체들은 효과적이기는 하나, 광고전문가들의 도움이 필요하며 제작비용이 매우 많이 소요된다.

(1) 잡지광고

잡지광고를 고려할 때 개발사는 먼저 특정 잡지를 통해 도달할 고객을 정의한 다음, 이 매체를 통해 그 고객들을 비용효과적으로 접촉하기에 충분한 예산을 가지고 있는지 확인해야 한다. 컬러 잡지광고는 일반적으로 전문적인 예술가에 의해 제작되며, 매우 매력적이고 눈에 띄게 제시되기는 하나, 황홀하거나 그럴싸한 이미지로 인해 광고목표가 잘 인지되지 못하고 마는 경우도 있다.

(2) 라디오와 TV광고

비용이 훨씬 저렴한 Cable TV를 포함하여 TV광고는 대부분의 소규모 개발사에게 너무 큰 비용부담이 되지만, 라디오광고는 다른 광고를 보완해 주고 특정 이벤트에 대한 방문을 증가시키기 위해 유용하다. 잡지의 고객처럼 라디오광고에도 표적화된 고객의 선택이 매우 중요하다. 라디오는 청각으로만 전달되기 때문에 창의적인 광고전문가가 더욱더 필수적이다. 만약 광고대행사가 경쟁사의 오픈을 위한 광고를 훌륭하게 수행했다면, 이 대행사는 단지 라디오광고만을 통해서도 우리 개발사를 위해 똑같은 효과를 거둘 수 있을 것이다.

다음은 라디오광고 카피의 한 사례로서 명곡을 창조할 수 있는 최상의 주거공간임을 잘 표현하고 있다.

> 슈베르트, 그가 더블파크에 살았다면
> 우린 명곡을 하나 더 만날 수 있었을지도 모릅니다.
> “당신의 상상에 하나 더, 진흥 더블파크”

(3) 매체결정

마케팅계획 시 잡지나 라디오광고를 포함시킬 것인지의 여부는 개발계획 및 예산계획 단계에서 결정되어야 한다. 물론 광고전문가가 그러한 결정을 하는 데 도움이 될 것이다. 그러나 구변 좋은 프레젠테이션이나 시간압박 속에서, 심사숙고하지 않은 채 임시적으로 제작된 부가물에 의해 최종결정이 좌우되어서는 안 된다. 특정의 부동산상품이나 특별이벤트가 표적고객에 도달하기 위해서 잡지나 라디오 광고는 결코 간과할 수 없는 효과적인 매체이다.

(4) 성과평가

광고는 비용이 많이 든다. 그러나 진정한 비용은 소요자금에 비해 나타난 성과를 평가함으로써 판정된다. 그러므로 고객의 방문 후 개발사나 판매대행사의 첫 번째 질문은 "우리의 새로운 주택에 대하여 어떻게 알게 되었는가?"이어야 한다. 광고의 효율성과 모든 마케팅비용의 효과성을 판별할 수 있도록 매일 혹은 매주 단위로 응답을 파악해야 한다.

6. 마케팅 브로슈어와 판매 브로슈어

일반적으로 마케팅 브로슈어와 판매 브로슈어로 구분되는 두 개의 브로슈어는 마케팅과정에 공통적으로 사용된다. 마케팅 브로슈어는 많은 잠재고객의 전화문의를 받는 개발사나 DM으로 활용할 수 있는 브로슈어가 필요한 개발사에 의해 주로 사용된다. 마케팅 브로슈어는 정보를 너무 많이 제공함으로써 고객이 추가적으로 현장을 방문하지 않고도 의사결정을 할 수 있도록 하는 것이 아니라, 고객으로 하여금 사업지를 방문하도록 하기 위해 제한적인 정보만을 제공한다. 그러므로 마케팅 브로슈어에는 공간배치계획이나 가격정보 등을 포함하지 않는다.

이와 반대로 판매 브로슈어의 목적은 일단 사업지를 방문한 유망고객에게 판매정보를 추가적으로 제공하기 위하여 사용된다. 대체로 이 브로슈어는 더 자세한 정보를 담고 있다. 일반적으로 고객은 구매결정을 하기 전에 3회 내지 5회 정도 현장을 방문한다. 그와 동시에 구매자는 다른 커뮤니티를 5회 내지 7회 정도 방문한다. 첫 인상이 아무리 강력하더라도 부동산상품이 소비자의 의사결정에 소요되는 기간만큼 소비자의 마음과 눈에 남아 있어야 하며, 따라서 브로슈어는 필수적인 마케팅도구이다.

① 브로슈어 제작지침

■ **일관성**: 브로슈어 카피(광고내용)와 사진, 삽화 등은 광고 및 마케팅자료들과 일관성을 가져야 한다. 구매자가 무엇을 파는지 확실히 기억할 수 있도록 지속성이 유지되어야 한다.

■ **간결성**: 브로슈어 카피는 완전하고 간결하되 고객이 필요로 하는 정보를 제공하여야 한다. 글이 많은 브로슈어가 충분히 읽히는 경우는 드물다.

■ **유용성**: 일반적으로 시간이 지남에 따라 새로운 모델이 추가되므로 브로슈어의 정보는 바뀐다. 이러한 이유로 판매 브로슈어 내부에 포켓 폴더를 만들어 놓기도 한다. 표지는 개발사의 로고를 사진으로 사용하며, 회사나 커뮤니티 색상으로 인쇄한다. 브로슈어 뒷면 표지는 커뮤니티 위치 약도나 개발사 신뢰성을 알리는 메시지 등 시간이 지나도 변경되지 않는 카피나 정보를 담는다.

■ **가격정보**: 브로슈어에 결코 인쇄되지 않는 한 가지가 있다면 바로 가격목록이다. 가격은 자주 변경되기 때문에 판매사가 구두로 알려주어야 한다. 유망고객에게 브로슈어를 전해주기 전에 부동산의 해당 평면도(floor plane)나 입면도(elevation)에 대한 가격을 제시해야 한다.

■ **브로슈어에 포함되는 내용**: 일반적인 판매용 브로슈어는 다음과 같은 정보를 담고 있어야 한다.

- 입면도

- 평면도
- 외관
- 커뮤니티 현황 · 라이프스타일 정보
- 개발사의 신뢰성을 입증하는 메시지(개발사의 등급과 건설 연혁 등)
- 로고
- 주소와 전화번호
- 지역지도
- 부지계획도

또한 선택적으로 포함될 수 있는 것으로는 다음과 같은 것들이 있다.

- 선택사양 목록
- 금융 관련 정보
- 명함 삽입

지역 내 그래픽전문가나 인쇄사를 브로슈어 인쇄에 활용할 수 있다.

제 4 절 머천다이징과 모델하우스 운영

부동산마케팅에 있어서 머천다이징(merchandising)이란 실제 부동산상품을 잠재구매자들에게 보여주는 것이다. 대규모 개발사들은 실제 규모의 제품을 현장이 아닌 곳에 모델하우스를 만들어 보여주고 있는데, 머천다이징은 일반적으로 건설현장에서의 프레젠테이션을 가리킨다. 머천다이징에는 단지로 들어가는 도로의 이미지에서 시작해서 고객들에게 큰 영향을 미치는 단지 입구, 단지 내부도로 이미지와 쾌적시설, 정보센터 내부 및 외부의 디스플레이, 그리고 모델 하우스 외부 및 내부까지 포함된다.

1. 머천다이징에 대한 대논쟁

많은 중소규모 개발사, 특히 서민들을 대상으로 하는 개발사들에게는 신규주택 머천다이징은 논쟁거리이다. 설득력 있는 주장 중 하나는 너무 세련된 머천다이징은 오히려 서민들로 하여금 지나친 마케팅 비용지출로 인하여 결국 신규주택가격이 인상될 것이라고 믿게 만들어, 결국 그들의 등을 돌리게 만들어버린다는 것이다. 그래서 이 주장에 따르면, 가격에 민감한 구매자들은 '화려하게 치장'된 주택보다는 '소박하게 장식'된 저가주택을 더 선호한다는 것이다.

반대로 성공한 머천다이저들은 전문적인 프레젠테이션이 결국 감정에 호소하여 가격에 매우 민감한 구매자들까지 자석처럼 끌어들인다고 주장한다. 이들에 따르면, 비록 소박하게 장식된 주택을 강조하는 주장이 자금난을 겪는 소규모 개발사들에게는 더 타당해 보이겠지만, 머천다이징을 잘 했을 경우 매출액이 훨씬 크다. 대부분의 유망고객들은 더 낮은 가격을 선호하지만, 가격대에 맞춘 전문적인 주택 프레젠테이션의 영향을 받는다.

특정 상품에 대한 최적의 머천다이징 수준이 어떻게 되는가는 최고의 머천다이징 요소가 무엇인가와 관련된 또 다른 쟁점이다. 기업규모와 관계없이 머천다이저가 제시하는 가격-규모 비율공식을 모든 개발사의 연간 판매량에 그대로 적용할 수 없다. 현장 표지, 단지 조경 및 시설, 정보센터와 모델 하우스 등과 같은 각 머천다이징 요소들을 잘 적용하기 위해서 모든 머천다이징 활동은 현지 시장의 수요·공급요인 및 판매주택에 맞춰져야 한다.

2. 현장 표지판

현장 표지판에는 다음과 같은 것들이 있다.

- 단지 혹은 입구 사인
- 개발사의 분양사무실을 알려주는 방향표지
- 정보센터와 모델하우스의 식별표지

(1) 현장 사인 가이드라인

모든 현장 사인들의 디자인과 자료들은 통일성을 위해 상호 유사하게 제작되어야 하며, 커뮤니티나 회사의 통일된 로고와 색깔을 사용해야 한다. 전형적인 현장사인들은 [그림 7.2]에 제시되어 있다.

단지 간판 예시 ◂ 그림 7.2

Landscaping

Regardless of sign quality, site signs are usually wasted money unless accompanied by appropriate landscaping. Whether the product is an entire community or a single home, expert landscaping is a key merchandising component integral to the quality image of the homes.

① 입구 표지판

단지로 향하는 입구의 표지판은 제품을 표현하는 하나의 문장으로서 사람의 첫 인상만큼이나 중요하다. 즉, 문자 도안화, 제작 재료, 장소 선정, 조명, 주변 경관을 포함해서 세세한 모든 것들이 중요하다. 또한 입구 사인은 건설사의 품질 수준에 대한 잠재고객의 첫인상이므로 긍정적이고 지속적인 인상을 남기도록 만들어져야 한다.

② 현장 방향지시 표지

무엇이 건설되고 있는지를 알리고 더욱 자세히 살펴보도록 잠재고객들을 끌어들이기 위해서 단지 주변이나 개발사의 주택에 설치되는 방향지시 표지에는 사인뿐만 아니라 깃발이나 배너도 포함된다. 정보센터와 모델하우스가 입구 바로 옆에 붙어 있다 하더라도, 방향지시 표지는 설치되어야 한다.

③ 식별 표지

표지는 방문객들을 주차장, 특별 쾌적시설, 정보센터와 모델하우스로 안내할 수 있어야 한다. 많은 개발사들은 각 건물 앞에 그 건물의 이름을 알려주는 사인을 세운다. 이렇게 하는 것은 손님들에 대한 통제가 잘 되지 않는 상황에서 고객들을 유인하거나 매우 혼잡한 상황에서 고객들이 각 건물을 식별하는 데 도움이 된다. 다만, 대부분의 소규모 개발사들은 고객들이 개인적으로 도우미들의 안내를 받기 때문에 이러한 식별 표지가 필요치 않을 수도 있다.

모든 현장 표지판들은 이미지와 정보를 전달한다. 이미지는 매력적이고 호소력이 있어야 하고, 정보는 간결해야 한다. 모든 현장 표지판들을 적어도 일주일에 한 번씩은 점검해야 한다. 더렵혀졌거나 잘못 놓인 표지판은 개발사의 긍정적 이미지를 단번에 뒤엎을 수 있기 때문이다.

3. 조 경

간판의 질적 수준에 상관없이 적절한 조경이 동반되지 않는 현장 사인의 설치는 예산낭비에 지나지 않는다. 그 제품이 주택단지이든 단독주택이든 전문적 조경은 주택의 품질 이미지 향상을 위한 핵심적인 머천다이징활동 요소 중 하나이다.

(1) 조경에 대한 기초

조경의 영속적 성격 때문에 이에 필요한 비용은 보통 마케팅예산이 아닌 개발예산에 포함된다. 그럼에도 불구하고 조경은 제품 머천다이징의 핵심적 부분이기 때문에 마케팅계획에서 논의되어야 한다. 다음은 조경을 위한 가이드라인이다.

- 단지나 단지 경계까지 들어오는 진입로의 이미지를 조경을 통해서 최대한 멀리까지 확장한다.
- 최적의 이미지를 전달하기 위해 처음에 다 자란 나무들을 심는다. 어린 나무들은 빈약하고 싸구려처럼 보인다.
- 분수뿐만 아니라 담장, 칸막이와 다른 구조물들을 전체적인 조경계획과 통일시킨다.
- 나무들이 너무 빨리 자라서 표지판을 가리지 않도록 표지판 아래와 옆에 심을 식물을 주의 깊게 선택한다.
- 선택된 식수들이 일년 내내 최적의 모습을 보일 수 있도록 관리한다.
- 신선한 모습을 유지하고 때때로 시각적으로 새로운 감동을 줄 수 있도록 계절화초를 심는다.
- 고객들이 조경을 감상할 수 있는 시간을 늘리기 위해서 조명을 설치한다.

4. 쾌적시설

단지 쾌적시설은 신규단지를 개발하는 개발사들이 신중하게 고려해야 하는 조경의 일부이다. 언제 쾌적시설을 설치해야 하는가? 각 상황에 맞는 최상의 쾌적시설은 무엇인가? 쾌적시설에 얼마나 많은 예산을 배정해야 하는가? 이런 질문들에 대한 답은 신중한 사고와 가이드라인을 필요로 한다.

단지 쾌적시설로는 놀이터, 공원, 게스트하우스, 자연산책로, 실내골프연습장, 수영장, 클럽하우스, 조깅코스, 라켓볼 · 스쿼시 코트, 헬스클럽, 그 외에 독특한 단지특성을 활용하도록 설계된 많은 특별시설들이 포함된다. 단지 쾌적시설은 개울 옆에 몇 개의 벤치가 설치되어 있는 산책로처럼 작을 수도 있고, 스키장이나 자연보호구역이 있는 거대한 산처럼 클 수도 있다. 최근 국내 유명브랜드 아파트 중에는 단지 외벽 부근을 따라 개울물을 흐르게 하여 좋은 이미지를 주는 곳도 있다.

(1) 자연 쾌적시설

호수, 개울이나 산과 같이 특정 장소의 구성요소이면서 그 장소의 가치와 매력을 증대시켜 주는 것이 자연 쾌적시설(nature amenities)이다. 그렇기 때문에 잠재구매자들이 충분히 이러한 자연 쾌적시설들을 즐길 수 있는 방식으로 쾌적시설들의 가치를 고양시켜야 한다. 이를 위한 방법으로는 땅 위의 관목과 울창한 숲을 이루고 있는 나무들의 잔가지를 없애고 통행로를 만들거나, 호수나 개울 주변에 조경을 하거나, 경치를 즐길 수 있는 전망시설을 설치하는 것 등이 있다.

(2) 인공 쾌적시설

인공 쾌적시설(artificial amenities)은 일반적으로 현장의 이미지 고양보다는 표적고객 포지셔닝에 따라 선택가능한 비용 및 가치증대 요인이다. 효과적인 머천다이징을 위해서는 모든 쾌적시설들이 표적고객들에게 어필할 수 있는 최적의 방식으로 설치되어야 한다. 인공 쾌적시설은 전체 마케팅전략의 한 부분으로 설계·개발·배치되어야 한다. 왜냐하면 이러한 쾌적시설들 때문에 영향을 받아서 주택을 구입하는 고객들 중 일부만이 실제로 이러한 쾌적시설들을 정기적으로 이용하기 때문이다.

예컨대, 단지 내 풀장에서 매일 수영을 하는 자신의 모습을 상상하던 구매자가 입주 후에는 물에 발 한 번 담가보지 않을 수도 있다. 그렇기 때문에 인공 쾌적시설은 소비자들에게 초기에 어필할 수 있도록 디자인하고, 처음부터 일종의 전시용으로 개발해서 모든 방문객들의 눈에 잘 띄는 장소에 배치해야 한다.

광고 전단지 등에 쾌적시설을 만들겠다고 말로만 약속하는 것은 많은 잠재고객들에게 별 영향을 미치지 못한다. 만약 최적의 포지셔닝 전략에 어떤 쾌적시설이 포함되어 있다면, 주요 표적고객집단의 취향에 맞춰져 있다는 것을 보여주기 위해서 그 쾌적시설을 우선 건설해야 한다.

5. 정보센터의 3C

그 이름이 정보센터, 웰컴센터, 방문객센터, 모델센터, 판매센터이든, 아니면 판매사무소, 주택문화관이든 무엇이든 간에 잠재고객들을 만나서 정보를 주고 판매를 한다는 기능은 동일하다. 판매센터라는 이름이 가장 널리 사용되고 있지만, 어떤 사람들은 주택문화관이 대부분의 잠재고객들에게 덜 위협적이고 더 친근한 명칭이라고 보고 있다.

정보센터는 안락함(comfort), 통제(control) 및 계약체결(closing)[21]을 고려해야만 각각의 특정 부지와 제품에 부합하면서 동시에 일반적인 판매관행에 맞게끔 만들어질 수 있다. [그림 7.3]은 모델하

21) 이를 정보센터 설계의 3C라고 부른다.

그림 7.3 ▸ 정보센터 사례

– 상세 상담 및 계약·분양을 위한 정보센터

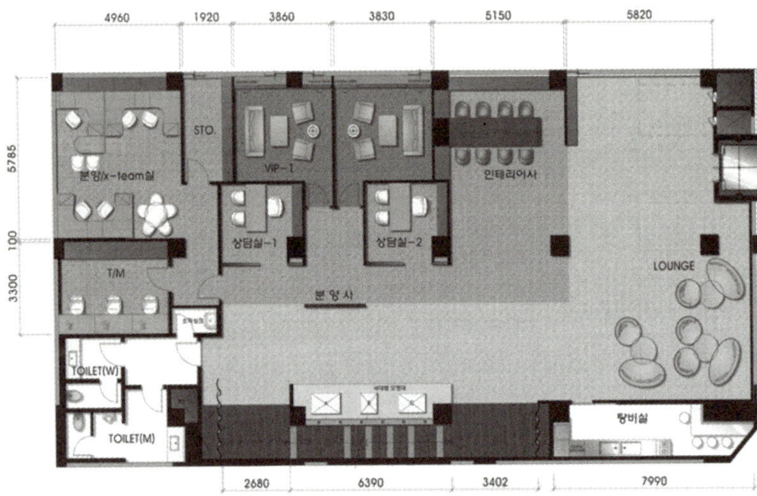

우스와 아담한 정보센터에 대한 3C의 적용사례를 잘 보여준다. 이것은 정보센터 설계의 3C와 함께, 계약체결과 행정기능을 위한 별도의 공간을 통합하고 있다. 전시실 공간은 둥글게 만들어져 실제 420평방피트보다 훨씬 더 넓어 보인다.

(1) 안락함

정보센터의 성공적 디자인을 위해서 안락함은 매우 중요하다. 잠재고객들은 현장에 들어오는 순간부터 안락함을 느껴야 한다. 여기서 머천다이징 단계는 다음과 같다.

① 자동차 진입로 및 주차

'정보센터'나 '방문자센터'라고 정확히 식별되는 건물은 쾌적시설에 인접한 도로에서 잘 보여야 한다. 정보센터는 갇혀 있다는 느낌을 주어서는 안 된다. 예컨대, 방문 전뿐 아니라 방문 후에도 방문자들로 하여금 정보센터를 반드시 통과하도록 하기 위해 건물들

주변에 담장을 쌓아놓아서는 안 된다. 주차장은 고객용과 직원용을 분리해서 설치해야 한다.

② 보행로 및 현관

현관과 현관으로 가는 길은 명확히 구분해야 한다. 현관문은 유리 현관문을 추천한다. 미닫이문은 자동문에 비해 안락하게 진입하는 데 적합하지 않기 때문이다. 만약 건물이 지면보다 상당히 높게 올라가 있어야 한다면, 표준적인 계단을 설치하기보다는 몇 개의 데크를 설치하는 것이 더 바람직하다.

③ 집결장소

집결장소(staging area)에 설치되는 전시물들은 창의적인 사진, 연출물과 여가생활의 상징들을 통해 단지의 미래 생활양식을 보여주어야 한다. 시각정보자료들에는 다음과 같은 순차적인 네 가지 전시물들이 포함되어야 한다.

- 주변지도
- 단지계획
- 특정 제품계획
- 건설사에 대한 이야기

이 전시물들은 판매원이 자리에 없을 경우 몇 분 동안 고객들의 이목을 끌 수 있을 만큼 유혹적이어야 한다. 이러한 전시물들의 예가 다음 [그림 7.4] 제시되어 있다.

(2) 통 제

통제는 정보센터 디자인의 3C 중 두 번째 C에 해당한다. 통제와 안락함을 동시에 달성하기 위해서 위협적인 물리적 함정은 피해야 하며, 사무실 분위기를 연상시키는 모든 것들은 전시실에서 제거해야 한다(그림 7.4 참조).

그림 7.4 ▸ 전시 사례

자료 : (주)CI & D

① 근무지역

판매원의 근무지역은 근무활동을 보이지 않게 하면서 동시에 눈에 띄지 않게 방문객들의 활동을 모니터할 수 있어야 한다. 공간의 분리·폐쇄가 바람직하다.

② 전시물

판매원은 방문객들이 방해받지 않고 한 번에 하나의 전시물에 주의를 집중할 수 있도록 해야 한다. 전시실 출구는 쾌적시설이나 건물들의 경치가 보이는 방향으로 향해 있어야 한다.

③ 인쇄물

평면도(floor plans)나 브로슈어 및 기타 관련 정보자료들은 관람의 마지막 단계에 제공되어야 한다. 인쇄물 보관장소는 정보센터의 출구 근처에 있는 판매원의 손에 쉽게 닿는 곳에 있어야 한다. 판매 브로슈어는 아무나 가져갈 수 있도록 전시실에 방치되어서는 안 되고, 개인적인 프레젠테이션을 위한 중요한 정보처럼 취급해야 한다.

④ 전망지역과 건물 출구

전망지역은 쾌적시설이 잘 보이는 곳에서 개발에 대한 논의를 할 수 있도록 만들어진 장소이다. 이 전망지역의 일차적 목적은 고객들을 모델하우스로 끌어들이는 것이다. 그렇기 때문에 이 지역은 편안하게 앉아서 쉴 수 있도록 디자인되어서는 안 된다. 건물 출구는 작은 데크나 파티오(patio) 위의 자동 유리문(미닫이문이 아닌)과 연결되어 있어야 한다. 건물로 이어지는 계단과 통로는 성인 3명이 나란히 걸어갈 수 있을 정도로 넓어야 한다.

⑤ 다시 건물 안으로 이동

건물들의 출구는 입구로서 기능을 하기도 하며 잠재고객들이 전시물들을 더욱 주의 깊게 바라볼 수 있어야 한다. 이제 비즈니스를 할 때라고 느껴지면, 판매원은 고객을 계약상담실(closing room)

로 인도해야 한다. 그렇지 않다면, 인쇄물 배포를 포함하여 정해진 마감절차를 따르면 될 것이다.

(3) 계약체결

3C 중에서 가장 중요한 것이 계약체결(closing)단계이다. 일단 계약체결이 시작되면, 어떤 이유로도 방해받아서는 안 된다. 계약체결절차를 지원하기 위해서 정보센터는 다음의 사항들을 구체화시켜야 한다.

- **closing room으로 가는 길** : 함정에 빠졌다는 느낌을 피할 수 있도록 이 길은 closing room으로 바로 빨리 갈 수 있도록 되어 있어야 한다.
- **closing room** : 이 방은 자연채광으로 충만해 있어야 할 뿐만 아니라 조경시설과 쾌적시설이 잘 보여야 한다. 물론 창문을 통해서 주의를 산만하게 할 수 있는 것들이 보여서는 안 된다. 이 방은 지름 42인치의 원탁과 안락한 의자 네 개가 들어갈 수 있을 정도의 크기여야 한다(아이들에게 closing room 밖에서 할 수 있는 활동을 제공해야 한다). 이 방에서는 전망지역이 완전히 다 보여야 하지만, 방음만큼은 철저해야 한다.
- **closing room의 출구** : 구매자들을 판매소장에게 소개해야 한다. 다른 잠재고객들은 전망지역으로 안내한 다음 귀가시켜야 한다. 이 길은 넓고 트여 있어야 한다.

6. 인테리어 머천다이징

주택을 효과적으로 프레젠테이션하기 위해서 인테리어 머천다이징은 필수적이다. 모델하우스는 방문객들이 다음의 것들을 할 수 있게끔 만들어져야 한다.

- 개발사의 완성품이 제공하는 특징들을 보고 만지고 느낀다.

- 방문객들이 구매를 했을 때 그러한 특징들이 구매자들에게 어떻게 이익이 되는지를 안다.
- 그 집에 거주하게 될 때 어떻게 그들의 행복이 증대되는지를 시각적으로 형상화한다.

모델하우스 인테리어 머천다이징은 잠재적 구매자들로부터 긍정적인 감정적 반응을 이끌어내기 위해서 주택 인테리어의 외관을 향상시킨다. 인테리어 머천다이징은 안락함과 스타일을 감각적으로 전달하여 구전을 통한 판매 프레젠테이션을 지원하고, 그럼으로써 훨씬 높은 지각적 가치를 끌어낸다. 효과적인 인테리어 머천다이징은 가구, 커튼, 카펫이나 부속물들의 판매와 무관하다. 인테리어 머천다이징의 진정한 목표는 이처럼 멋진 집에서 살고 있다는 환상을 만들어내는 것이다. 성공적인 머천다이저들은 표적고객들의 취향과 재정능력에 맞는 가구, 침대카버나 기타 장식품들을 주의 깊게 선택한다. 값싼 가구 비치가 부유한 잠재고객들의 등을 돌리게 만드는 것과 마찬가지로, 잠재구매자들의 예산을 넘어서는 가구 비치는 그들의 환상을 깨버릴 것이다.

(1) 중소 개발사들을 위한 인테리어 머천다이징

대부분의 잠재고객들은 모델하우스를 방문해서 개발사와 제품을 처음 소개받는 것이기 때문에, 모델하우스 인테리어는 아주 중요한 제품 디스플레이며, 이는 수익창출을 위한 투자이다.

① 머천다이징 대안들

중소 개발사들을 위한 대안들은 인테리어를 별로 하지 않는 옛날 방법에서부터 판매수익의 일정비율[22)]에 해당하는 비용을 들여서 모델하우스를 세련되게 하는 것까지 매우 다양하다. 대부분의 마케팅요소에서처럼, 규모의 경제로 인해 대형 개발사들은 중소 개발사들보다 더 적은 비율의 지출로 모델하우스 머천다이징을 할 수 있다. 어쨌든 중소 개발사가 제대로 머천다이징하고자 한다면,

22) 미국의 경우 매출액의 2~3% 혹은 제곱피트당 20~30달러 정도의 비용을 들인다고 한다.

이에 맞게 머천다이징을 위한 예산비중을 늘릴 필요가 있을 것이다.

② 3가지 대안

모델하우스를 정돈하는 방법으로는 3가지 대안이 있다.

- 전문 모델하우스 머천다이저에 의해 완벽하게 가구를 비치하는 것, 단 그렇다고 가구 전시장으로 만들거나 투박하게 하지는 않아야 한다.
- 선택적인 인테리어 머천다이징. 특징적인 가구와 소품들의 비치 등 선택적 인테리어 머천다이징과 벽 장식
- 벽 장식을 하고 화분으로 보완하기

물론 이 대안들은 아래 단계에 있는 것일수록 비용과 소비자 영향이 줄어든다. 일반적으로 성숙하고 세련된 고객들을 표적으로 한 고가제품들은 생애 최초 구매자나 처음 이주하는 구매자들을 표적으로 한 저가 제품보다 더 많은 투자를 필요로 한다. 세련된 구매자들은 하나의 모델하우스만을 보고도 대안적인 평면계획의 외관을 파악할 수 있는 반면에, 경험이 적은 소비자들은 그들이 구매하고자 하는 주택과 거의 똑같은 모델하우스를 직접 눈으로 보고 손으로 만져보아야 한다. 만약 예산부족으로 충분하게 인테리어를 할 수 없다면, 가구비치를 하지 말고 전문적인 컬러배색과 소품을 선택적으로 활용하면서 바닥과 벽의 장식에 집중해야 한다. 이런 접근방법은 종종 중요한 방이나 안방에 대한 선택적인 가구 디스플레이를 통해 개선될 수 있고, 고객들은 그것을 보고 나머지 빈 공간에 대한 가구 비치를 자유롭게 상상할 수 있다.

③ 재장식하기

소비자의 취향이 변하거나 모델하우스가 낡아 보이기 시작하면, 전문적으로 다시 장식하여 신선한 모습을 되찾을 수 있다. 새로운 소품들을 구입하는 것이 상대적으로 더 경제적이면서도, 모델하우스 인테리어의 극적인 변화를 만들어낼 수 있다.

머천다이징 컨셉트 기획사례 ◀ 그림 7.5

#1 . 모델하우스 디자인 컨셉트(기본 전제사항)

"과거와 현재 그리고 미래가 공존하는 상징의 세계" → 宮

궁은 그 구성요소마다 암시와 의미가 담겨져있는

상징의 세계이다.

이 상징의 세계는 느끼려고하는 사람, 보려고하는 사람에게만

보여지는 선택의 세계이기도 하다.

지금까지도 없었고, 앞으로도 없을 궁터에 세워지는

유일한 곳 상림원 역시 선택된 사람들에게만 부여되는

특별함을 지닌 곳이다.

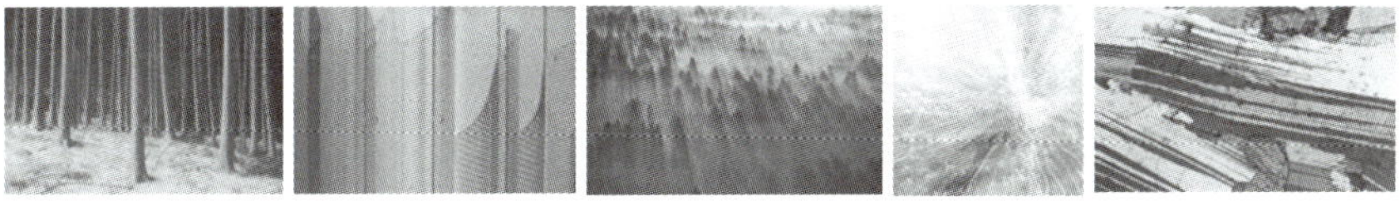

#2 . 모델하우스 디자인 컨셉트 (기본전제사항에서 도출)

Nugget, Rust orange, Root brown등 마른 열매와 씨앗 같이 자연적 소재의 따뜻한 느낌과 걸러는 풍요로움과 영원함을 상징하고 Mosaic blue, Medium green, Burnt brick과 같은 조화로 중후하고 여유로움을 표현한다.

전통적으로 쓰이는 석재 / WOOD 에 현대적 감각의 METAL / GLASS 등을 섬세한 수공예적인 터치감으로 마감하여 새로운 스타일의 NEW LUXURY를 제안한다.

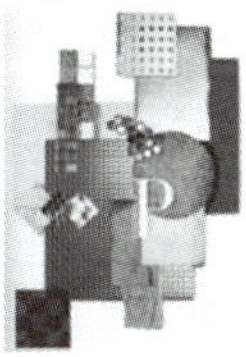

모델하우스 동선 계획

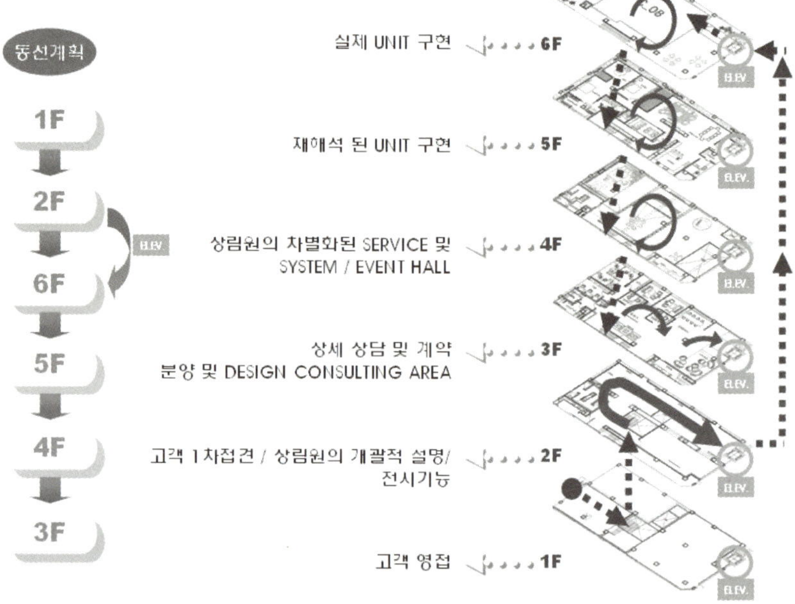

모델하우스 정보센터 PERSPECTIVE

자료 : (주) CI & D 상림원

(2) 적합한 머천다이저의 선정

특정 시장과 예산에 맞는 머천다이저를 찾는 것은 인재를 탐색하는 개발사의 끊임없는 과정 중의 하나이다. 선정된 머천다이저는 주택유형과 가격대별로 모델하우스 인테리어 머천다이징에 상당한 훈련과 경험을 가지고 있어야 한다. 머천다이저는 세세한 부분에서 능력이 입증된 사람이어야 한다. 옷장 인테리어, 페인트 칠의 완벽성, 수납장 설치 등과 같은 세세한 부분에 대해서 샘플 모델하우스를 체크해야 한다. 또 의사소통과 대인관계도 중요한 요소이므로, 개발사는 대화가 잘 통하고 대안적 해결책을 모색하는 데 있어서 유연성을 보여주는 그런 유형의 사람을 찾아야 한다. 다른 마케팅 팀원들에게와 마찬가지로, 잠재적 머천다이저에 대한 경력을 확인해야 한다. 또 과거에 그와 일했던 대부분의 개발사들이 다시 기꺼이 일하고자 하는 그런 사람이어야 한다.

한두 명의 머천다이저에게 제안서를 요구할 때[23] 그들에게 동일한 시장조사 정보와 주택계획을 제공해야 한다.[24]

(3) 머천다이징의 평가

머천다이저를 선정하는 데는 ― 그리고 그로부터 최고의 성과를 얻어내기 위해서는 ― 평가가 필수적이다. 각 머천다이저는 특정 문제에 대해 상이한 창의적인 대안을 제시할 것이다. 창의성은 수학적 기준이나 객관적인 체크 리스트에 의해서 평가할 수 없다. 성공여부는 표적고객들에게 불러일으키는 감정적 호소력[25]에 근거해서 판단한다.

어쨌든 다음의 원리들은 머천다이저와 성공적인 관계를 맺도록 가이드해줄 것이다.

① 표적고객 식별

머천다이저는 먼저 표적고객을 식별한 후, 특별히 그 집단을 위한 인테리어 디자인을 해야 한다. 표적집단이 둘 이상이고 모델하

23) 대체로 3명 이상은 바람직하지 않다

24) 물론 디자인 팀의 일부로서 그 머천다이저를 보유하는 것이 현명하다고 할 수 있다

25) 모델하우스를 돋보이게 하고, 방문객들에게 기억에 남을 만한 경험을 남겨주는 스타일과 태도를 성취하는 것이다.

우스는 하나밖에 없는 경우에, 개발사와 머천다이저(그리고 다른 적절한 팀원들)는 머천다이징을 위한 최선의 표적집단을 정해야 한다. 양립 가능한 경우를 제외하고, 머천다이저는 두 집단을 목표로 해서는 안 된다.

② 일관성

본서에서 이미 여러 차례 서술하였지만 마케팅 프로그램의 전 과정을 통해서 일관성 유지는 매우 중요하며, 머천다이징 시에도 일관성 유지에 꾸준히 유의하여야 한다. 식민지시대의 미국을 테마로 하는 광고에 반응하는 소비자들에게 아르 데코(1920~30년대의 장식디자인)식 모델하우스 인테리어를 보여주어서는 안 된다. 정보센터의 배색 기조가 모델하우스의 배색과 상반되어서는 안 된다.

③ 주택판매

주된 목표가 가구나 주방기구를 파는 것이 아니라 주택을 팔기 위한 것이라는 머천다이징의 기본원리를 준수해야 한다. 인테리어 장식은 주택의 공간과 특징들을 보완해주어야 한다. 장점을 강화하고 약점을 최소화하는 색깔과 천과 가구들을 선택해야 한다. 햇빛과 바깥 풍경이 창문을 통해 반짝거려야 하고, 이를 통해 형성되는 감성적 이미지를 방해하는 어떤 표지나 메시지도 없어야 한다.

④ 예 산

예산을 확립하고 준수하는 것은 진정한 프로임을 나타내는 표시이다. 사전 동의 없이 이로부터 벗어나는 것은 프로답지 못한 것이다.

개발사와 머천다이저 간에 좋은 초기관계의 확립, 그리고 전 디자인과정을 통해서 객관적 비평과 결부된 신뢰의 표현은 성공적인 결과를 낳을 것이다. 전문 머천다이저들은 자신들의 성공이 개발사 및 고객의 성공과 불가분의 관계에 있다는 것을 알기 때문에, 비용효과적인 마케팅을 통한 판매증가라는 공통의 목표달성을 위해 함께 노력할 것이다.

Reference 참고 문헌

구자룡(2003), 한국형 포지셔닝, 원앤원북스

김동훈 · 안광호 · 유창조(2001), 촉진관리, 학현사

김병도(2003), 코카콜라는 어떻게 산타에게 빨간 옷을 입혔는가, 21세기북스

김종의(2004), 소비자행동, 형설출판사

김훈철(2003), 포지셔닝을 만났을 때 광고 · 마케팅이 확 달라진다, 컴온북스

박상언(2004), 통통 튀는 한국형 부동산마케팅, 무한

박치관 · 박준병 · 김웅규 · 최종인 공역(2003), 이노비즈마케팅, 북코리아

신종칠(2004), 신경제시대의 Kotler 마케팅, 시그마프레스

안종배(2004), 나비효과 디지털 마케팅, 미래의 창

윤훈현 옮김(2004), 마케팅관리론, 석정

이규현(2006), 현대마케팅관리, 경문사

이명식(2003), 서비스마케팅, 형설출판사

이의훈 · 김숙응(2004), 실버마케팅, 형설출판사

이은석 · 심형석 옮김(2002), 오리야마 카즈히사 지음, 건설 · 부동산 비즈니스 마케팅전략", 박영률출판사

이유재(2004), 서비스마케팅, 학현사

이충노(2004), "부동산 분양마케팅 전략에 관한 연구 — 주거용과 업무용 부동산의 성공 및 실패사례를 중심으로 —", 고려대학교 경영대학원 석사학위논문

이학식(2004), 마케팅, 법문사

이홍재 옮김(2003) 야미미 히로야스 지음, 홍보기술, 한국재정경제연구소

최기열 · 박성신 공역(2005), 크리스티안 미쿤다 지음, 환상적인 체험을 제공하는 공간연출 마케팅 제3의 공간, 미래의 창

한국생산성본부(2006), 부동산마케팅 및 분양전략실무

한상분(2005), 트렌드를 알아야 부동산이 보인다, 동아일보사

Arnold, Lee E., JR(2004), *Commercial Investment of Real Estate*, South-Western Thomson Learning.

Clark, Charles R., David F. Parker and Clark Parker Associates(1989), *Marketing New Homes*, National Association of Home Builders.

Hamilton, Dan(2006), *Real Estate Marketing and Sales Essentials*, Thomson South-Western.

Hopkins, Tom(2004), *Mastering the Art of Selling Real Estate*, Portfolio.

Keller, Gary and Dave Jenks and Jay Papasan(2005), *The Millionaire Real Estate Agent*, McGraw-Hill.

Kotler, Philip(2003), *Marketing Management*, 11th edition, Prentice Hall.

Lovelock, Christopher and Lauren Wright(2002), *Principles of Service marketing and Management*, Prentice Hall.

Martichoux, Claire(2004), *La promotion des ventes en pratiques*, d'Organisation.

Millier, Paul(2002), *Stratégie et Marketing de l'Innovation Technologique*, DUNOD.

Randall, Mary Ellen and Jamie M. Edwards(2005), *Real Estate Advertising Made Easy*, Seldon Griffin Graphics Inc.

Remley, Jim(2005), *Make Millions Selling Real Estate*, Amacom.

Richard, Dan Gooder(2000), *Real Estate Rainmaker*, John Wiley & Sons, Inc.

Richard, Dan Gooder(2004), *Real Estate Rainmaker Guide to Online Marketing*, John Wiley & Sons, Inc.

Schmitz, Adrienne and Deborah L. Brett(2005), *RealEstate Marketing Analysis*, Urban Land Institute.

Stone, Dave(1989), *New Home Marketing*, Dearborn.

Sullivan, Marilyn(2003), *Success as a Real Estate agent*, Alpha.

Zagaris, Michael P.(2005), *The PMZ Way : Strategies of Highly Successful Real Estate agent*, PMZ publishing.

chapter 8

유망고객 창출을 위한 마케팅

◀ 동탄우림필유게이티드하우스 조감도

구분	내 용
부동산 마케팅 개요	**1. 부동산마케팅 전략의 개요** • 새로운 부동산마케팅시스템 • 부동산마케팅의 전략기획, 예산수립
부동산 시장 분석	**2. 부동산시장조사 분석** • 부동산시장 분석의 개요, 원리, 주안점 • 영역규정, 수요 분석, 공급 분석 • 시장 분석, 수요충분성 분석 → **3. 부동산유형별 시장 분석** • 주택시장 • office시장 • 호텔 및 리조트시장
부동산 상품 선택	**4. 사업타당성 분석** • 총비용 산정 • 가치평가, 타당성 추정 • 리스크통제기법 → **5. 부동산상품의 분석과 선택** • 아이디어 창출의 원천과 기법 • 제품의 정의과정 • 커뮤니티, 상품, 디자인
부동산 마케팅 활동	**6. 부동산상품의 컨셉트와 가격결정** • 이미지, 포지셔닝, 가격전략 수립 → **7. 부동산 홍보, 광고, 촉진** • PR, 광고, 머천다이징 M/H 운영
고객 관리 및 영업	**8. 유망고객 창출의 전략기법** • 조사, 프로필 구축, 고객 포착 → **9. 인적마케팅** • 인적마케팅 개념 • 인적마케팅 전술 → **10. 마케팅전문가 선발** • 팀 구성 • 전문가 선발

앞의 제6, 7장에서는 홍보, 광고, 판촉 등 촉진활동과 부동산상품의 컨셉트 및 가격결정에 관해 설명하였다. 이어서 이 장에서는 범위를 좀더 좁혀서 유망고객창출의 전략과 기법에 관해 논의하고자 한다. 여기서 다루는 주요 내용은 다음과 같다.

- 유망고객 창출을 위한 조사 및 정보노출
- 고객창출 프로그램의 효과성
- 유망고객 기록보존과 프로필
- 고객탐색매체, 유망고객의 포착

부동산 전시는 판매를 목적으로 하며, 판매를 중요시 여기는 것은 판매계획을 효과적으로 수립하기 위한 기본원리가 된다. 적합한 유망고객의 포착과 이들을 대상으로 적절한 노출(exposure)을 계획하는 것은 부동산마케팅 실행의 중심목표가 되어야 한다. 또한 유망고객에게 합리적으로 다가가는 창의적인 마케팅 프로그램은 마케팅책임자의 주된 과제이다. 적정규모의 신규 부동산상품에 대하여 고객이 관심을 갖지 않는다면, 계획된 만큼의 부동산이 판매되지 않을 것이다. 그렇다면 얼마만큼의 전시 횟수가 바람직한가? 부동산을 판매하는 데 필요한 모델하우스 및 신규주택 방문횟수를 어느 정도로 할 것인가?

만약 한 채의 주택을 판매하고자 한다면 그 주택을 매우 마음에 들어 하면서 구매력을 가진 소수의 유망고객만 있어도 될지 모른다.[1] 그러나 계약이 100% 성사되는 것은 아니기 때문에 마케팅 프로그램은 보다 큰 유망고객 시장으로 그 대상을 표적화하여야 한다. 부동산판매에 있어 최고의 전문가일지라도 소개받은 모든 고객이 부동산을 구매하도록 할 수는 없다. 일반적으로 계약성사율은 5% 정도에도 못 미치는 것이 현실이다. 먼저 유망고객 창출과 시장조사에 관해 잠시 살펴보자.

1) 이렇게 구매의사와 구매력을 갖춘 상태를 수요(demand)라고 표현한다.

제 1 절 유망고객 창출은 조사에서 시작한다

제2장에서 강조한 바와 같이, 시장조사는 모든 의사결정과 실용적인 마케팅계획의 수립을 위한 안전장치가 된다.[2] 시장조사는 고객을 명확히 정의하고, 판매하고자 하는 부동산에 대하여 구매력을 가지고 있으면서 상품에 대하여 관심을 가질 수 있는 고객의 전체 시장크기를 추정하는 것이다. 어느 기업이든 시장에 포함된 고객보다 더 많은 잠재고객을 창출할 수는 없다. 또한 지역 내 모든 잠재고객을 이끌어 내거나 그들로 하여금 촉진활동에 모두 반응하도록 만들기는 어렵다. 따라서 계약성사율 목표치는[3] 현실적으로 세워야 한다. 전술한 바와 같이, 평균적으로 10% 이상의 계약성사율을 달성하기란 매우 어렵다. 설령 지역 내의 모든 유망고객을 이끌어 내거나 혹은 경쟁자가 거의 없는 시장에서 아주 독특한 부동산상품을 제공한다 하더라도 25%의 성사율을 달성하기란 매우 어려운 일이다.

2) "투우사가 되려면 먼저 황소가 되는 법을 익혀야 한다." (스페인속담)

3) 이를 계약전환율이라고 표현하기도 한다.

유망고객 포획률과 관련된 마케팅계획 및 예산의 변화율을 살펴보자. 최초 시장조사 결과 기업이 공급하고자 하는 부동산유형에 대해 1,000명의 고객이 있다고 가정하자. 우선 그 1,000명 모두 우리가 공급하는 부동산에 대해 잘 알게 될 가능성은 배제해야 한다. 전체 1,000명 중에서 광고메시지를 보는 사람이 25%라고 가정하면 250명이 광고에 노출되는 셈이다. 물론 광고에 접한 250명을 대상으로 최고의 전문적인 마케터가 판매한다면 최대 25% 정도의 성사율은 달성할 수도 있다. 그러나 성사율이 10% 이하인 경우가 훨씬 더 많을 것이다.

마케터는 적격 고객이든 아니든 구분하지 않고 총구매자수를 기초로 하여 선도구매자 창출캠페인을 전개하여 합리적인 전환율

달성을 목표로 한다. 만약 모든 형태의 마케팅과 촉진활동을 통해 100명의 유망고객을 창출할 수 있고 부동산상품이 우수하여 최소한 1~5% 정도의 성사율을 달성할 수 있다고 하자. 이는 100회의 노출마다 최소한 1채에서 5채의 부동산상품을 판다는 것을 의미한다.

경쟁이 치열하거나 고객의 구매결정이 쉽게 이루어지지 않는 시장에서는 전환율이 1% 이하로 떨어질 수 있다. 그러나 마케팅 포지셔닝을 매우 잘한다면 거래의 전환율을 5% 이상까지도 상승시킬 수 있다.

최적의 시장환경 조건과 우수한 마케팅성과를 전제로 하여 마케팅예산과 유망고객 창출프로그램을 계획하는 것은 치명적인 실수가 된다. 보수적이거나 현실적인 전환율을 가정하여 예산을 설정하고, 이에 맞추어 이 전환율을 달성하기 위해 예산을 지출하는 것이 바람직하다. 마케팅 캠페인을 공격적으로 전개하고 시장 내에 침투율을 높일 수 있는 충분한 규모의 유망고객이 있다면 적격 유망고객수를 늘리는 것은 가능하다. 그러나 예산을 더 많이 집행한다고 해서 반드시 그에 비례하여 유망고객수가 증가하는 것이 아님을 유의해야 한다.

예컨대, 금년도 특정 부동산상품에 대해 관심을 가질 고객수가 단지 1,000명 정도일 때 이들 모두에게 촉진프로그램이 도달되도록 상당한 규모의 1인당 비용을 집행한다면 원래 책정하였던 판매비율을 훨씬 상회할 수 있다. 반면에, 조사결과 만약 부동산상품에 관심을 가지는 고객시장의 크기가 일만 명 이상인데 판매할 부동산이 100채에 불과하다면 이 목표를 달성하기 위한 총시장 대비 전환율은 1%면 된다. 이 경우에는 소규모의 캠페인만으로도 10%(즉, 1,000명)의 관심을 끌 수 있을 것이고 매우 능력 있는 마케터들을 통해 총적격고객의 5~10% 정도를 계약으로 이끌 수 있을 것이다. 이는 50~100건의 매출을 뜻한다. 즉, 부동산사업에서 노출(exposure)은 숫자게임인 것이다.

1. 균형마케팅전략이론

만약, 고비용의 신문 광고, DM, 방송매체 등을 통하여 모든 유망고객을 획득하고자 한다면 고객당 광고비용은 매우 높아질 것이다. 반면에, 만약 모든 구매자를 구전이나 소개로 확보할 수 있다면 광고나 PR비용을 거의 들이지 않아도 될 것이다. 그러나 단지 소수의 개발사만이 그러한 탁월한 능력과 명성을 갖추고 있어 소개나 추천만으로도 판매를 할 수 있다.

이런 회사들은 그저 그들의 명성에 대하여 방어적 기능을 하고 부동산의 기소유자들이 스스로 유망고객을 추천·소개하도록 하면 된다. 한편, 마케팅시장에서 또 하나의 요소가 필수적인데, 이는 고객을 데려오는 부동산중개사와의 협조관계를 잘 구축하는 것이다. 이들에게는 특별보상이 지급되어야 하는데, 특히 이들과의 협력이 관례적이고 지속적으로 강화되는 시장환경에서는 유망고객 창출에 있어서 중개사들이 중요한 역할을 한다는 것을 염두에 두어야 한다.[4)]

4) 조사결과 미국에서는 신규 부동산분양에 있어서 중개사나 에이전트와의 협력을 통해 이루어지는 비율이 40% 이상이다.

균형마케팅이론(theory of equitable marketing strategy)이란 유망고객 창출에 있어서 비용이 많이 드는 방법과 비용이 적게 드는 방법 간에 균형을 이룸으로써 고객당 평균비용을 낮추면서 적격고객을 창출하는 계획을 말한다. 이에 해당하는 하나의 포괄적인 접근방법은 유망고객 창출활동을 다음과 같이 세 가지로 분류하고, 각 요인에서 도출되는 비율을 추정하는 것이다.

① 광고, 표지판 및 현지 마케팅활동을 통해 발생하는 방문
② 외부 중개사에 의해 창출되는 매출
③ 추천, 홍보 및 인적판매활동

예컨대, 각 요소별로 1/3씩의 예산을 투자한다면 외부 중개사에게 지급되는 특별수수료는 추천이나 현지인들의 권유 등 자발적 유망고객 발생으로 인한 비용감소에 의해 상쇄될 수 있다. 마케팅

예산을 설정할 때에는 판매수수료와 마케팅촉진비용(유망고객 창출활동)을 반드시 구분해야 한다. 각각의 개발 프로젝트별 마케팅계획을 수립할 때 유망고객 창출원천들의 분포와 이에 따른 예산배분을 반드시 고려해야 한다(그림 8.1 참조).

균형마케팅의 분할 ◂ 그림 8.1

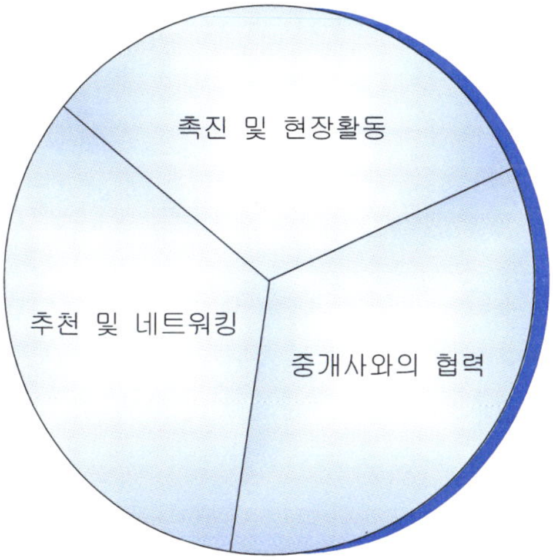

2. 고객창출 지향적 정보노출

정보노출을 지나칠 정도로 많이 하는 경우도 있나? 이 질문에 대해 즉각적으로 '아니다'라고 대답할 것이다. 부동산을 보는 사람들이 많으면 많을수록 기회가 많아지고 판매시장에서 명성을 더 높일 수 있다. 대부분의 경우에 정보를 아무리 많이 노출해도 지나친 경우는 없다. 그러나 상황에 따라 노출을 제한하는 전략을 신중하게 강구해야 할 필요가 있다. 이러한 예 중 하나는 부동산건설 이전단계에 나타날 수 있다. 즉, 고객이 별로 없거나 보여줄 것이 거의 없는 초창기에 촉진활동을 너무 광범위하게 전개할 경우, 정작 그랜드 오픈 단계에 이르러 기대한 만큼의 방문이나 문의가 발생하지 않을 위험이 있다. 즉, 시장에 대한 지나친 정보 노출은 차후에 관심부족이라는 부작용을 초래할 수 있는데, 이는 프로그램이 이미 알려졌으므로 별로 관심거리가 되지 않기 때문이다.

반면에, 부동산이 완공되기 전에는 마음속에 그리지 못하고 따라서 부동산을 만져보거나 느껴보기 전에는 구매하지 않는 사람들이 있다. 이 경우 초기 촉진활동으로 이들을 부지현장에 데려올 수는 있지만, 구매행동으로 연결시킬 수는 없을 것이다. 나중에 이들의 주의를 끌기 위해 다시 노력할 수 있겠지만, 그들은 이미 한 차례 와 보았으므로 차후의 촉진활동에 대해 무관심할 수 있다. 만약 첫 인상이 비호의적으로 구축되면 동일한 구매자집단에게 두 번째 시도하여 좋은 결과를 얻을 수는 없다. 마케팅 캠페인을 점차 확대하여 나중에 최대의 마케팅조건에 부응하려 한다면 주된 촉진 및 이벤트에 착수하기 이전에 잘 정의된 수요자를 대상으로 정보노출을 제대로 통제해야 한다.

정보노출을 통제해야 하는 또 하나의 예는 고급주택의 경우이다. 고가 부동산의 경우에는 광범위한 노출이 오히려 비효과적일 수 있다. 사전에 적격후보자들을 가려내지 않고 일반인들에게 무차별적으로 공개하는 것보다는 선택된 소수의 사람들에게만 개인적으로 보여주는 것이 훨씬 더 좋은 결과를 가져온다. 사전에 표적유망고객을 신중하게 선정한 다음 초대 형식의 접근방법(invitational approach)을 사용한다면 마케팅노력의 효과가 더 높아질 것이다.[5)]

5) 우리나라에서도 최근 VVIP(very very important person)마케팅의 형태로 극소수의 고객만을 대상으로 사전통지, 예약식의 노출전략을 사용하는 경우가 있다.

3. 고객창출 프로그램의 비용효과성 평가방법

효율적으로 일하는 마케터는 항상 마케팅활동비용을 실제 현장의 성과에 대비하여 측정한다. 과거의 결과는 미래계획을 수립하기 위한 기반이 된다. 예상방문객이 얼마나 되는지, 그리고 고객이 어떤 목적으로 방문하며, 어떤 매체와 마케팅노력이 가장 좋은 성과를 산출했는지 알지 못한다면 마케팅비용을 효과적으로 지출할 수 없을 것이다.

마케팅활동을 외부 중개사에게 전적으로 의뢰한 개발사나 건설사는 모든 마케팅활동을 직접 수행하는 개발사보다 이러한 내용을 주지할 필요가 더 적다고 생각할 수 있다. 그러나 마케터는 모든 마케팅활동에 대해 어떤 것이 제대로 진행되었고 어떤 것이 제대로 진행되지 않았는지 그 상대적 효과를 잘 알고 있어야 한다. 만약 추천에 의한 부동산 판매비율이 낮다면 이는 추천을 위한 고객서비스기능이 간과되고 있음을 뜻할 수 있다. 만약 협력중개사에 의한 판매비율이 기대에 못 미친다면, 제시된 부동산의 가치에 대한 신뢰성이 부족하거나 부동산촉진방식이 잘못되었음을 의미할 수 있다. 유망고객 창출활동의 경제적 효율성을 측정하는 기본적 방법은 다음과 같다.

① 총마케팅비용(판매수수료 제외)을 순매출량으로 나눈다. 이를 통해 평균비용을 산출한다.
② 마케팅경비에서 유망고객창출활동 관련비용을 분리시킨 다음, 이 숫자를 순매출액으로 나눈다. 이는 광고 및 촉진예산에 기반한 매출 대비 평균비용이다.
③ 이 숫자를 모든 고객창출원천으로부터 발생한 총유망고객수로 나눈다. 이것이 고객 1인당 평균 창출비용이다.
④ 각각의 유망고객 개발활동비용을 찾아낸다. 그런 다음 각 유망고객 창출요소에서 발생한 유망고객수로 나눈다.
⑤ 위의 ④번에서 산출된 숫자를 각 요소별 순매출액으로 나눈다. 이는 투입된 마케팅활동의 진정한 효과성을 가리키는 최종적 수치이다.

4. 유망고객 기록의 보존

마케터와 광고대행사들의 가장 큰 과제 중 하나는 마케팅활동을 통해 얻어진 유망고객 원천과 고객 프로필 정보를 획득하는 것이다. 데이터수집의 궁극적인 책임은 일선 마케터에게 있으나, 그들은 소비자통계를 수집하고 공유하는 것을 꺼려한다. 따라서 마케팅관리자는 마케터들을 교육하고 동기부여하며 관리해야 한다.

만약 중개사가 마케팅투자 측면에서 고객정보의 가치를 알고 있다면 그러한 정보를 제공하는 데 더 적극적일 것이다. 유망고객 등록카드, 주간 방문, 문의보고서 및 구매자 신상명세서 등은 마케터가 추가조사를 실시하기 위한 기본적 자료가 된다.

5. 고객 및 매출단위당 합리적 비용

합리적인 고객 1인당 창출 및 매출 비용은 얼마일까? 이 문제에 대한 정확한 답은 없다. 각 시장마다 기준이 다르며, 개발사나 건설사마다 기준이 다르다. 경우에 따라서는 이미 수요가 무르익어 있어서[6] 소비자들 간의 구전만으로 새로운 부동산상품들을 다 팔 수도 있다. 반면에 어떤 경우에는 부동산상품을 전부 매각하려면 상당한 비용이 들기도 한다. 미국의 경우, 실제 평균비용의 범위가 작게는 총매출액의 0.05%에서 크게는 무려 10%에 이른다. 상업용 건물의 경우 가장 전형적인 비용의 범위는 1~3% 정도이고, 2%가 허용 가능한 평균이다. 단, 이 수치에는 판매원 수수료와 판매관리비가 제외되어 있다.

6) 이 경우를 마케팅 전문용어로 latent demand 또는 pent-up demand라고 한다. 마치 살짝 건들이기만 하면 터질 것 같은 봉선화처럼 수요가 무르익어 있는데 그간 공급이 없었다가 새로 만들어지는 경우이다.

만약 외부의 대행사, 중개사나 마케팅대행사가 개발사를 대리하기로 계약을 맺는 경우, 촉진비용은 유망고객 추출작업과 판매중개소에 지급하는 비용을 뺀 다음 최소한 20%에서 50%를 광고 및 촉진비용에 배분함으로써 산출된다. 대행사들은 수수료를 산정하기 전에 부동산마케팅을 위한 고정비용을 따로 배정해 둔다. 마케팅예산을 설정할 때에는 모든 관계자들의 동기부여와 이해를 고려해야 한다. 만약 외부의 판매기관 및 마케팅기관이 참여할 경우에는, 개발사나 건설사가 판매 또는 판매관리비용과 구분되는 별도의 마케팅예산을 배정하여야 한다.

6. 유망고객 창출계획 수립을 위한 7가지 고려사항

효율적인 유망고객 개발계획을 고안·수립하기 위해 고려해야 할 요소로서 이 분야의 전문가들은 7가지를 추천하고 있는데, 이를 중요한 순서대로 제시하면 다음과 같다.

① 유망고객의 프로필 작성
② 표지판을 포함한 현지활동
③ 자사 전략에 대한 경쟁사의 효과
④ 소개판매와 교차판매 규모
⑤ 협력중개사의 지원
⑥ 매체의 선택비용과 가치
⑦ 홍보, PR 및 인적판매활동

고객 프로필의 구축과 활용 제2절

1. 유망고객 프로필의 예측 및 해석

마케팅에서 의사결정의 기본은 구매자 프로필을 이해하는 것이다. 이는 조사설계단계에서 조사를 어디서 실시할 것인가의 결정과 유망고객 창출계획 수립 시 결정적인 실마리를 제공해 준다. 마케터는 판매하고자 하는 대상에 대해 많은 것을 알 수는 없다. 만약 진행 중인 마케팅 프로그램을 확장하고 있다면, 지금까지 어떤 사람에게 부동산을 판매했고 어떤 사람에게 판매하지 못했는지, 그리고 그 이유는 무엇인지를 알기만 하면 된다. 만약 기존자료가 없이 완전히 새롭게 마케팅활동을 전개하려 한다면 투자와 계획은 매우 충실하게 테스트되어야 한다. 유망고객에게 부동산을 구매하도록 설득하는 것은, 그들이 누구이고 무슨 동기로 구매하려 하는지를 얼마나 잘 파악하는가에 달려 있다. 유망고객 창출의 효율성은 다음의 네 가지 요소와 관련되어 있다.

(1) 유망고객의 현 거주지 및 주거상황 조사

수집된 유망고객의 프로필에서 그들이 어디에 거주하는지, 그리고 그들이 거주하고 있는 집의 특성이 무엇인지를 파악하여야 한다. 이는 PR방법과 그들에게 접근하기 위해 무엇을 촉진해야 하는지 결정하는 데에 필수적인 요소이기 때문이다. 얼마나 많은 고객들이 그 사업지에 거주하고 실제로 이주해 올 것인가?, 그들은 소유자로 올 것인가?, 임차인으로 올 것인가? 만약 소유자로 이주해 온다면 대부분 그들은 현재 거주하고 있는 부동산을 매각해야 할 것이다. 그렇다면 현 시장에서 거주 부동산이 얼마나 쉽게 매각될 것인가? 그들이 주로 거주하는 주택의 규모와 형태(아파트, 주택, 연립, 빌라 등)는 어떤가? 그들은 가격과 규모를 키워서 이주해 올 것인가, 아니면 줄여서 올 것인가? 등을 알 필요가 있다. 그리고 가장 중요한 것은 어떤 불만족요인으로 인해 현 거주환경을 버리고 이곳으로 이주하는가이다. 광고 및 촉진활동의 주된 목적 중 하나는 현재의 불만족을 해소시키는 것이므로, 표적고객집단에게 신규 부동산이 전에 비해 개선되었다고 인식될 수 있는 무엇인가를 제공해야 한다.[7)]

또 한 가지 중요한 요소인 현재 주거환경 내에서의 할인요소는 고객을 이끄는 유인책이 된다. 광고와 PR의 주요한 목적이 그 할인요소를 알리는 것이라면 표적화된 그룹을 대상으로 이에 대한 정보를 정확히 제공하는 것이 필수적이다.

7) 보다 큰 규모로 옮기고자 한다면, 현재 거주하는 주택가보다 평균 상승가가 최대 20~35% 범위이다. 작은 규모로 옮기려 하는 사람이라면, 좀더 편안하고 안락한 주택을 찾으려 하는 경향이 있다.

(2) 유망고객의 직업 및 산업 분야

사람들이 직장에 출퇴근할 때 이동할 수 있는 거리에는 한계가 있다. 새로 입주하는 산업체들은 이주의 기회와 동기를 자극한다.

특정 직업이나 주된 고용계층, 산업시설 및 산업단지 등 표적고객에게 중요한 관련사항들을 추출하여 이주요인을 평가해야 한다. 만약 전입자들이 중요한 표적고객이라면 그들이 주택결정을 하기 전에 그들에게 접근하기 위해 표적마케팅(target marketing)방법을 사용해야 한다. 여기에는 유력한 중개사들과의 협력이나 또는 기업 내 인사부서와의 직접적인 접촉이 필요하다. 또한 표지판이나 옥외광고판을 설치할 장소결정 시 표적고객의 출퇴근 유형 및 근무지를 감안해야 한다.

(3) 고객의 라이프스타일: 생활유형 및 사회적 관심사

유망고객은 어떻게 생활하는가? 그들은 여가와 휴식을 어떻게 보내는가? 그들이 중요시하는 클럽, 교회, 비즈니스 모임, 사회적 모임은 무엇인가? 집에 있지 않을 때 주로 어디서 모이는가? 생활에서 주요한 관심사는 무엇인가? 만약 가족중심의 시장이라면 자녀에 대한 관심이 주요 광고메시지가 되어야 한다. 자녀가 아직 학생일 경우 학교는 가장 중요한 요소이며, 그 다음은 사회활동과 여가활동이다. 주거환경에서 어떤 것을 향상시키고 어떤 것을 유지하고자 하는지를 이해해야 PR활동의 방향을 알 수 있다.

(4) 유망고객 대상 최적 접근매체

마케팅메시지의 투자에 대한 평가 시 여러 커뮤니케이션 매체들이 비용효과적이면서 대규모의 잠재고객들에게 도달할 수 있는 상대적 능력을 판별해야 한다. 그 목적은 어떤 매체가 표적집단에게 가장 큰 영향을 줄 것인지 분석하는 것이다. 이는 표적고객들이 무엇을 읽고 어떤 미디어를 듣고 어떤 전파매체를 보는가? 누구를, 그리고 무엇을 신뢰하는가? 어떤 유형의 메시지와 매체에 가장 호의적으로 주목하는가 등을 알아내기 위함이다.

인쇄물 광고를 시작하고자 한다면, 점검표에는 다음과 같은 검토내용이 포함되어야 한다.

- 신문
  - 항목별 광고
  - 대형광고
  - 가장 많이 읽히는 섹션
  - 가장 구독률이 높은 신문
  - 가장 많이 읽히는 요일
- 부동산·주택 관련 정기간행물
  - 신규주택 잡지 또는 카탈로그
  - 일반적인 부동산간행물
- 라디오방송
  - 유망고객이 가장 많이 청취하는 방송
  - 청취자 반응이 가장 좋은 시간대
  - 유망고객이 신뢰하는 라디오방송
  - 최고의 청취를 이끌어내는 방송 프로그램 유형
  - 청취율
- TV
  - 유망고객이 가장 잘 시청하는 채널
  - 케이블방송 대비 상업용 방송
  - 프라임타임
  - 시청률
- 옥외광고판(Bill board)
  - 표적고객이 가장 많이 이동하는 도로
  - 그 도로상에서 유망고객이 주행 중에 보게 되는 경쟁광고
  - 최대의 노출이 가능한 지역의 확보가능성
  - 경쟁자의 부동산메시지
- DM
  - 유망고객에 대하여 정확한 성명과 주소를 갖고 있는가?
  - 경쟁사로부터 받은 DM은 무엇인가?
  - 어떤 DM이 주목을 끌고 봉투를 열게 하는가?
- 인쇄물
  - 표적고객들은 커뮤니티의 주택 혹은 비즈니스에 대한 무료정보지를 읽는가?
  - 효과적인 배포지역은 어디인가?

- 가장 주목을 끌고 광범위하게 배포되는 무료 배포지는 무엇인가?
- 시장 내에서 인쇄물 배포 서비스를 제공하는 회사나 개인들이 있는가?
- 현지 상공회의소, 관광안내소 또는 정보센터에서 부동산관련 정보를 제공하는가?

• 특별이벤트
- 소비자를 끌어내는 특별한 주택 이벤트는 무엇인가? 주택, 꿈의 거리(dream street), 가든 쇼, 주택전시, 지역전시, 연간 주택전시 등 홍보가치가 있는 이벤트는 무엇인가?
- '주택 구매방법 세미나'나 '부동산투자 세미나'와 같이 유망고객을 교육적 이벤트로 이끌어 내는 잠재력은 무엇인가?
- 지원을 받을 만한 교육프로그램이 현재 진행 중인가?

• 보조적인 전시
- 유망고객은 어디서 구매하는가?
- 보조적인 전시, 공간, 사무실 등 투자할 만한 가치가 있는 장소인가?
- 만약 여행자와 이주민이 표적고객이라면 지역공항이 효율적 장소인가?

• 전화조사
- 고객 신상명세서의 전화와 주소가 정확한가?
- 유망고객에 대해 전화사용이 얼마나 유용한가?
- 고객이 집에서 전화를 가장 잘 받을 수 있는 시간은?
- 전화를 통해 전달할 때 주목을 끌고 오랫동안 기억될 수 있는 메시지는?

다음 그림은 대한민국 국민 모두의 관심사였던 월드컵 시즌을 놓치지 않고 분양과 연계하여 특별이벤트를 기획하고 아파트상품 판매를 촉진한 예이다.

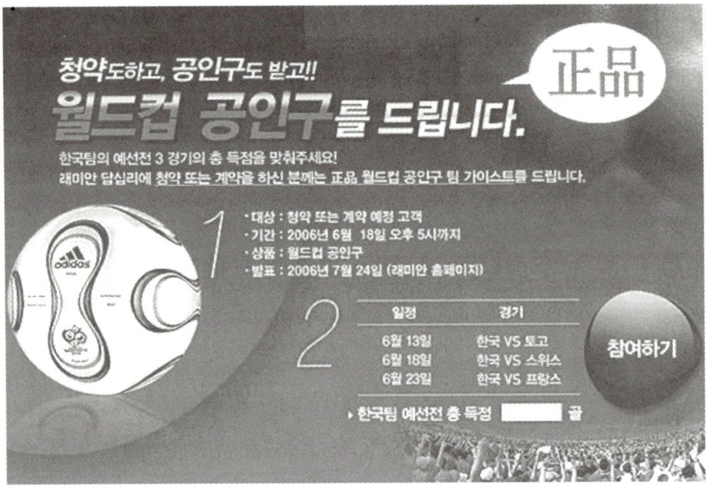

▲삼정 래미안 이벤트광고

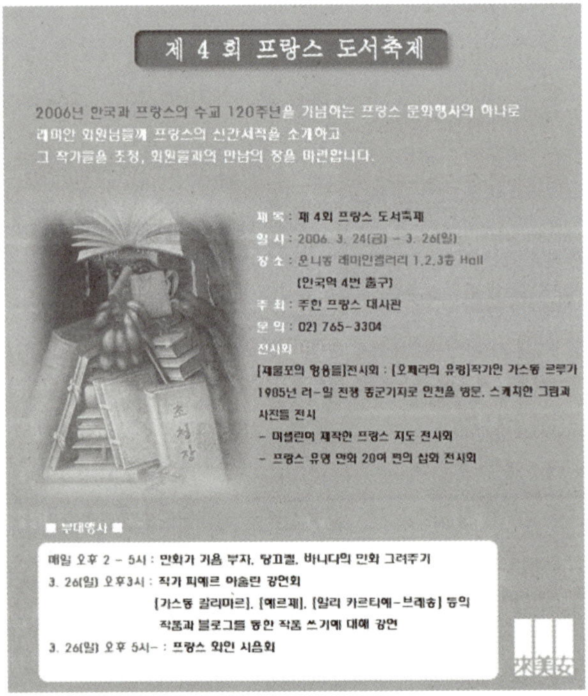

▲삼정 래미안 프랑스도서축제 이벤트

또한 위의 그림은 고객의 문화적 관심분야에 따라 테마별 축제를 개최함으로써 고객과의 유대를 지속적으로 이끌어가고, 고객을 최우선시 한다는 이미지를 갖게 하려는 사례이다.

■ 고객탐색매체에 대한 집중

유망고객이 주택을 구매하려고 할 때 그들은 일반적으로 광고보다는 특수한 정보원천에 더 깊은 관심을 갖게 된다. 이 경우, 항목광고, 신규 주택정보, 직접적인 표지판 등이 중요한 요소가 된다. 또한 그들은 이주할 계획을 가지고 있으므로 부동산정보를 탐색할 때 그들이 탐색하는 매체정보가 매일 대하는 매체정보보다 더 중요할 수 있다. 따라서 그들이 선택하는 특수매체와 그 이용비율은 광고매체 선정 시 매우 중요한 요소이다. 유망고객의 매체이용 습관을 아는 것은 정보전달의 효과를 높이기 위해 유용하다.

2. 유망고객 포착

(1) 호의적 · 비호의적 유망고객(Hot and Cold Prospects)

만일 유망고객이 무엇인가에 관심을 표명했다면 그 유망고객을 강력히 포획해야 한다. 특정 부동산에 대해 관심을 표명하는 적극적인 유망고객은 그다지 많지 않기 때문이다. 만약 깊은 관심을 표명한 고객과 거래계약을 체결하지 못했다면 무언가 잘못된 것이다. "계약을 체결하지 않을 유망고객 앞에는 앉지 말아야 한다"는 격언도 있다. 만약 3~5건 정도의 부동산안내를 하고 나서도 상담에 진입하지 못했고 그 이유도 모른다면 다음 중 하나에 속하는 경우이다.

- 유망고객의 이야기를 경청하지 않았거나,
- 문제가 무엇인지는 알고 있으나, 문제해결을 위한 필요조치를 취하지 않았다.

만약 유망고객 선정작업이 잘못되었거나 유망고객의 안내가 성과중심이 아니고 행동중심적으로 이루어진다면 시간을 낭비하는 것이다. 유망고객의 반응이 비호의적인 경우에도 호의적인 고객만큼 정보를 주는 셈이며 마케팅계획 수정의 촉매제 역할을 할 수 있다. 만약에 모든 유망고객들이 부정적으로 얘기한다면 표적고객 자체가 잘못된 것이므로 계획을 수정해야 한다.

(2) 유망고객의 리스크

판매원들이 유망고객에게 전화했을 때 리스크 회피반응을 보이는 것은 일반적인 현상이다. 물론 고객 중에는 판매원에게 별로 리스크를 표명하지 않는 집단들도 있으며, 이들은 대개 친구, 중개인, 개발업자 등 판매원과 이미 잘 알고 있는 사람들이다. 이렇게 리스크를 적게 느끼는 고객들은 구매 잠재성이 높지만 숫자가 적은 것이 문제이다.

대부분의 유망고객은 리스크를 느끼며, 판매자와 연계가 없고 거부 가능성이 높으며 개인적인 접촉이 어렵다. 영업활동에 원기를 불어주는 것은 과거의 고객이라는 말이 있다. 물론 이런 기존고객 집단들을 무시할 수 없으나 실제로 리스크를 높게 느끼는 유망고객들도 무한한 잠재성을 가진 집단이다.

판매원들의 심리 속에는 고객에 대한 전화기피태도가 깊이 뿌리내려 있다. 그러나 유망고객들을 만나는 일을 포기하고 시간을 채우기 위해 다른 활동에 몰두하는 것은 유망고객 탐색에 있어서 가장 심각한 문제이다. 유망고객이 부족하거나 표적고객의 정의가 제대로 안 된 경우보다, 단순한 전화기피태도가 마케팅실패의 첫 번째 순위를 차지한다. 이로 인해 판매원들의 전화기피현상을 타개하기 위한 교육프로그램들이 필요하다. 교육의 핵심내용으로 알아야 할 것은 누구나 거절받는 상황을 싫어하며, 거절당할 각오가 되어 있지 않다는 점이다. 분양 또는 중개업무의 가장 중요한 것은 유망고객과 접촉하는 것이다. 만약 매일 적절한 수의 신규 유망고객에 접근하지 않는다면 고객발굴 작업이 제대로 되지 않을 것이다.

(3) 전화접촉

유망고객에 대한 전화접촉을 강조하면 흔히 역효과가 나며 판매부서장들은 자신의 직원들이 수많은 전화를 생략하고 마는 사실을 발견하곤 한다. 분명한 것은 실제로 유망고객을 전화로 접촉하는 것이 광고 등 여타의 비인적 접촉방식들보다 훨씬 더 좋은 방법이라는 점이다. 또한 전화결과로 나타한 반응(showing)이야말로 기타의 마케팅 프로그램의 성공 정도를 평가할 수 있는 정보이다.

(4) 유망고객 반응(showing)

부동산안내를 받은 고객은 왜 부동산이 안 팔렸는지를 알려주는 긴요한 정보제공자가 될 수 있으며, 이 정보를 절대 무시해서는 안 된다. 판매원들은 부동산정보를 확보하고 문제를 해결하기 위하여 가격변동, 소구방식 개선, 주택보유자 태도변화 등 마케팅문제에 대하여 적극적으로 알아야 하며, 이와 함께 좋은 성과를 달성하기 위해 필요한 모든 사전조치를 취할 수 있어야 한다.

(5) 유망고객 발굴

전술한 바와 같이 유망고객이란 잠재적 구매자를 말하며 부동산을 구매할 사람이다. 시장에는 현재 적극적으로 부동산을 찾고 있는 사람도 있고, 아직 시장에 들어오지 않은 사람도 있다. 그러나 현재의 상황이 어떻든 그들은 모두 유망고객이다. 유망고객 발굴이란 마케팅노력이 집중되어야 할 중요 사항이다.

여러 나라에서 과거처럼 부동산경기가 대호황을 맞이하는 시기는 좀처럼 오지 않을 것으로 전망한다. 부동산경기가 침체될수록 유망고객을 탐색하는 일에 초점을 맞추는 일은 시대의 요청이며 경향이다. 유망고객의 발굴은 누구나 부동산 비즈니스에 발을 들여놓는 순간 시작되며 중단 없이 계속 진행되어야 하는 업무이다. 이 중에서 구매영향력집단이나 준거집단의 분석은 가장 효과적인 방식이다. 잘 고안되고 실행된 유망고객 발굴작업은 매우 높은 만족감을 가져다주게 된다. 반면에 고객발굴절차를 주저하거나 회피하는 것은 성공에 가장 큰 장애요소이다. 다음 그림은 유망고객 발굴과정을 보여준다.

그림 8.2 ▸ 유망고객 발굴

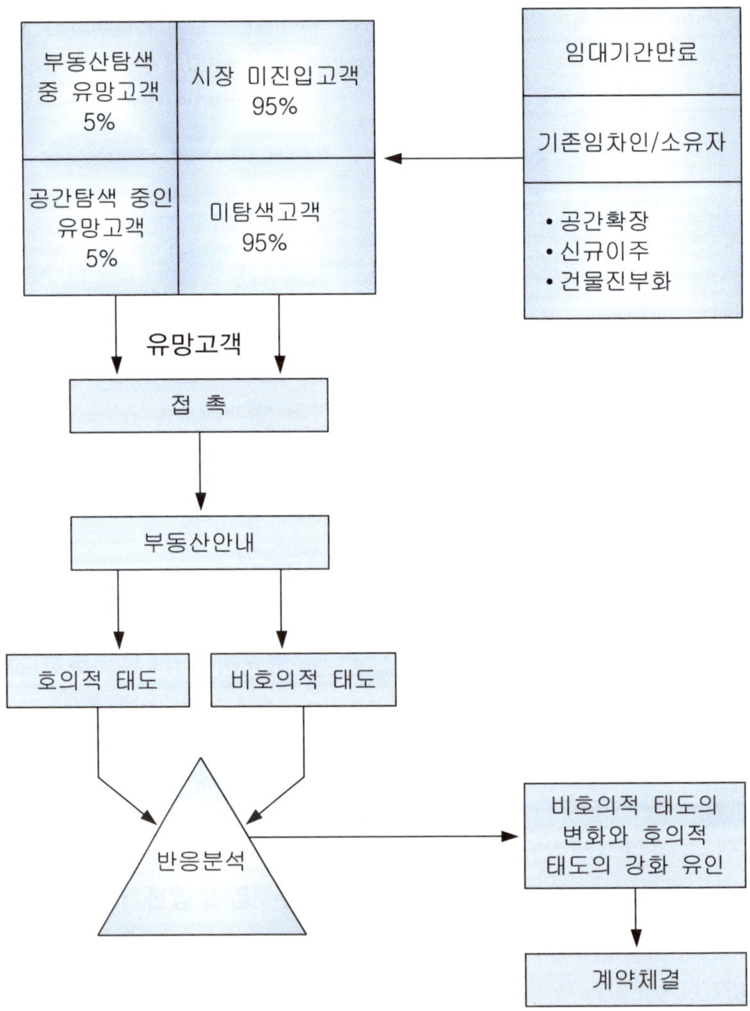

유망고객 발굴프로그램은 무수히 많다. 가장 성공적인 프로그램은 장기적이고 지속적인 프로그램이다. 유망고객 발굴 노력을 단지 특정 잠재고객으로 한정하는 것은 대규모 분양사업의 현실에 맞지 않는다. 만약 유망고객으로서 임차인을 탐색하려 한다면 이미 수년 전에 유망고객 발굴작업에 착수해야 한다. 이러한 노력에는 지속적인 시장목록조사와 임차인 추적조회작업이 포함되어야 한다. 시장목록조사는 마케팅성공에 직접적인 영향을 줄 수 있는 특정 시장 건물 및 임차인에 대한 자료를 조사하고 수집하는 활동을 말한다.

미래유망고객들은 다음과 같이 세 집단으로 구분할 수 있다.

- 주거공간을 확장하려 하는 유망고객
- 현재공간이 더 이상 사용 곤란하여 새로운 주거지역이 필요한 임차인
- 시장으로 새로 진입해오는 유망고객

공간을 확장하려 하는 유망고객들은 포착하기 쉽고 동기 부여하기 가장 용이한 집단이다. 그들이 현재 거주하고 있는 공간은 비좁고 불충분하기 때문에 이를 외부에서 발견하기 용이하다. 체계적으로 조사하고 유심히 관찰하면 공간확장 수요를 가진 고객들은 쉽게 포착할 수 있다. 예컨대, 여러 지역을 드라이브하며 주차장시설이 과밀하거나 비좁게 되어 있는 곳들을 둘러보다 보면 주목해야 할 유망고객집단을 발견할 수 있다. 현재의 주거지가 더 이상 거주하기 어렵게 된 경우의 고객들은 가장 규모가 큰 세분시장이며, 이들은 단순한 관측만으로는 포착하기 어렵다. 주거지의 진부화는 여러 가지 형태로 나타난다.

- 너무 과밀한 공간
- 잘못된 위치
- 지역 평판문제
- 차량접근 곤란성
- 천장높이

- 화초의 배열
- 지역특산업의 변화, 고압전선 등

이러한 주거지 퇴화 촉진요소의 목록은 발견하기 쉽지 않으며, 유망고객 발굴을 위한 직접 전화조사 등이 필요하다. 이것은 직접 일대일로 조사하면서 동시에 유망고객을 발굴하는 최선의 방법임에도 불구하고 사용이 잘 안 되는 방법이다. 이런 방법을 간과한 채 광고나 브로슈어 제작 등 막대한 예산을 필요로 하는 마케팅 프로그램을 찾아내려고 애쓰는 경향이 있다. 전화 상의 대화가 호의적으로 진행된 다음 유망고객을 방문하지 않는 것은 잘못된 일이다. 판매원의 사명은 유망고객의 공간문제를 해결하도록 도와주는 것이다. "손님을 돕기 위해 왔습니다"라는 접근방법이 상호 간에 다리를 놓고 신뢰를 증진한다.

부록 **인적마케팅에 의한 유망고객 창출활동**

광고 등 다른 원천으로부터 유망고객 창출이 충분치 않을 경우 성패의 차이는 인적판매에 의한 유망고객 창출의 질과 양에 좌우될 수 있다. 이 영역에 속하는 것은 특정 인근주민들 혹은 세분시장 대상 DM프로그램, 전화조사활동, 네트워킹 등을 들 수 있다.

부동산 비즈니스에서 판매원과 관리자들은 단지 유동인구에 의존하여 새로운 유망고객을 창출하려는 경향이 있다. 만약 미디어를 통해 대부분의 고객이 창출되고 이들의 규모가 판매목표를 달성할 정도로 크다면, 왜 다른 고객원천을 탐색하느라 시간과 에너지를 낭비하는가라는 의문을 제기할 수 있다. 이에 대한 응답은 다음과 같다.

① 이러한 인적마케팅활동을 통해서 더 적은 비용으로 유망고객을 창출함으로써 마케팅비용을 절감할 수 있다.

② 여러 가지의 유망고객 창출 프로그램을 보유함으로써 특정 방식에 대한 과잉의존으로 인해 발생할 수 있는 폐단을 사전에 방지한다.

다음은 인적마케팅을 통한 유망고객 창출활동의 점검내용이다.

(1) 기존의 유망고객 및 구매자와 함께 시작한다

추가적인 비즈니스기회의 탐색을 위한 명백한 방법 중 하나는 기존에 이미 알고 판매했던 사람들로부터 시작하는 것이다. 기존의 고객이나 주택보유자들로부터 추천받는 것은 적격자들을 확보하는 일차적 원천이어야 한다.

- 새로 부동산을 구매하는 사람들에게 주변의 친지들 중 관심을 가질 만한 사람을 추천받는다. 최적의 시간은 구매계약을 체결하고 아직 흥분이 가시지 않은 시점이다. 이들은 새로운 구매로 인한 감흥이 남아있는 동안 도와줄 가능성이 높다.
- 아직 계약체결을 하지 않은 유망고객에게도 부동산에 대해 관심을 가질 만한 사람을 소개해달라고 요청한다. 이렇게 함으로써 나중에 후속전화를 할 수 있는 기회를 얻게 되기도 한다.
- 주택 기보유자들의 친지 중 부동산에 관심을 가질 만한 사람을 대상으로 특별 초청장을 발송한다.
- 유망고객의 명단과 연락처를 제공한 사람에게 특별보상을 제공한다.
- 주택소유자들에게 적당한 장소에서 배포할 부동산안내 책자(브로슈어 등)를 제공한다.
- 신규주택입주자들을 대상으로 커뮤니티입성 환영식을 개최하고 그들에게 친지들을 초청케 한다.
- 입주자들과 길에서 마주칠 때에도 추가관심을 가질 만한 사람이 있는지 묻는다.
- 분양사무소에 커뮤니티활동위원회를 설치하고 입주자사진, PR이야기, 특별이벤트사진 전시회 등을 개최한다.

(2) 협력브로커를 개척한다

협력브로커들은 입주자소개 프로그램만큼이나 유망고객 창출활동에 중요한 영향을 미친다. 어떤 경우에는 이 방법이 가장 큰 유망고객원천이며, 특히 브로커 중심 환경에서 거주가치가 상승하는 이주의 경우 효과가 크다. 외부 중개인들을 성공적으로 활용하는 방법은 다음과 같다.

- 유망고객에게 마케팅활동을 전개할 만한 브로커와 개인들을 선정하여 부동산을 둘러보도록 초청한다. 이 브로커들을 대상으로 open-house 이벤트를 개최하고 이들에게 인센티브를 제공한다.
- 브로커별 담당판매원으로 하여금 브로커를 방문하고 판매회의를 개최한 후 새로운 정보를 가져오게 한다.
- 브로커에게 뉴스레터나 기타 유사한 정보지를 정기적으로 송부하고 그들이 궁금해 할 만한 내용을 사전에 지속적으로 알려준다.
- 판매 콘테스트를 개최하여 부동산 판매실적이 가장 우수한 중개소에게 특별 인센티브를 제공하고 그들을 자사 판매팀의 일원처럼 대우한다.
- 신규로 중개업을 시작하는 사람에게 부동산서비스업 환영편지를 발송하고 초청하여 자사 부동산판매 방법을 설명한다. 각자에게 첫 판매의 경우 특별보너스를 제공한다는 약정서를 제시한다.

- 고객을 분양사무소에 데려온 브로커에게는 반드시 사후 감사편지 또는 이와 유사한 형태의 고마움 표시를 한다.

(3) 비경쟁건설사 및 중개인과의 협력

현재의 부동산 가격범주나 유형상 경쟁자에 속하지 않는 건설사나 중개인들과 네트워크를 구축하는 것은 매우 유익한 경우가 많다.

- 시장지역 범위 내에서 자사와 비경쟁상태인 개발사, 건설사 혹은 중개인들을 확인하고 판매회의에 초대한다.
- 자사 부동산에는 적합하지 않는 구매자와 적합한 구매자를 거래처 간 상호 교환하는 추천프로그램을 운영한다.
- 자사의 유망고객 중에서 경쟁사 부동산을 구매한 사람을 추적조사한다. 때로는 자사 부동산을 구입하지 않은 사람들이 고객을 소개해주는 경우도 있다. 또한 간혹 타사 부동산을 구매한 사람이 거래를 재개해올 수 있다.

(4) 피고용자 및 하청업자의 지원

건설, 분양 중인 부동산에 직·간접적으로 관련된 사람들 중에는 도와주려하는 사람도 많다. 이러한 사람들의 리스트를 만들어 그들의 적극적인 지원을 촉진할 만한 방법을 강구한다.

- 건설사업상의 하청관계가 있는 모든 사람들을 만나서 커뮤니티 촉진의 지원을 요청하여 그들에게 추천카드와 판매자료 등을 제공하고 그들과 정기적으로 만난다. 그들을 판매회의에 초대하여 그들의 고유기능과 그들이 판매활동에 어떻게 협력할 수 있는지를 이야기하도록 한다.
- 판매 및 금융관련 외부서비스를 목록화하여 그들의 지원을 받을 계획을 수립한다. 여기에는 금융기관, escrow, 법률, 감정평가, 내부장식, 건축, 설계, 엔지니어, 보험사 등이 포괄된다.

(5) 지역 내 사람들 및 상인들과 접촉한다

분양 중인 부동산의 인근 거주자들은 신규부동산에 대해 관심을 갖게 마련이다. 건축 중인 부동산들은 그들의 가치관이나 라이프스타일에 영향을 미친다. 그들은 만약 무시받거나 잘못 대우받는다면 부정적인 영향을 미칠 수도 있다.

- 분양 중인 신규부동산의 일정거리 이내에 위치한 모든 소기업(특히, 소매업자들)을 파악한다. 그들에게 부동산에 관해 자문을 요청한다. 그들을 open-house 이벤트에 초청하고 지원받는 경우 인센티브를 제공한다. 경우에 따라서는 그들의 점포나 회사에 부동산 홍보서류 비치를 허락받을 수도 있다.
- 반경 1km 내에 거주하는 이웃들의 리스트를 만들고, 분양 중인 부동

산과 바로 인접한 커뮤니티에 대해서는 특별히 관심을 갖는다. 그들을 모델하우스나 분양사무소에 초대하여 grand-opening 이벤트 이전에 특별파티를 개최한다. 그들에게 새로운 부동산에 대해 관심을 가질 만한 사람들의 이름을 요청한다. 그들을 발송처에 포함시켜서 새로운 정보가 있을 때마다 메일을 발송한다.

(6) 지역 내 유지들과 접촉한다

해당 커뮤니티의 지원을 받는 최선의 방법 중 하나는 지역 내 교육이나 사회적 측면에서 리더급에 속하는 사람들과 유대관계를 가지는 것이다.

- 지역 내 학교들의 교장 및 상담선생들과 접촉한다. 이에는 유치원, 초·중·고등학교와 대학교가 모두 포함된다. 이들과 대화 시 유망고객들에게 어떤 질문을 대비해야 하는지 사전검토하고, 이들에게 부동산을 둘러보고 이에 대해 남과 이야기할 때 지지해달라고 요청한다. 부동산 홍보자료를 남겨두고 오고 핵심인물과는 네트워크를 구축한다.
- 지역 내 교회들과 접촉한다. 목사들은 교구민들의 필요사항에 관심이 있으며, 적합하다고 생각할 경우 영향을 미칠 수 있다. 그들을 오픈하우스에 초대하고 통신리스트에 포함시킨다.
- 상공회의소는 새로운 도시로 이주해 가는 것을 고려할 때 많은 사람들이 찾는 정보원천이다. 이러한 공공안내센터에 부동산홍보물을 비치한다는 것은 모두에게 유익하다. 상공회의소에서 여행객이나 유망고객에게 자문을 제공하는 사람과 교분을 유지하는 것은 추가적인 선도고객 창출을 가능케 해줄 것이다.

(7) 주요 기업 및 지역재배치 전문가를 접촉한다

주요 기업의 경영자들은 직원들이 거주할 집의 품질에 관심이 있다. 그들은 흔히 회사나 공장 주변의 주거단지에 대해 조언하기도 한다. 이런 일은 특히 직원들을 타지역으로 이주시키려 할 때 많이 있다. 새로운 건설프로젝트를 시작할 때 인근의 주요 기업들을 파악하고 계획을 세워 접촉해야 한다.

- 부동산정보 패키지와 키트를 준비하여 주요 기업에게 배포한다. 이때 기업 내에서 직원들의 주거문제에 조언하는 직원을 만나는 것이 좋다. 이러한 사람들과 커뮤니케이션시스템을 구축하고 그들을 분양현장의 특별이벤트에 초대한다. 기업의 신규직원 채용담당자에게는 특별 정보키트를 제공하여 유망고객후보에게 전달되도록 한다.
- 인력이동지원부서를 갖춘 선도적인 부동산중개사들과 기업을 방문하는 전문가들을 파악한다. 가능하다면 이들과의 특별한 모임과 협력 프로그램을 구축한다. 부동산중개사들은 모든 유형의 부동산을 보여줄 수 있고 지역의 종합적인 안내

가 가능하므로 이주민을 주요 대상으로 하는 개발사나 건설사들에게 특히 장점을 갖는다.

- 판매원들이 표적기업에 방문할 수 있도록 승인을 요청한다.

(8) 인근지역 거주자 중 표적시장 대상 DM 발송

더 많은 유망고객을 개발하는 실제적인 방법은 유망고객과 동일한 프로필을 가진 사람들이 살고 있는 인근지역을 정밀하게 탐색하고 그들을 만나 부동산정보를 제공하는 창의적 방법을 강구하는 것이다. 구매자 유형이 첫 구매자이든 상향구매자이든 하향구매자이든 막론하고 그 효과가 입증된 고객 발굴방법이 있다.

- 여러 개의 부동산 판매리스트를 검토하거나 부동산 브로커와 대화를 하거나 혹은 여러 지역을 탐방하여 부동산의 가치와 임대료 범위를 조사한다. 이때 부동산이 위치해 있는 거리와 번지를 기록해둔다. 그것들을 종합지도상에 표시하는 한편, 디렉토리나 마이크로 필름카드 등에 보관하고 차후에 이들을 대상으로 DM캠페인을 전개한다. 우편캠페인의 효과를 보완하기 위해 전화캠페인을 수행한다.
- 부동산 관련 정보책자나 부동산 세제관련 정보 또는 기타 커뮤니티를 방문할 만한 인센티브를 제공한다.
- 최근에 입주해온 사람들의 허락을 얻어서 과거 그가 살던 커뮤니티(또는 아파트단지)의 주민들에게 새 주소 공지엽서를 대신 보내준다. 이때 "당신들의 이웃이 아름다운 이곳으로 이사 온 사실을 아시나요. 이곳에서 이들이 새로 발견한 것을 아셔야 합니다"라는 메시지를 주요 내용으로 한다. 이 메시지는 기존단지에서 아직 거주 중인 주민들에게 좋은 인상을 주는 창의적인 방법이다.
- 이전의 단지에서 함께 살았던 이웃들을 초대하여 집들이를 열어준다. 이를 통해 과거 이웃들로부터 불만족을 청취하고, 새로운 고객과 동일한 사회·경제적 수준을 가진 사람들을 만날 수 있다.

(9) 핵심건물을 대상으로 홍보물 배포시스템을 구축한다

부동산광고나 표지판 등을 보지 못했을 유망고객에게 접근하는 방법으로 특정건물을 대상으로 캠페인을 전개할 수 있다. 이에는 다음과 같이 호텔이나 공항, 쇼핑센터 등이 포함된다.

- 호텔: 기업가들이나 지역 유망고객들이 정기적으로 체류, 방문하는 호텔을 파악한다. 여기에는 보통 지역 내 이벤트나 각종 서비스 관련정보를 안내하는 선반이 있다. 호텔고객들은 주택관련 정보에 관심을 가지고 있으며, 부동산판매원은 프런트나 기타 직원 중 고객들에게 부동산에 관해 정보를 제공할 만한 위치에 있는 사람들과 교분을 유지하는 것이 좋다.
- 미용실, 이발소 및 헬스장 등: 사

람들이 미용실, 이발소나 헬스장에 갈 때는 읽을거리를 보거나 휴식을 취하는 경우가 많다. 만약 부동산 정보자료가 그곳에 놓여 있다면 유망고객이 이를 볼 수 있다. 게다가 그러한 업종의 주인들이 사람들과 얘기하는 것은 그들의 정상적인 일상사 중 하나이므로 좋은 정보전달자가 되는 경우가 많다.

- 상가, 판매점 : 여러 개의 상가들이 밀집해있는 곳이라면 어디든 유망고객을 만날 기회를 얻을 수 있다. 가두판매점, 신문판매대, 게시판 등도 탐색할 만한 가치가 있는 곳이다.
- 기타 업소 : 자동차 세차장, 주유소, 은행, 기타 금융기관 등에서 고객들이 서비스를 받거나 대기하고 있는 동안 신규부동산 홍보자료가 있다면 집어 들고 읽어볼 수 있다. 실제로 이런 곳에서 정보를 접하고 구매까지 연결된 사례들이 있다.

(10) 과거 부동산소유자들의 리스트를 잘 보존한다

만약 지금까지 실제로 우수한 부동산들을 건설하여 좋은 이미지와 평판을 얻고 있다면 지금까지 자사를 통해 부동산을 구매한 적이 있는 모든 고객들의 목록을 유지하고 이를 유망고객 창출의 기초로 사용한다. 어느 한 곳에서 다른 곳으로 부동산사업지를 이전할 때에도 두고 온 고객들을 잊지 말아야 한다.

과거의 고객들에게 지속적으로 정보를 제공하고 관계를 유지하는 것을 위주로 마케팅캠페인을 전개하는 사람들도 있다. 그들이 새로운 커뮤니티를 개발할 때 개최하는 첫 번째 파티는 이전의 부동산소유자들을 대상으로 한다. 미국의 산 호세(San José)에 위치한 어느 캘리포니아 건설사는 광고를 전혀 하지 않으면서 연간 50~75개의 부동산을 판매하고 있다. 그들의 고객들은 대부분 이전의 주택소유자로부터 전해 들은 구전(word of mouth)정보를 통해 찾아온다고 한다.

- 과거 모든 고객들의 자료를 컴퓨터에 보관하고 새로운 이벤트가 있을 때마다 초대한다. 뉴스레터나 기타정보를 계속 보낸다. 그리고 새로운 주거모델과 지역을 개발할 때 유망고객 추천을 요청한다. 소개해 준 사람들에게는 인센티브를 제공한다.
- 초기입주자클럽을 만들어서 특별히 이들을 우대한다. 어느 커뮤니티이든 처음 구매한 사람들은 대개 무언가를 기다려야 할 입장인 경우이므로 이들은 특별한 배려를 받을 만한 가치가 있다. 이들에게 특별클럽을 만들어서 별도의 내우를 해준다면 그들은 자사의 마케팅노력을 도와주는 경향이 있다. 클럽 멤버들의 명단을 따로 만들어서 분양사무소에 전시하고 이를 통해 다른 사람들이 그 부동산의 가치를 인정하도록 만들 수 있다면 마케팅가치를 높이는 것이 된다.

(11) 예전에 구매를 취소했던 사람들에게 연락한다

흔히 간과하기 쉬운 유망고객요소는 이전에 판매가 성사되려 했으나 이런 저런 이유로 거래가 완결되지 못했던 사람들이다. 거래가 성사되지 못했던 이유로는 자금상의 문제가 많다. 몇 달 후에는 이들의 자금상황이 호전되었을 수도 있다.

- 과거에 거래가 취소되었던 사람들의 기록을 유지하되 그 이유를 기록해두고, 몇 달 후에 그들이 다른 곳에서 부동산을 구매했는지 점검해본다. 만약 당시에 구매할 수 없었던 여건이 최근에 개선되었다면 그들은 유력한 구매후보자가 될 수 있다.

(12) 신문이나 정기간행물을 검토하여 기회의 실마리를 찾는다

주거지 이전은 보통 고객들의 삶에 변화를 야기하는 이벤트가 있을 때 일어난다. 이러한 기회를 발견하는 한 가지 방법은 뉴스를 탐색하거나 기타 주거지 변동이 임박하게 될 만한 여건변화를 관찰하는 것이다.

- 지역 내 새로운 산업의 개발: 부동산이 위치한 곳에서 가까운 장래에 새로운 산업의 입주 여부에 대한 정보를 관찰한다. 어느 회사나 점포가 지역 내로 이사 올 경우 자기 회사와 가까운 곳에 살려고 하는 사람들이 있게 마련이며, 이들이 이주예정자가 된다. 미국 덴버의 어느 부동산연구소는 새로운 커뮤니티를 개발하였는데, 신규 쇼핑센터가 가까운 곳으로 입점해옴에 따라 수많은 부동산을 한꺼번에 판매할 수 있었다. 그들이 한 일은 단지 쇼핑몰에 새로 입주해오는 점포들의 직원명단을 얻어 부동산에 조기 입주할 경우 인센티브를 약속한 것밖에 없었다. 중앙신문 및 지역(상업)신문 기자나 기타 소식통들은 소중한 정보원이 될 수 있다. 판매하려는 부동산의 인근 지역에 새로운 회사나 점포가 들어설 때마다 축하카드나 편지를 보낸 후에 개인적으로 접촉한다. 이때가 바로 훗날 중요한 영향력 행사자가 될지도 모르는 사람들 또는 유망고객들을 알게 되는 시점이다.
- 승진이나 기타 홍보내용: 뉴스기사를 보면 기업들에서 누가 승진하는지 알 수 있다. 승진자들에게 축하 엽서를 보내고 부동산안내를 해주면 개인적 접촉이 가능해질 수 있다. 경제적 여건이 향상되는 사람은 그에 걸맞은 물질적 삶을 원하는 것이 일반적이다.
- 결혼과 미혼: 새로운 가정의 형성은 신규주택 수요를 의미하며, 이혼은 신규주택을 준비할 필요성을 창출한다. 소식란을 잘 들여다보면 아는 사람을 발견하고 연락할 만한 일이 생길 수 있다. 이혼의 경우 사려 깊지 못한 행동으로 보이지 않기 위해 조심해야 하지만, 그

렇다고 해서 그들의 기본적인 주택수요를 충족시키는 일에 도움을 주지 말아야 할 이유는 없다.

- 출생소식 : 큰 규모의 주택에 살고 있지 않는 한 새로운 가족이 생기면 추가공간이 필요하다. 출생소식을 들은 지 얼마 후에 축하카드를 보내고, 여기에 주택소개를 위한 초대내용을 담는다.

(13) 유망고객을 유인하기 위한 교육적 이벤트를 개최한다

- 부동산분양사무소와 신규 커뮤니티에 직접 찾아오지 않은 유망고객에게 도달하는 또 하나의 방법은 그들에게 도움이 될 만한 내용으로 교육적 이벤트를 개최하는 것이다. 여기에 두 가지의 예가 있다.
- 부동산구매 세미나 : 생애최초구매자들에게 효과적인 교육이벤트는 최초 부동산 구매방법에 관한 것이다. 물론 이에 관한 세미나는 최근 국내에서도 문화센터 등에서 부동산투자관련 세미나를 개최하고 있으며, 수강생 동원은 대체로 성공적이다. 이러한 세미나는 잘 조직되어야 하며 부동산사업과는 별개의 모습으로, 즉 전문가들이 여러 측면에서 교육내용을 제시하는 것이 좋다. 특별히 관심을 보이는 사람들을 대상으로 후속적인 약속을 받아낸다.
- 조세법규 안내세미나 : 소비자들을 끌어들이는 효과적인 주제로서 부동산 관련세법이 있다. 조세전문가들의 도움을 받아 현재의 부동산 소유자, 유망고객, 그리고 일반대중을 대상으로 프로그램을 만든다. 미리 발표내용요약을 준비하여 유망고객들에게 송부한다.

참고 문헌 Reference

강병기 · 김용민 · 이국철 · 이창석 공저(2005), 부동산분양대행업, 형설출판사

계도원(2004), 고객만족마케팅, 좋은책만들기

김동훈 · 안광호 · 유창조(2001), 촉진관리, 학현사

김민근(2005), 부동산디벨로퍼론, 박영률출판사

김민주(2002), 마케팅 어드벤처, 미래의 창

김상일(2004), 대한민국 소비 트렌드, 원앤원북스

김해련(2005), 히트 트렌드 전략, 해냄출판사

박길부 옮김(1994), 마케팅 불변의 법칙, 십일월출판사

박상언(2004), 통통 튀는 한국형 부동산마케팅, 무한

서구원 · 배상승(2005), 도시마케팅, 커뮤니케이션북스

서상혁(2003B), 시장수요예측과 시장조사, 한남대학교 출판부

서상혁(2005), 기술마케팅핸드북, 산업자료센터

안효빈(2004), 부동산마케팅과 컨설팅, 새로운 제안

여준상(2003), 한국형 마케팅 불변의 법칙 33, 더난출판사

이유재(2004), 서비스마케팅, 학현사

이은석 · 심형석 옮김(2002), 오리야마 카즈히사 지음, 건설 · 부동산 비즈니스 마케팅전략", 박영률출판사

이창석(2005), 부동산컨설팅, 형설출판사

이창석 · 강해규 · 김용민 · 정상철 · 오준석 · 김영혜 · 박용광 · 남찬희 공편저(2004), 재건축 · 재개발 컨설팅 이론과 실무, 형설출판사

이충노(2004), "부동산 분양마케팅 전략에 관한 연구 — 주거용과 업무용 부동산의 성공 및 실패사례를 중심으로 —", 고려대학교 경영대학원 석사학위논문

이학식(2004), 마케팅, 법문사

이훈영(2002), e-마케팅 플러스, 무역경영사

한국생산성본부(2006), 부동산마케팅 및

Boyett, Joseph H., Jimmie T. Boyett(2003), *The Guru Guide to Marketing*, John Wiley & Sons, Inc.

Clark, Charles R., David F. Parker and Clark Parker Associates(1989), *Marketing New Homes*, National association of Home Builders.

Cook, Frank(2002), *21 things I wish my Broker Had Told me*, Dearborn.

Cross, Carla(1994), *The Real Estate Agent's Business Planning Guide*, Dearborn.

Hamilton, Dan(2006), *Real Estate Marketing and Sales Essentials*, Thomson South-Western.

Hopkins, Tom(2004), *Mastering the Art of Selling Real Estate*, Portfolio.

Keller, Gary and Dave Jenks and Jay Papasan(2005), *The Millionaire Real Estate Agent*, McGraw-Hill.

Kotler, Philip(2003), *Marketing Management*, 11th edition, Prentice Hall.

Lovelock, Christopher and Lauren Wright(2002), *Principles of Service Marketing and Management*, Prentice Hall.

Randall, Mary Ellen and Jamie M. Edwards(2005), *Real Estate Advertising Made Easy*, Seldon Griffin Graphics Inc.

Remley, Jim(2005), *Make Millions selling Real Estate*, Amacom.

Richard, Dan Gooder(2000), *Real Estate Rainmaker*, John Wiley & Sons, Inc.

Stone, Dave(1989), *New Home Marketing*, Dearborn.

Sullivan, Marilyn(2003), *Success as a Real Estate agent*, Alpha.

Zagaris, Michael P.(2005), *The PMZ Way : Strategies of Highly Successful Real Estate agent*, PMZ publishing.

chapter 9

인적마케팅

◀ 황학동 롯데베네치아 모델하우스

내 용

부동산 마케팅 개요

1. 부동산마케팅 전략의 개요
- 새로운 부동산마케팅시스템
- 부동산마케팅의 전략기획, 예산수립

부동산 시장 분석

2. 부동산시장조사 분석
- 부동산시장 분석의 개요, 원리, 주안점
- 영역규정, 수요 분석, 공급 분석
- 시장 분석, 수요충분성 분석

3. 부동산유형별 시장 분석
- 주택시장
- office시장
- 호텔 및 리조트시장

부동산 상품 선택

4. 사업타당성 분석
- 총비용 산정
- 가치평가, 타당성 추정
- 리스크통제기법

5. 부동산상품의 분석과 선택
- 아이디어 창출의 원천과 기법
- 제품의 정의과정
- 커뮤니티, 상품, 디자인

부동산 마케팅 활동

6. 부동산상품의 컨셉트와 가격결정
- 이미지, 포지셔닝, 가격전략 수립

7. 부동산 홍보, 광고, 촉진
- PR, 광고, 머천다이징 M/H 운영

고객 관리 및 영업

8. 유망고객 창출의 전략기법
- 조사, 프로필 구축, 고객 포착

9. 인적마케팅
- 인적마케팅 개념
- 인적마케팅 전술

10. 마케팅전문가 선발
- 팀 구성
- 전문가 선발

앞 장에서 살펴본 유망고객 창출전략에 이어 이 장에서는 인적마케팅, 즉 personalized 마케팅을 다룬다. 부동산은 고가의 상품으로 성공적인 투자나 적절한 구매결정을 안내하는 별도의 인적판매요원, 즉 분양대행사, 중개사, 판매원 등의 활동이 매우 중요하다. 즉, 일반적 마케팅보다 인적마케팅의 비중이 더 크다. 이는 때에 따라서 부동산상품 그 자체보다는 판매하는 회사나 마케터에 대한 신뢰감에 의해 상품을 구매하기도 하며, 비슷한 유형의 상품일 경우 판매원이 전달하는 메시지에 따라 상품구매결정이 좌우되기도 하기 때문이다. 이 장에서 서술될 내용은 다음과 같다 단, 여기서 말하는 인적마케팅의 주체는 개발사나 건설사의 판매인력보다는 분양대행사나 부동산중개사의 입장을 중심으로 한 것이다.

- 인적마케팅의 개요
- 자아창출과 인적마케팅
- 인적마케팅 테마개발과 포지셔닝
- 대행사의 프로모션 전술

인적마케팅 개요 제 1 절

1. 인적마케팅이란?

인적마케팅(personalized marketing)이란 표적시장에서 자신의 이미지와 신뢰도를 높이기 위해 자기자신을 프로모션하는 활동을 가리킨다. 인적마케팅에는 다음과 같은 중요한 두 가지 원리가 있다.

- 효과적인 모든 인적마케팅전술은 특정 표적시장과 관련되어 있다.
- 인적마케팅의 목표는 주로 홍보 지향적이어야 한다. 즉, 이미

지와 신뢰도를 높이는 것이어야 한다.

2. 자아창출과 인적마케팅

인적마케팅을 위해서는 마케팅 테마(marketing theme)를 결정해야 한다. 즉, 다른 사람과 비교하여 비교우위가 될 만한 자신의 정수(essence)[1)]를 포착해서 이를 표적시장에 프로모션할 아이디어와 시나리오를 창출해야 한다. 이에는 슬로건을 포함하지 않아야 하는데, 이를 주목할 필요가 있다. 자신의 정수를 포착하는 몇 개의 단어로 구성된 슬로건이 마케팅 테마 문제를 해결해줄 것처럼 보이지만, 실제로 그렇지 않다. 예컨대, 유명 광고회사가 고비용으로 만든 많은 슬로건들 중 기억되는 것은 몇 개에 불과하다.

1) 이를 자신만의 본질, 실체 혹은 특징이라고 표현할 수도 있다.

예컨대, 나이키의 슬로건은 "Just do it"이다. 리복의 슬로건은 무엇인가? 이 질문에 대답할 수 있는 사람은 20명 중 한 명에 불과하다. 그것은 "Life is short. Play hard"이다. 왜 나이키의 슬로건은 기억하면서 리복의 슬로건은 기억하지 못하는가? 슬로건은 제품에 감정을 연결시키면서 우리의 가슴 및 머리와 관련된 감정적 코드를 자극하는 것이다. 이와 같은 제품 슬로건을 만드는 일은 매우 복잡하다. 부동산마케터가 제공하는 인적서비스의 경우에 그 일은 더욱 어려워진다. 인적서비스의 정수를 몇 개의 단어로 정리한다는 것은 어렵다. 따라서 슬로건은 마케팅 테마 결정 시 중요한 사항은 아니다.

(1) 1990년대 슬로건과 부동산 마케터

나이키 슬로건이 나이키 제품에 대해 무엇인가를 말해 주는가? 아니면 생활양식에 대한 어떤 것을 시사하는가? 과거에 슬로건은 제품의 속성에 대해 알려주었지만, 오늘날의 슬로건들은 광고된 제품을 사용하면 원하는 그런 종류의 생활양식을 갖게 될 것이라는 점을 시사한다.

부동산 에이전트로서의 마케터는 다양한 감정과 생각을 갖고 있으며, 또한 모두 다른 개성의 소유자이다. 이러한 마케터의 개성은 독특하고 개별적 성향을 띤 복합적 서비스로 고객에게 전달된다. 따라서 마케팅 슬로건으로 다양한 복합체를 개별적으로 포착하려고 노력하기보다는 마케팅 테마를 개발하여 일관성 있는 이미지를 전달하여야 한다.

(2) 표적시장이 기억하기를 원하는 것

무엇보다도 마케터는 부동산 에이전트로서 자신의 이름을 기억하기 용이하도록 그래픽 디자이너에게 의뢰하여 기억하기 좋은 서명(signature)과 자신의 로고를 만들어 활용하는 것이 좋다. 그러나 별도의 슬로건은 만들지 않는 것이 바람직하다. 마케터가 소속된 회사도 자체적으로 서명과 로고, 슬로건이 있으므로, 표적시장이 마케터의 이름, 로고, 메시지와 회사의 상호 · 로고 · 슬로건, 주소와 전화번호를 구별할 수 있도록 하여야 한다.

3. 인적마케팅 테마 개발과 포지셔닝

효과적인 마케팅을 위해서 마케터는 자신이 어떻게 하겠다는 약속을 하기보다는 자신의 성공기록, 즉 자신이 성취한 결과를 바탕으로 마케팅해야 한다. 마케팅 테마를 개발하기 위해서 다음 사항을 따르는 것이 좋다.

- 우선 자신을 위한 성과기준을 설정한다.
- 그 성과기준을 달성하기 위한 전략을 만든다.
- 그 다음에 자신을 프로모션하기 위해서 그 성공기록을 활용한다.

마케팅 테마는 포지셔닝을 할 수 있도록 해준다. 포지셔닝은 제품에 대해서가 아니라 잠재고객의 마음에 대해 무엇을 하는 것이다. 테마를 개발함으로써 마케터는 잠재고객들이 자신에 대해서 어떻게 생각해야 하는지를 유도하는 셈이 된다. 만약 어떤 소비자가 부동산 에이전트를 언급할 때 바로 자신을 떠올린다면(그림 9.1 참조) 가장 강력한 포지셔닝이 구축된 것이다. 아래 <표 9.1>은 포지셔닝 테마를 만들 때 사용할 수 있는 지침을 보여주고 있다.

그림 9.1 ▸ 인적판매 포지셔닝

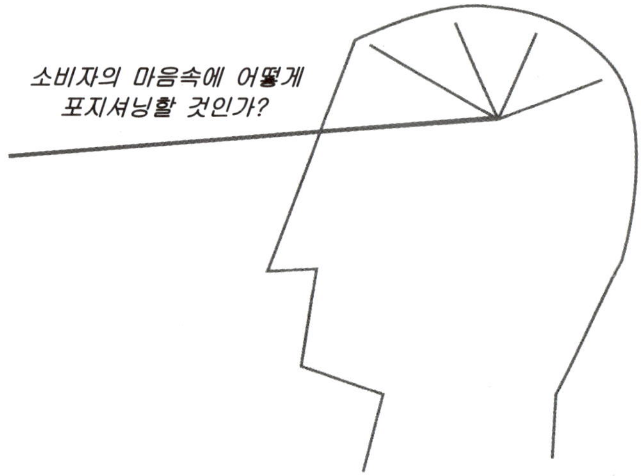

표 9.1 ▸ 인적판매 포지셔닝방법

1. 자신의 배경과 독특한 특성에 기초하여 구체적인 강점을 서술한다.
• 자신만의 특유한 점 • 이 특징이 고객들에게 이익을 주는 방식 • 인적배경(경력, 재주, 가족 …) • 이것이 고객들에게 이익을 주는 방식
2. 미개척시장에 대한 경쟁력 있는 서비스를 창출한다.
• 표적시장 • 그 시장에서의 자신의 경쟁력 • 그 시장에 제공할 수 있는 가치 있는 서비스 • 포지셔닝 내용

자신의 독특한 서비스와 재능을 포착하고 과거의 성공기록을 바탕으로 마케팅 테마를 개발하고 자신이 원하는 포지션을 만들어 이를 표적시장의 마음속으로 전달하라.[2)]

2) 미국의 소비자정보지인 *Consumer Report*지에 의하면 미국 소비자들은 부동산중개사들의 서비스를 다른 서비스 부문보다 10% 정도 더 낮게 평가하고 있다.

4. 인적마케팅 성공의 여섯 가지 요소

부동산 에이전트들은 자신들이 마케터라고 생각하고 싶어 하지만, 실제로는 세일즈전문가들이다. 자신을 마케팅할 때 마케팅원리를 활용할 필요가 있으며, 인적마케팅 성공을 위한 여섯 가지의 마케팅의 원리는 다음과 같다.

(1) 약속은 적게 하고, 전달을 많이 하라

성공적인 인적마케팅을 위해서, 우선 신뢰를 구축해야 한다. 이를 위해 작성하는 메시지는 과거의 실제업적을 중심으로 하는 것이 좋다. 과장된 내용이나 장래의 목표를 중심으로 하면 고객들의 기대를 너무 높여놓음으로써 결국 그들의 기대를 충족시키지 못하는 함정에 빠질 수도 있다.

(2) 메시지는 고객에 대한 혜택을 중심으로 하여 만들어라

자신이 가진 특징들에 대한 목록을 작성하고, 이 중 특정 고객에게 가치 있는 것으로 인식될 수 있는 특징과 그 특징이 고객에게 가져다 줄 수 있는 혜택을 정리한다. 인적마케팅 자료를 만들 때, 자신을 소비자로 생각하면서, "나를 위한 요소가 있는가?"라는 질문을 만든다(그림 9.2 참조). 이 전략을 사용하면 소비자들에게 가치 있는 혜택을 가져다주는 소비자 지향적인 프로그램을 설계하는 데 도움이 될 것이다.

그림 9.2 ▸ 자신의 우위점 분석

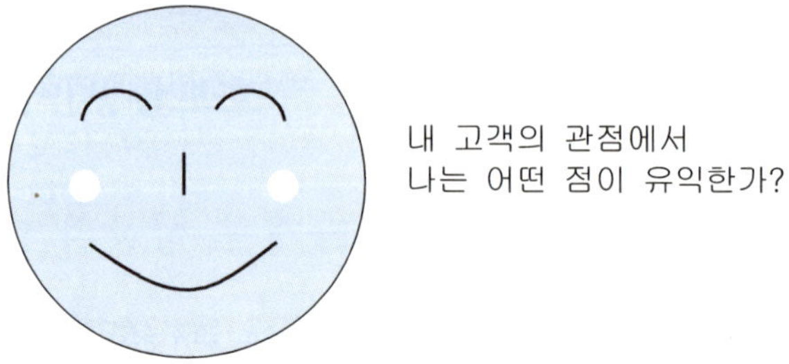

(3) 고객의 생각을 먼저 조사한다(outside-in thinking)

[그림 9.3]은 고객이 원하는 바가 무엇인지 추측하려고 할 때의 진행과정을 보여준다. 마케터는 자신을 고객에 대해 잘 아는 전문가라고 단정짓고 임의로 고객이 원하는 것을 선택해서는 안 된다. 그 대신 고객이 무엇을 원하는지 고객들에게 질문하고 거래가 끝났을 때 마케터의 서비스를 가장 잘 특징지을 수 있는 것을 두 단어로 표현해달라고 고객들에게 부탁한다. 어떤 서비스가 가장 가치가 있었는지, 그리고 다음에는 어떤 서비스를 원하는지를 고객들에게 묻는다.

그림 9.3 ▸ inside-out thinking과 outside-in thinking

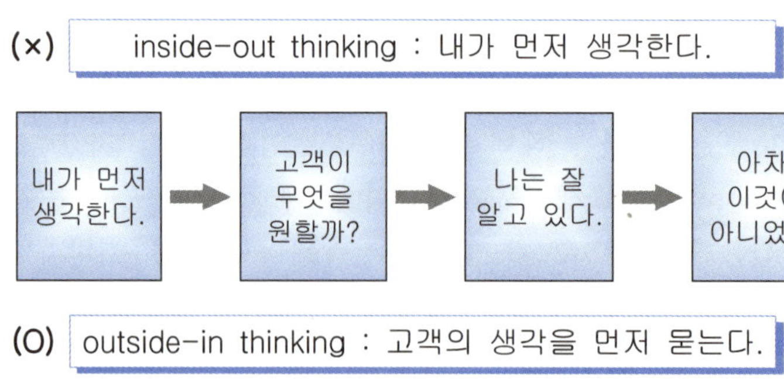

(4) 다수의 청중을 위한 광고가 효과적이다

이름이 잘 알려지지 않은 에이전트가 거리에 고비용의 커다란 입간판을 세웠을 때 그 에이전트의 표적고객은 불분명해진다. 주민들이 그 입간판을 인식하는 데 많은 시간이 소요될 것이다. 에이전트의 인지도와 경력을 고려했을 때, 입간판 설치에 드는 고비용을 다른 마케팅수단에 활용하는 것이 훨씬 더 바람직할 것이다.

(5) 도달보다는 빈도(frequency)가 더 중요하다

고객의 마음속에 자신의 이름을 자리 잡게 하기 위해서는 이름을 계속 반복해야 한다. DM 연구에 따르면, 소비자들은 우편메시지를 7번 받으면 그 중 6번은 그냥 버리고 한 번만 읽는다. 그리고 우편메시지를 3번 읽으면 그 중 한 번만 행동에 옮긴다. 즉, 한 번의 행동을 기대하기 위해서는 동일한 고객에게 21번의 우편메시지를 보내야 한다. 따라서 모르는 고객에게 도달(reach)하기 위해서는 단 한 번의 광고에 만 달러를 지출하기보다는, 300명의 예전 고객들에게 1년에 12번 메시지를 전달하는 데 2천 달러는 쓰는 것이 더 효과적일 것이다.

(6) 고객이 자신을 기억하게 하기 위해서는 일관된 메시지를 보내야 한다

고객의 마음속에 자신의 이름을 확고하게 각인시키기 위해서는, 지속적으로 일관된 메시지를 보내야 한다. 어떤 광고캠페인이든지 그 기간은 적어도 1년은 되어야 한다고 말하는 마케팅전문가들이 많지만, 실제로는 마케팅효과가 즉시 나타나지 않는다고 하여 마케팅을 중단하는 경우가 종종 있다.

마케팅 TIP

인적마케팅 대가(master)들의 전술

1. 아는 사람들부터 시작하라. 그리고 충분히 활용하라.
2. 표적시장을 명확히 규정하라. 즉, 누구를 대상으로 해야 할지를 명확히 결정하라.
3. 마케터가 특정소비자의 이익을 위해서 무엇을 해줄 수 있는지를 그 소비자에게 알려라.
4. 정보의 배포계획을 세우고, 1년 동안은 몰입하라.
5. 마케터가 전달하는 것이 회사의 이미지와 동일하고 바로 자신이 투영하고 싶어 하는 것임을 분명히 하라.
6. 무료 홍보수단을 활용하라.
7. 고객에게 가치 있는 서비스를 추가하고, 고객에게 그 서비스가치를 널리 알려라.
8. 이미 마케터를 잘 알고 있는 사람들을 대상으로 배포되는 인쇄매체(교회 뉴스레터, 클럽 뉴스레터 등)를 활용하라.
9. 신문광고 등의 맥시-미디어(maxi-media)를 지양하라.
10. DM을 회피하라. —올바르게 수행되거나 일관성 있게 수행되지 않는다면 낭비요소이다.
11. 고비용의 큰 광고(입간판 등)를 지양하라.
12. 슬로건을 자제하라. 그리고 테마를 설정하라.

제 2 절 인적마케팅 전술

표적시장에 영향을 미치는 일상적인 특정 활동들을 전술이라고 한다. 마케팅계획이 제대로 수행되기 위해서 전술은 다음과 같이 전개되어야 한다.

- 전체적인 사업전략과 관련된다.

- 시장상황과 관련된다.
- 각각의 표적시장과 연계된다.
- 전술 상호 간에 관련된다.
- 시간틀(time frame)을 가진다.
- 각 과업을 완수할 담당자를 배정한다.

1. 창조적 촉진전술의 비법

전술에 관한 제안을 할 때마다 "그것은 내 시장에서 나에게는 별 효과가 없을 것이다"라는 반응을 보이는 에이전트들이 있다. 물론 어떤 전술도 각 시장에서 각 에이전트에게 정확하게 동일한 방식으로 작용하지는 않는다. 그러나 에이전트는 전술적 아이디어에 담겨 있는 가능성을 보아야 한다. 에이전트는 예술가가 예술작품을 창조할 때의 과정과 같이 동일한 창조적 과정을 사업계획에 적용해야 한다. 예술가들은 오랜 시간 동안 연마된 창조력이 발전하여 독특한 예술작품으로 결실을 맺는다는 것을 이해한다. 소나타를 작곡하기 위해서 베토벤은 작품을 쓰고 고치고 다시 쓰기를 계속 반복하였다. 그의 작품은 오랜 기간을 걸쳐서 발전에 발전을 거듭하여 완성된 것이다.

사업계획에 대해서도 동일한 방식으로 생각해야 한다. 쓰고, 또 쓰고, 그리고 아이디어를 시험해보는 과정을 반복해야 한다. 베토벤이 그러했듯이, 일상활동을 통해 계획을 실행하기 위해서 취할 전략을 고려할 때에, 창조성을 판단으로부터 격리시켜야 한다. 베토벤이 종이 위에 곡을 쓰기 전에 머릿속에서 멜로디를 들었듯이, 전략적 가능성을 통해서 사고해야 하며, 그런 창조적 과정을 반복함에 따라 일관된 계획을 더 빨리 만들게 될 것이다.

2. 판매원의 촉진전술선택

마케팅에서 촉진은 일종의 전술선택이다. 촉진, 즉 프로모션에는 전술한 바와 같이 인적판매, 홍보, 광고, 판매촉진, 직접마케팅 등 크게 다섯 범주가 있다. 인적판매는 사람들 앞에 나서는 것이다. 홍보는 뉴스 릴리즈, 신문기사, 인터뷰 등과 같은 수단으로 구성된다. 광고는 제품이나 광고주의 이미지를 촉진하기 위한 신문, 라디오, TV 광고 등의 매체를 사용한다. 판매촉진에는 뉴스레터, 브로슈어, 전단지 등이 포함된다. 인적마케팅에서도 이러한 촉진수단들을 사용한다.

(1) 비용별로 범주화

모든 일이 다 그렇지만 에이전트들은 한정된 예산을 가지고 있으며, 따라서 주어진 예산으로 최대의 효과를 볼 수 있는 전술을 선택해야 한다. 프로모션 비용별로 취할 수 있는 전술적 선택은 다음과 같이 세 범주로 나누어진다.

① 미니-매체(mini-media)
② 맥시-매체(maxi-media)
③ 무매체(non-media)

[그림 9.4]는 각 범주별 가능성을 보여준다. 마케팅비용과 전반

그림 9.4 ▸ 판매원의 촉진전술유형

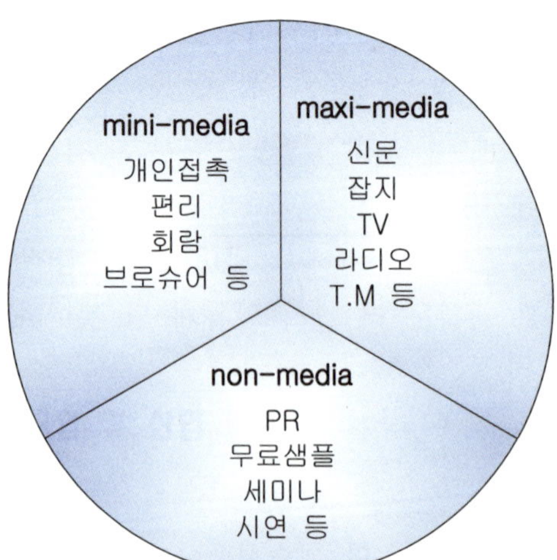

적인 마케팅전략에 따라서 각 범주 내에서 적절한 대안을 선택해야 한다.

(2) 경력과 관련된 전술

프로모션 전술과 관련된 첫 번째 고려사항은 표적시장, 즉 자신의 예전 고객들과 가장 잘 의사소통할 수 있는 방법을 선택하라는 것이다. 만일 초보자이기 때문에 구축된 고객이 많이 없다면 이미 알고 있는 사람부터 시작해야 한다. 그리고 인적마케팅 대가의 전술을 적용하는 데 있어서 중요한 것은 그 전술로 무엇을 성취할 것인지를 생각하는 것이다. 그 다음에 그 대가가 성취했던 것과 동일한 결과를 달성하기 위해서 주어진 예산과 경험수준의 범위 내에서 자신에게 맞는 전술을 만드는 것이다.

(3) 뉴스를 전파하는 촉진전술

두 번째 사항은 자신의 성공에 근거하여 자기자신을 프로모션하라는 것이다. 자신이 무엇을 해줄 수 있다고 약속하는 것이 아니라, 자신이 과거에 성취한 것을 프로모션한다면 고객의 신뢰를 얻을 수 있다.

3. 전술의 개발과 프로모션

때때로 에이전트들은 특정 전술이 우수한 아이디어인지 아닌지 고민한다. 그러나 그 아이디어가 독특한 것이 아니라면 고민할 필요가 없다. 지금까지 창안된 것 중 최고의 전술에 대해서 생각하기보다는 어떤 특정 사업에서 고려했던 모든 마케팅전략을 되돌아볼 필요가 있다. 이를 통해 부동산시장에 적용할 수 있는 놀라운 많은 전략들이 있음을 알게 될 것이다.

광고는 목적에 따라 머천다이즈 유형(merchandise type)과 이미지

고양 유형(institutional type) 등 두 가지 유형으로 나누어진다. 머천다이즈 광고유형은 바로 지금(now) 소비자들로부터 즉각적인 반응을 원할 때 사용된다. 만일 머천다이즈 유형이라면, 광고의 결과로서 전화벨이 울리기를 기대할 것이다. 머천다이즈 광고목적을 달성하기 위해서는 보통 인쇄매체광고가 사용되나, 때때로 라디오나 TV광고도 사용된다.

왜 나이키는 나이키 신발에 대한 어떤 직접적인 언급도 없이 광고를 하는가? 나이키의 광고에는 머천다이즈 목적이 없기 때문이다. 대신에 나이키는 소비자들이 그들의 마음속에 나이키 신발과 매력적이고 현대적인 생활양식을 연결시키기를 원한다.

이런 종류의 광고가 이미지 고양형 광고이다. 이러한 광고는 미묘하고 장기 지향적이며, 성공하기 위해서는 많은 생각과 창조력을 필요로 한다. 이미지 고양 광고는 하나의 강력한 테마를 가지고 시작하며, 그 제품이나 서비스에 대한 모든 프로모션은 그 테마와 결합된다. 이런 종류의 광고는 소비자들에게 직접적으로 반응할 것을 요구하지 않는다. 그보다는 제품이나 서비스를 소비자 자신들에 대한 가장 즐겁고 성공적인 자아관과 연결시키도록 교육한다. 따라서 가장 성공적인 사람이 되기 위해서 소비자들은 그 특정 제품이나 서비스를 구입하게 되는 것이다.

광고를 계획하기 전에, 광고의 목적이 머천다이즈인지 아니면 이미지 고양형인지를 결정해야 한다. 광고의 결과로서 전화벨이 울리길 기대하는가? 아니면 나이키처럼 장기적 목적을 가지고 있는가? 광고의 결과 소비자들이 무엇을 하기를 원하는지를 결정해야 한다. 최근의 추세는 머천다이즈 광고로부터 이미지고양 광고로 바뀌고 있다. 요즘 최고의 에이전트들은 주로 부동산상품 광고가 아니라 부동산이미지를 프로모션하는 데에 마케팅비용을 사용하고 있다는 점을 명심할 필요가 있다.

Reference 참고 문헌

김민근(2005), 부동산디벨로퍼론, 박영률출판사
손진수(2006), 부동산개발론, 부동산114
윤훈현(2004) 옮김, 마케팅관리론, 석정
이유재(2004), 서비스마케팅, 학현사

Clark, Charles R., David F. Parker and Clark Parker Associates(1989), *Marketing New Homes*, National Association of Home Builders.
Cook, Frank(2002), *21 things I wish my broker had told me*, Dearborn.
Cross, Carla(1994), *The Real Estate Agent's Business Planning Guide*, Dearborn.
Hamilton, Dan(2006), *Real Estate Marketing and Sales Essentials*, Thomson South-Western.
Kotler, Philip(2003), *Marketing Management*, 11th edition, Prentice Hall.
Martichoux, Claire(2004), La promotion des ventes en pratiques, d'Organisation.
Remley, Jim(2005), *Make Millions selling Real Estate*, Amacom.
Richard, Dan Gooder(2000), *Real Estate Rainmaker*, John Wiley & Sons, Inc.
Stone, Dave(1989), *New Home Marketing*, Dearborn.
Sullivan, Marilyn(2003), *Success as a Real Estate Agent*, Alpha.
Zagaris, Michael P.(2005), *The PMZ Way : Strategies of Highly Successful Real Estate agent*, PMZ publishing.

chapter

10

마케팅전문가의 선발 및 활용

내 용

부동산 마케팅 개요

1. 부동산마케팅 전략의 개요
- 새로운 부동산마케팅시스템
- 부동산마케팅의 전략기획, 예산수립

부동산 시장 분석

2. 부동산시장조사 분석
- 부동산시장 분석의 개요, 원리, 주안점
- 영역규정, 수요 분석, 공급 분석
- 시장 분석, 수요충분성 분석

3. 부동산유형별 시장 분석
- 주택시장
- office시장
- 호텔 및 리조트시장

부동산 상품 선택

4. 사업타당성 분석
- 총비용 산정
- 가치평가, 타당성 추정
- 리스크통제기법

5. 부동산상품의 분석과 선택
- 아이디어 창출의 원천과 기법
- 제품의 정의과정
- 커뮤니티, 상품, 디자인

부동산 마케팅 활동

6. 부동산상품의 컨셉트와 가격결정
- 이미지, 포지셔닝, 가격전략 수립

7. 부동산 홍보, 광고, 촉진
- PR, 광고, 머천다이징 M/H 운영

고객 관리 및 영업

8. 유망고객 창출의 전략기법
- 조사, 프로필 구축, 고객 포착

9. 인적마케팅
- 인적마케팅 개념
- 인적마케팅 전술

10. 마케팅전문가 선발
- 팀 구성
- 전문가 선발

제 8장과 9장에서는 고객관리 및 영업차원에서 부동산 유망 고객창출과 인적마케팅에 관해 서술하였다. 본서의 마지막 장인 이 장에서는 마케팅전문가의 선발 및 활용에 관해 논의하고자 한다. 이에는 마케팅 팀의 전문가유형, 마케팅전문가 선발, 마케팅 팀 내의 의사소통에 관한 내용이 포함된다.

- 마케팅 팀 구성
- 중소규모 건설사를 위한 마케팅전문가
- 마케팅전문가의 선발
- 의사소통 및 의사결정 가이드라인

개발사들이 스스로 많은 마케팅활동을 할 수 있다고 생각하고 있지만, 어떤 활동에는 편의성, 효율성, 비용효과성 때문에 전문가의 전문적 지식이 요구되기도 한다. 이 장에서는 개발사를 도와줄 마케팅전문가 팀이나 한두 명의 마케팅전문가 선발을 위한 가이드라인을 제시하고자 한다.

마케팅 팀 구성 제1절

마케팅 팀은 다음의 전문가들을 포함하는 것이 보통이다.

- 총괄마케팅 컨설턴트 및 조사컨설턴트
- 토지계획자(land planner) · 조경전문가
- 건축가
- 인테리어 머천다이저
- PR · 프로모션 대행사
- 광고대행사
- 그래픽 디자이너

(1) 총괄마케팅 컨설턴트 및 조사 컨설턴트

마케팅 컨설턴트는 초기의 사업타당성 분석과 시장조사부터 시작하여 마지막 판매종료에 이르기까지 다양한 서비스를 개발사에게 제공할 수 있다. 중소규모 개발사는 마케팅전문가들의 지속적인 서비스를 선택할 수도 있고, 아니면 특정 작업에 대해서만 정기적으로 전문가들을 활용할 수도 있다. 다른 마케팅 팀원들에게 광고의 방향을 제시하기 위해서 모든 개발사에게 시장조사 자료는 갖추어야 할 최소한의 필요조건이다.

(2) 토지계획자·조경설계사

시장조사가 완료된 후, 그 다음의 일을 시작하는 첫 번째 마케팅 팀원은 보통 토지계획자이다. 토지계획 결정은 추후 건축설계에 영향을 미치기 때문에, 건축가는 최적의 조정 및 설계 결과를 담보하기 위해서 예비 토지계획을 검토해야 한다.

(3) 건축가(architect)

토지계획과 건축설계는 상호 관련되어 있으며, 각 요소의 기회와 한계가 다른 요소의 기회와 한계에 영향을 미친다. 대규모 건축설계회사는 토지 및 주택설계에서의 조화를 담보하기 위해 토지계획 서비스를 제공한다.

(4) 인테리어 머천다이저(interior merchandiser)

인테리어 머천다이징은 개발사에게 중요한 마케팅도구이다. 모델하우스는 지역 가구점의 장식가에게 맡겨서는 안 되고, 신규주택 마케팅에 대한 경험과 전문지식이 있는 전문가에게 위탁해야 한다. 인테리어 머천다이징회사는 보통 각 모델하우스에 하나의 팀을 배정한다.

(5) PR · 프로모션 대행사(외부 활용)

개발사와 함께 일하는 PR · 프로모션 전문가는 대체로 PR대행사의 사장이나 고위간부이다. PR · 프로모션 활동을 마케팅활동과 통합하기 위해서는 크리에이티브의 방향을 일관성 있게 제시해야 한다. PR대행사의 직원들은 회사 사장의 지시에 따라 일을 하며, 개발사와의 접촉은 거의 없다.

(6) 광고대행사

광고전문가를 선정하기 전에 광고대행사의 구조 및 운영을 이해하는 것이 중요하다. 보통 광고대행사들은 각 account에 하나의 팀을 배정한다. 이는 팀장, AE, 크리에이티브 감독, 카피라이터 등으로 구성된다.

(7) 그래픽 디자이너

그래픽 디자이너는 직 · 간접적으로 판매과정을 지원하는 환경을 조성한다. 그들의 작업범위에는 정보센터의 레이아웃, 디스플레이, 표지 및 기타 부대물들이 포함된다. 그래픽 디자인 회사들은 회사 규모와 능력에 따라 로고 및 이미지개발, 입구나 현장 표지, 브로슈어 및 부수적인 기타 자료들을 제공하기도 한다. 그래픽 디자이너 팀은 제작스태프, 인테리어 디자이너, 크리에이티브 아티스트 등으로 구성된다.

부지 및 주택설계를 위하여 시장조사결과 및 예비적인 현장 엔지니어링 결과를 이용하는 마케팅 컨설턴트와 토지계획가 및 건축가는 대개 기획단계의 초기에 확보한다. 다른 마케팅전문가들은 그들의 책임범위와 성격에 맞추어 건설이 시작되기 전에 선정된다. 다음은 일반적인 마케팅전문가 선정순서를 나타낸다.

① 시장조사전문가

② 토지계획자
③ 건축가
④ 인테리어 머천다이저
⑤ PR/프로모션 대행사
⑥ 광고대행사
⑦ 그래픽 디자이너

제 2 절 중소규모 건설사를 위한 마케팅전문가

영세 개발사들의 경우에는 대체로 대형 광고대행사를 활용하기보다는 전문성이 필요한 각 마케팅분야의 전문가를 직접 고용함으로써 품질을 희생하지 않으면서 경비를 절감할 수도 있다.[1] 예컨대, 어떤 개발사는 광고대행사를 거치지 않고 직접 간판작업자와 작가를 보유하기도 한다. 비록 이런 방법은 개발사에게 더 많은 업무 조정을 필요로 하지만, 광범위한 서비스를 위해서 대행사와 계약을 맺는 것보다는 더 낮은 비용으로 고품질의 서비스를 확보하는 수단이 될 수 있다. 한편, 어떤 개발사들은 사업의 다른 측면에 시간을 투자하는 것이 더 좋다고 판단하여, 모든 마케팅 서비스의 조정에 하나의 대행사만 활용하는 것을 선호하기도 한다.

1) "일본기업 중 거의 90%가 마케팅부서를 가지고 있지 않으며, 그 이유는 모든 임직원들이 마케팅전문가 역할을 하기 때문이다."(히로유키 다케우치, 홍수원 역(2003)

마케팅전문가들이 제공하는 서비스들은 중복되는 경우가 매우 많다. 예컨대, 광고대행사, PR대행사와 그래픽 디자이너(심지어 건축가나 인테리어 머천다이저조차도)는 모두 이미지 창출, 브로슈어, 표지디자인과 제작을 제공하기도 한다. 이와 비슷하게, 단일 대행사가 PR, 프로모션, 광고, 표지 및 정보센터의 디자인과 그래픽에서의 전문성을 주장하기도 한다. 이런 전문성의 중복은 다음 표에 잘 나타나 있다. 전문성의 중복은 2차 전문분야에서 가장 많이 발생한다. 한 개 이상의 대행사가 관련된 경우에는, 최종 마케팅 프

마케팅전문가집단의 업무분야 ◀ 표 10.1

주력분야	실내디자인	PR, 프로모션	광고	간판제작, 그래픽 전시	부지계획, 조경디자인
2차분야	PR, 그래픽 전시	광고, 디스플레이 그래픽	PR, 그래픽 전시, 간판디자인	조경디자인, 광고	간판제작 및 디자인

레젠테이션의 가능한 최고의 품질을 확보하기 위해서 계약책임은 각 대행사의 주력 전문분야로 한정해야 한다.

어쨌든 각 대행사나 각 전문가의 작업은 강력한 2차 전문분야를 지닌 다른 마케팅 팀원의 검토와 비평을 받는 것이 바람직하다. 그러므로 인테리어 머천다이저가 건축설계를 검토하고, 광고대행사가 그래픽 디자이너의 정보센터 디스플레이와 표지에 대해 코멘트하며, PR 전문가가 광고 포지셔닝을 강화하기도 한다.

마케팅전문가의 선발 제 3 절

적재적소에 인재를 선발·배치하는 것은 모든 경영의 문제이다. 마케팅은 수익을 창출하면서도 신규주택의 비용에서 극히 적은 부분을 차지한다.[2)]

개발사는 아주 실력 있는 전문가들만을 보유해야 한다. 비용효과성의 비결은 수익에 비해 더 적은 돈을 쓰는 방법을 고안해낼 줄 아는 재능 있는 사람들을 선발한다.

그러면 재능 있는 마케팅전문가들은 어디에 있는가? 개발사는 보통 자신의 시장영역과 경쟁사를 주의 깊게 살펴볼 필요가 있다. 또한 개발사는 특정 시장영역(신문광고, 신규주택에 대한 잡지 및 신문기사, 신규 지역사회, 간판, 디스플레이 및 브로슈어, 견본주택 머천

2) 마케팅이 수익을 창출하는 데도 불구하고 그 가치에 비해 비용면에서 매우 불공평한 비중을 차지하는 셈이다.

다이징)에서 최고의 성과를 내고 있는 마케팅요소가 무엇인지 알아야 한다. 그러고 나서 개발사는 최고의 마케팅요소를 만들었던 그 전문가를 찾아서

① 전문가가 속한 대행사와 계약하거나,
② 그 전문가를 임시직으로 활용하거나,
③ 정규직으로 고용할 수 있다. 이때 건설사 규모와 그 사람의 전문분야에 따라 고용 여부를 결정한다.

마케팅전문가를 선발하는 또 다른 방법은 적합한 전문성을 지닌 지역적·광역적 및 전국적 대행사를 찾는 것이다. 탐색은 적합한 2~3개의 대행사나 2~3명의 전문가를 찾을 때까지 지역에서부터 시작하여 점점 그 범위를 확대하는 것이다. 때로는 동료들 또는 지역 및 전국 건설협회들로부터 추천을 받아야 한다. 과거에 개발사와 함께 일했던 건축가, 토지계획가, 그래픽 디자이너 혹은 마케팅 컨설턴트들도 다시 함께 일하는 것을 고려해볼 수 있으며, 이들로부터 추천을 받을 수도 있다. 새로 선발된 팀원에게도 추후 선발을 위해서 추천을 부탁해야 한다.

1. 선발과정

마케팅 프로그램에 필요한 전문가의 선택은 체계화된 선발과정을 거쳐야 하며, 상대적인 능력과 비용추정에 기초하여 직무가 주어져야 한다. 경우에 따라서 이 과정은 종종 한 대행사에 여러 업무를 맡기게 되기도 하고, 또는 두세 명의 전문가에게 한정계약을 하기도 한다.

우선 이력서와 추천서를 검토한 후, 유망 후보자들에게 자신들의 일에 대한 공식적 프레젠테이션을 요구한다. 여러 명의 지원자가 제안서를 발표하기 위해 초대되면, 각 후보자들에게 다른 후보자들과 경쟁상황에 있다는 것을 알릴 수도 있다. 마케팅전문가들은

제한된 경쟁상황에 반대하지 않을 것이며, 오히려 그런 정보를 알려준 호의에 감사를 표할 수 있다. 한편, 너무 많은 후보자들이 검토되고 있다면 많은 지원자들은 당연히 경쟁을 거부할 것이다. 왜냐하면 예비제안서를 준비하고 발표하는 데 비용이 많이 들기 때문이다.

2. 프레젠테이션 과정

특정 업무에 대해 프레젠테이션을 하는 마케팅전문가들은 슬라이드나 사진, 혹은 원자료를 보여주어야 한다. 이 시점에서 진행 중인 프로젝트의 마케팅전략 컨셉트에 대해 프레젠테이션하거나 토론을 하는 것도 좋다. 이때 특별 설계료나 계약비용을 지불하지 않는 한 이들이 상세한 제안서를 제시하지 않을 수 있다.

마케팅전문가가 제안서를 준비하기 전에 개발사는 충분한 배경 정보를 제공해 주어야 한다. 프레젠테이션에 앞서서 흡수율, 가격 및 단위면적당 제안, 표적고객 프로필, 경쟁사 제품정보 등을 포함하는 시장조사결과를 미리 나누어준다. 또한 어떤 전문가들은 특정 항목에 대한 정보를 필요로 할 것이다. 예컨대, 건축가는 토지계획안을 필요로 하고, 인테리어 머천다이저는 건축설계 계획을 필요로 할 것이다.

프레젠테이션 과정 중에 개발사는 다른 마케팅 팀원에게 면접 보조를 요청하기도 한다. 예컨대, 인테리어 머천다이저나 토지계획가의 면접과정에 건축가가 참석할 수도 있다. 총괄 마케팅 컨설턴트도 참여할 수 있다. 다른 사람들을 참석시키는 것은 많은 비용이 들 수가 있으므로, 개발사는 그러한 보조는 아주 중요한 전문가 선발이나 자신이 거의 경험이 없는 분야의 전문가 선발에 한정해야 한다.

3. 최종결정

프레젠테이션이 이루어진 후 개발사는 선발결정을 내리는 데 시간을 지체해서는 안 된다. 프레젠테이션에 자신의 시간과 재능을 쏟아 부은 전문가들은 개발사들이 신속한 의사결정의 형태로 그에 상응하는 반응을 보여주길 바라기 때문이다. 최종 선발결정이 이루어지면 새로운 업무를 적절하게 조직하고 일정을 잡을 수 있도록 모든 관련 당사자들에게 바로 알려주어야 한다.

선발과정에서 중요한 고려상황은 각 마케팅전문가들의 장점들을 조화시켜서 함께 잘 일할 수 있는 팀을 만드는 것이다. 전문적 마케팅 팀에는 절대로 독불장군이 있어서는 안 된다. 선발된 사람들은 문제해결을 위한 집단적 접근방법의 경험이 있어야 한다. <표 10.2>는 일반적인 마케팅전문가 평가양식이며, 선발하고자 하는 마케팅전문가 유형에 맞게끔 수정할 수 있다.

표 10.2 ▸ 마케팅전문가 평가양식

I. 역 량

1. 직원수 : ____________________
2. 사업종사 경력 : ____________________
3. 연간 수주액 : ____________________
4. 연간 건설업수주액 : ____________________
5. 건설경험 유형
   - 단독주택 : ____________________
   - 주택 단지/다가구주택 : ____________________
   - 상업용 : ____________________
   - 고가주택 : ____________________
   - 중가주택 : ____________________
   - 저가주택 : ____________________
6. 전형적인 주택개발규모
   - 에이커 : ____________________
   - 가구수 : ____________________

Ⅱ. 성공사례

1. 고객기업들 중에 창조성으로 유명한 기업들을 모두 기술하시오:

2. 현재 뛰어난 매출성과를 올리고 있는 고객기업들을 기술하시오:

3. 그 회사가 처해 있던 문제점/해결상황을 기술하시오.

4. 가입한 전문협회:

5. 수상내역:

Ⅲ. 조직과 보수

1. 누가 당사의 account를 담당할 것이며, 그의 책무는 무엇이 될 것인가:

2. 회사의 수수료 구조를 간단히 서술하시오:

Ⅳ. 인터뷰, 추천인 접촉 및 현장방문 결과

1. 안내서, 제안서 및 인터뷰에서 가장 마음에 들었던 점과 들지 않았던 점을 각각 세 가지씩 쓰시오:

2. 과거 혹은 현재의 고객들과의 접촉으로부터 얻은 코멘트 중 가장 우호적인 코멘트와 가장 비우호적인 코멘트를 각각 세 가지씩 쓰시오:

3. 프레젠테이션 했던 현 광고캠페인 중 마음에 들었던 것과 들지 않았던 것을 각각 세 가지씩 쓰시오:

제4절 의사소통 및 의사결정 가이드라인

효과적인 팀워크를 위해서는 원활한 의사소통이 필수적이다. 의사결정이 어떻게 이루어지고 소통되는지를 명확하게 이해하는 것도 마찬가지로 중요하다.

개발사는 정기적인 마케팅조정 회의를 위한 일정을 짜야 하고, 모든 마케팅전문가들은 여기에 참석해야 한다. 이런 회의는 보통 한 달에 한 번씩 열리지만, 신규 제품라인 개막식 직전과 같이 중요한 시기에는 더 자주 모일 수 있다. 이런 회의에서 각 전문가들은 업무 진척상황을 보고하고, 문서화된 의제에 따른 검토와 코멘트 및 승인을 위해서 완료된 업무를 발표해야 한다.

많은 개발사들은 신규 프로젝트를 시작할 때 의사소통 가이드라인이나 절차를 정한다. 대개 개발사 측의 직원이나 총괄 마케팅 컨설턴트가 정보조정자의 역할을 담당한다. 이 정보조정자는 정보가 다른 마케팅전문가들에게 원활히 순환되도록 할 책임을 진다.

다음은 마케팅 팀원들 간의 효과적인 의사소통을 보장해줄 가이드라인이다.

- 각 마케팅 팀원에게 모든 팀원들의 이름, 회사, 주소 및 전화번호 목록을 제공해야 한다.
- 기술정보의 교환을 촉진시키고 문제해결을 더 잘 조정하기 위해서 팀원들이 서로 직접 의사소통하도록 장려해야 한다.
- 개발사에게 제출된 모든 서류, 시각자료 및 인쇄자료 사본을 모든 마케팅 팀원들에게 제공해야 한다.
- 모든 시각자료는 프레젠테이션을 위해 표준크기(예컨대, 24인치×30인치)로 제출해야 한다.

개발사는 의사결정을 위한 가이드라인을 설정할 수도 있으며,

업무에 대한 결재는 보통 개발사와 개발팀의 담당자를 통해 이루어진다. 이 담당자는 또한 정보의 원활한 순환을 위해 마케팅 팀원들로부터 모든 정보를 받고 검토하는 업무도 담당한다.

정동 상림원 마케팅활동 계획

부 록

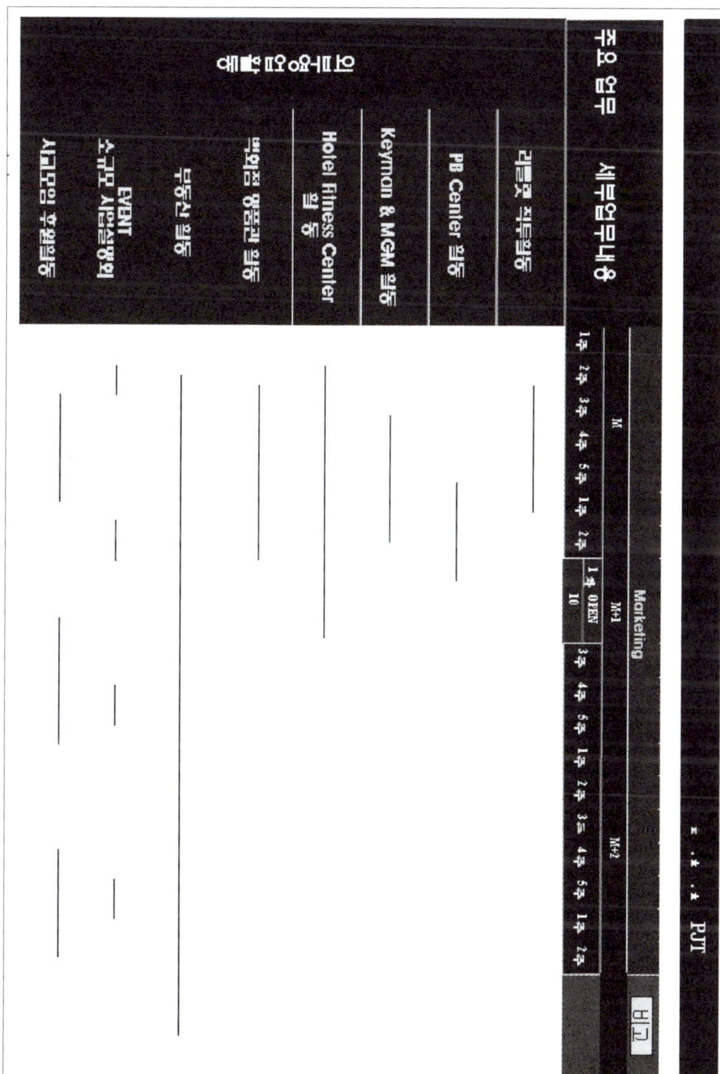

<자료 : (주)CI & D>

참고 문헌 Reference

강병기 · 김용민 · 이국철 · 이창석 공저(2005), 부동산분양대행업, 형설출판사

김민근(2005), 부동산디벨로퍼론, 박영률출판사

김민주(2002), 마케팅 어드벤처, 미래의 창

박상언(2004), 통통 튀는 한국형 부동산마케팅, 무한

서상혁(2003B), 시장수요예측과 시장조사, 한남대학교 출판부

윤훈현(2004) 옮김, 마케팅관리론, 석정

이유재(2004), 서비스마케팅, 학현사

이은석 · 심형석 옮김(2002), 오리야마 카즈히사 지음, 건설 · 부동산 비즈니스 마케팅전략", 박영률출판사

이학식(2004), 마케팅, 법문사

Arnold, Lee E., JR(2004), *Commercial Investment of Real Estate*, South-Western Thomson Learning.

Boyett, Joseph H., Jimmie T. Boyett(2003), *The Guru Guide to Marketing*, John Wiley & Sons, Inc.

Clark, Charles R., David F. Parker and Clark Parker Associates(1989), *Marketing New Homes*, National association of Home Builders.

Cook, Frank((2002), *21 things I wish my broker had told me*, Dearborn.

Cross, Carla(1994), *The Real Estate Agent's Business Planning Guide*, Dearborn.

Hamilton, Dan(2006), *Real Estate Marketing and Sales Essentials*, Thomson South-Western.

Hopkins, Tom(2004), *Mastering the Art of Selling Real Estate*, Portfolio.

Keller, Gary and Dave Jenks and Jay Papasan(2005), *The Millionaire Real Estate Agent*, McGraw-Hill.

Kotler, Philip(2003), *Marketing Management*, 11th edition, Prentice Hall.

Martichoux, Claire(2004), *La promotion des ventes en pratiques, d'Organisation.*

Remley, Jim(2005), *Make Millions selling Real Estate*, Amacom.

Richard, Dan Gooder(2000), *Real Estate Rainmaker*, John Wiley & Sons, Inc.

Richard, Dan Gooder(2004), *Real Estate Rainmaker Guide to Online Marketing*, John Wiley & Sons, Inc.

Schmitz, Adrienne and Deborah L. Brett(2005), *RealEstate Marketing Analysis*, Urban Land Institute.

Stone, Dave(1989), *New Home Marketing*, Dearborn.

Sullivan, Marilyn(2003), *Success as a Real Estate agent*, Alpha.

Zagaris, Michael P.(2005), *The PMZ Way : Strategies of Highly Successful Real Estate agent*, PMZ publishing.

저술후기 : 부동산마케팅의 전략적 방향정립을 위하여

지금까지 부동산마케팅의 원리와 기법에 대하여 서술하였다. 머리말에서 밝힌 바와 같이 부동산마케팅이라는 용어가 아직 그다지 널리 사용되고 있지 않은 상태이고 이를 전문적으로 연구·강의하는 교육기관 또한 많지 않은 상황에서 이 책이 씌어졌다. 특히, 국내의 경우 이러한 특수분야에 관한 마케팅서적은 비단 부동산뿐만 아니라 여러 분야에서 아직 모습을 제대로 드러내지 못하고 있는 실정이다.

부동산마케팅에 관한 이론적 연구나 사례분석 등 지식의 축적이 부족한 상황에서 저자들은 부득이 해외, 특히 미국의 부동산마케팅 관련서적들을 집중적으로 검토하고 프레임을 만든 후 이론과 사례를 서술하였다. 책의 출판을 서두르게 된 배경에는 이와 더불어 출범하는 마케팅연구회 및 연구소의 향후 연구활동과 무관하지 않다. 즉, 테라마케팅(terra marketing)으로 명명된 이 연구조직이 향후 부동산마케팅에 관한 지속적 탐구와 조사연구활동을 통해 내년쯤에는 보다 내용이 풍부하고 현실적으로 매우 유용한 증보판을 만들어 낼 수 있을 것으로 기대된다. 따라서 본서는 그러한 발전을 위한 밑거름으로서의 역할을 할 수 있을 것이다.

저자 세 명 중 두 명이 연구기관과 대학에 오랫동안 근무해온 관계로 단행본보다는 연구논문이나 연구보고서 작성에 익숙하다. 따라서 이 책의 마지막 부분에 결론이나 종합요약을 작성하지 않고 이 책을 마무리하는 것에 대해 뭔가 허전함을 느끼게 되었다. 이러한 연유로 이하에서는 향후 부동산마케팅의 효과적·효율적 전개를 위한 방향을 제시함으로써 이 책의 결론을 대신하고자 한다. 여기서는 큰 방향 내지는 전략적 지향점을 제시하고자 하며, 세부적인 내용은 본서의 관련부분에 이미 서술되어 있거나, 후속연구에서 보다 구체적으로 다룰 것임을 밝혀둔다.

국내 부동산마케팅의 큰 특징 중 하나는 양극화현상이다. 다시 말해, 특정 계층이나 지역의 분양, 매매는 원활한 반면, 기타 지역에서는 장기간 미분양 내지는 거래부족현상이 동시에 일어나고 있다. 이른바 귀족마케팅이라고 불리는 최상급계층 대상 프리미엄 브랜드들은 초고가임에도 불구하고 매우 원활한 분양이 이루어지고 있다. 워낙 리스크가 큰 부동산상품 자체의 특징에서 기인하기는 하지만, 이러한 양극화현상에 따라 비즈니스가 크게 흥하거나 크게 어려움에 봉착하는 사례가 속출하고 있다. 물론 이러한 양극화현상은 개발사, 부동산마케팅 컨설팅기업과 분양대행사들의 전문성 및 역량에 기인하는 바가 크다.

리스크는 미래 불확실성에서 기인하며, 경영학은 이러한 불확실성을 줄여주는 학문이다. 향후 국내부동산 마케팅분야가 좀더 체계적이고 과학적인 연구와 절차탁마가 긴요함은 두말할 나위가 없다. 이하에서는 우선 종합적 접근전략을 제시한 후 마케팅 각론적 전략을 서술한다.

1. 종합적 접근

(1) 최근 마케팅의 추세: 경쟁력을 높이는 방법

부동산마케팅의 향후 전략방향을 논의하기에 앞서 우선 최근 마케팅의 추세에 관해 잠시 논의해보면 다음과 같다.

- **생산·판매 위주 마케팅에서 감지, 반응 위주 마케팅으로**: 생산과 판매를 잘 하기보다 고객의 요구를 확실히 파악하는 일을 마케팅과제화
- **신규 고객확보에서 기존 고객유지로의 포커스 이동**: 거래마케팅에서 관계마케팅으로 전환
- **시장점유율보다 고객점유율 추구**: 동일고객에게 판매할 제품

과 서비스를 더 많이 찾아냄.

- **매스마케팅에서 주문형 마케팅**: 고객 개개인에게 마케팅하는 능력이 중요
- **자산 소유에서 브랜드 소유로**: 생산공장보다는 브랜드 소유, 실물자산 축소, 생산의 아웃소싱
- **현실시장뿐만 아니라 사이버공간 활동 중시**: 인터넷 활용 증대
- **단일채널에서 멀티채널로**: 여러 채널 통해 고객 접근

이상의 내용을 잠시 음미해보면 다음과 같다. 우선 현대마케팅은 더욱더 고객중심으로 그 포커스가 전환되고 있다. 즉, 기존 고객 유지마케팅, 동일 고객집단에 대한 점유율 제고, 대량 맞춤생산(mass customization) 등이 더욱 중요시되고 있다. 또한 브랜드가치 보유의 중요성이 높아지고 있다. 부동산개발, 컨설팅 및 분양 비즈니스에도 핵심역량을 제외하고는 외부조달(전문집단에서 outsourcing)하는 것이 경쟁력을 높이는 길이다. 아울러 사이버시대에 적극 대응하기 위한 인터넷마케팅의 강화, 그리고 멀티채널을 통한 고객접근이 효과를 더 한층 제고할 수 있는 수단이다.

(2) 차별화의 중요성

현명한 기업은 아이디어가 꽃피울 터전을 마련한다는 말이 있다. 부동산 개발사나 컨설팅 및 중개 비즈니스도 학습조직(learning organization)이 되어 마케팅전략과 기법들을 지속적으로 연구개발해야 한다.[1] 지식정보화사회에서는 지속적으로 학습하는 조직이 되지 않으면 결국 생존하지 못함을 인식해야 한다. 평범함의 비애에 대해 어느 대기업의 CEO는 다음과 같이 설파한 바 있다.

1) "우리는 역사 상 지적으로 가장 중요한 순간을 지나고 있다." (매트 리들리)

> 룽지노티 뷔토니(페라리, 북미지사 CEO)는 평범한 상품과 드림(dream) 상품을 구분한 바 있다. 평범한 상품은 맥스웰 하우스, 뉴저지, 카터 등을, 드림상품은 스타벅스, 캘리포니아, 캐네디 등을 예로 들었다. 그에 의하면, 앞의 그룹은 고객의 니즈에 평범하게 대했을 뿐 다른

잘못은 없으나, 뒤의 그룹은 고객의 니즈충족을 훨씬 넘어 꿈에서나 가능할 능력을 제공한다고 한다.

최근 우리나라의 추세를 보면 부동산상품도 서서히 드림비즈의 영역으로 진입하고 있다.

(3) 전략적 접근의 중요성

마케팅과제들은 전술적으로 해결하기보다는 전략적으로 접근해야 한다. 전술적 실패는 복구할 수 있으나, 전략이 실패하거나 부재하는 경우에는 치명적일 수 있다. 다음은 마케팅전략의 실패를 자초하는 잘못된 비결이다.

2) "계속 어제 일만을 생각한다면 더 나은 내일을 맞이할 수 없다." (필립 코틀러)

<전략이 실패하기 위한 비결>[2)]

- 과거 중심의 전략에 충실하라 : 실패하는 기업은 과거시장동향에 반응한다. 그러나 혁신적인 생각을 짜내는 것보다 낡은 생각을 버리는 것이 더 중요하다.
- 마케팅 난타전을 벌여라 : 경쟁기업과 가격전쟁이나 상호 파괴적인 대응은 전략의 부재를 의미한다.
- 명확한 목표의 부재 : 목표들이 있으나 우선순위가 모호한 기업도 많다. 목적지를 모른다면 다른 곳에 도달하기 쉽다.
- 전술에 치중 : 전술에 능하지만 전략이 부족한 기업은 실패하기 쉽다.

<자료 : 필립 코틀러(2003), 마케팅 A to Z, 홍수원 옮김 요약 · 발췌>

2. 각론적 접근

■ 국내 부동산업계의 호황과 불황은 여타 산업과 마찬가지로 거시경제적 · 사회문화적 · 기술적 · 제도적 · 법적 · 정책적 요소 등 거시적 환경의 영향을 받으나, 특히 정부의 정책적 · 제도적 영향을 많이 받고 있다. 따라서 정부의 입법과 규제(legislation and regulation)에 대한 주의 깊은 분석과 예측이 중요하다.

- 국내에서 부동산마케팅과 관련한 이론적 토대가 아직 미흡한 점에 기인하겠지만, 대학 이외의 사회교육기관에서 부동산마케팅 교육프로그램을 운영하는 경우 마케팅학에 관한 심도 있는 접근보다는 부동산 자체, 또는 출시된 부동산의 판매를 중점으로 하는 경향이 많다. 나아가 마케팅을 일종의 분양전술 내지는 일시적 술수 등으로 편협하게 보는 사례들도 흔히 목격된다. 마케팅이란 수많은 임상체험과 이론적 접근을 통해 그 보편타당성과 수미일관성이 입증된 과학적 지식체계이다. 따라서 부동산분야에서도 마케팅의 위치가 정립되어야 할 것이다. 이는 학자들과 산업계 및 사회교육기관의 몫이다.
- 부동산상품 기획을 위한 프로젝트 아이디어 도출단계에서 시작하여 분양 및 사후관리에 이르기까지 전략적 의사결정을 위한 철저한 시장조사가 필수적이다. 국내의 경우 해당 부동산 컨셉트 개발 시 주변도로 유동인구조사, 주변가격조사 등 매우 제한적인 조사를 중심으로 하는 경향이 있다. 체계적이고 종합적인 시장조사 및 수요예측과 비즈니스 가치평가(valuation)가 선행되지 않은 사업은 업종을 불문하고 실패로 이르는 지름길이다.

실패한 신규사업 중 60%는 시장조사만 제대로 했더라도 실패를 방지할 수 있었다는 조사결과가 있다.[3] 아이디어 하나에 고무되어 중요한 부분을 생략·무시한 채 강력한 추진력을 발휘하여 돌격 앞으로!를 외치는 경우가 많다.

3) 바둑을 둘 때 가장 큰 곳보다는 가장 급한 곳을 먼저 두어야 이길 수 있다. 이처럼 시장조사를 우선적으로 실시한 후 전략을 실행해야 한다.

- 부동산마케팅은 사회지향적 마케팅(societal marketing)적 접근을 필요로 한다. 소비자 개개인의 욕구충족뿐만 아니라 환경, 생태, 윤리 등의 문제를 중심으로 커뮤니티 또는 사회 전체의 복지, 공공의 이해 등을 위해 앞장서는 모습을 보여주어야 생존력이 높아지고 아울러 사회적 이미지가 제고된다. 이러한 사회적 책임성(social responsibility)이 최고경영자의 전략적 고

려사항에 포함되어야 한다.

- 부동산마케팅에 메가 마케팅(mega marketing)적 접근이 가미되는 것이 효과적이다. 특히, 해외시장 등 기업의 본거지를 이탈하여 새로운 부동산 프로젝트를 실행할 때 그 지역의 정치, 정책(politics)과 공중관계(public relations)를 기업성장과 연계시키는 방안이 매우 유리하다. 마케팅사례에서 대규모의 시멘트 공장을 건설할 경우 단지 공사납기나 낙찰가 조정보다는 외부전문가 및 관련기관의 협력을 통해 해당지역의 산업과 경제발전에 도움을 줄 수 있는 지원을 추가함으로써 높은 평판과 유리한 입장 확보가 가능한 경우가 많다. 정치, 경제, 사회, 산업 등 거시적 환경변수를 기업의 통제가능변수 혹은 적극적 적응가능변수로 끌어들이는 전략을 구사할 수 있어야 한다.
- 구상 중인 프로젝트의 시장성 분석(marketability analysis)을 위한 시장매력도와 시장역동성 등 차원과 요소별 주안점에 대한 구체적 분석·평가과정이 보다 세밀히 진행되어야 한다. 이러한 분석은 주거용, office용, 상가, 호텔 및 리조트 등 부동산상품 유형별로 구체화되어야 한다. 그 내용으로는 거시경제 분석, 시장 스크리닝, 시장영역 규정, 사업지 선정, 수요와 공급측정 및 경쟁 분석 등이 포함된다. 자료의 수집과 분석과정이 미흡한 반면 결과의 제시는 화려하고 그럴 듯하다면 사업성패가 들쭉날쭉하게 될 것임이 자명하다. 최고경영자는 이러한 과학적이고 정밀한 분석과정을 통한 시장성 예측에 자신의 경험과 직관을 가미하여야 한다.
- 부동산마케팅 전략수립의 과정에서 제품·시장의 정의와 함께 시장세분화, 표적화 및 포지셔닝의 과정이 반드시 진행되어야 한다. 여기에는 최적의 표적고객시장설정을 위한 시장세분화와 표적시장의 라이프스타일 변화, 목표사업지 내 경쟁사별 포지셔닝 현황 및 이미지 분석 등이 필수적이다. 건설사나 해당 부동산이 경쟁제품과 확연히 구별되고 강력한 이미지를

구축하기 위한 포지셔닝 구축이 대폭 강화되어야 한다.

- 국내 부동산들의 브랜드를 보면 차별화가 매우 미흡하다. 초고급형 주거지역임을 강조하기 위해 천편일률적으로 궁전(팰리스)이나 왕(로얄), 아니면 성(캐슬)의 이름을 넣는 최고급 컨셉트와 함께 환경, 첨단 등 주제가 제한적이어서 상호 구별이 잘 안 된다. 아울러 그 의미를 잘 알 수 없고, 따라서 기억하기에 어려운 명칭도 많다. 제품의 특성을 반영하며 기억하고 발음하기 좋은 참신한 명칭이어야 한다. 아울러 현대의 소비자 라이프스타일을 반영하여 단순히 주거공간으로서의 편리함이나 성취자의 자기과시보다는 꿈과 낭만이 삶속에 스며들어 있는 듯한 명칭을 부여하는 branding 전략이 필요하다.[4]
- 부동산의 가격전략은 현재 일부시장에서 가격-품질연상(price-quality association)에 의한 고가전략(high pricing)이 잘 적용되는 반면, 지자체의 분양가승인제도로 인해 제한적이기는 하나, 일반적인 마케팅전략 상의 가격결정유형 중 경쟁중심법, 원가중심법, 수요중심법 등이 혼용되는 양상을 보인다. 가격설정은 부동산뿐만 아니라 비즈니스실무 전반에서 매우 어려운 과제이며 기업의 수익창출에 가장 직접적인 영향을 미친다. 일부에서는 헤도닉모형 등 통계적 분석을 통한 가격설정모형을 연구하고 이를 활용하고 있으나, 가격영향변수들의 상관계수는 지역별, 상황별로 상이하므로 일반화시키기 어렵다는 점을 유의해야 한다. 본서의 내용에 가격전술로서 사용하는 다양한 기법들을 사용해 볼 필요가 있다.
- 부동산상품의 유통은 직접유통보다는 간접유통, 즉 분양대행사나 중개사 활용형태가 지배적이다. 부동산의 원활한 유통을 위해서는 고객의 DB화와 CRM을 통한 관계관리가 우선적인 과제이다. 아울러 능력 있는 브로커의 육성과 활용극대화를 위한 인센티브관리, 유통구조의 고도화를 위한 부동산유형별 유통효율 분석 등을 통해 최적의 경로관리전략을 모색하는 것이 현시점에서 매우 중요한 과제이다.

4) "친애하는 여러분, 내가 시키는 일 한 가지만 하면 내가 여러분의 성공을 보장하겠다. 일터에서 '상품'과 '서비스'라는 단어를 완전히 없애라. 혹시 이런 단어가 목구멍까지 올라오면 '경험'이나 '꿈'이라는 단어로 바꿔서 사용하라."(톰 피터스)

저자소개

서상혁

서울대학교 대학원 졸 경영학 석사, 프랑스 그레노블대학원 경영학 DEA 및 경영학 박사

현재, 호서대학교 교수, 테라마케팅연구회장, 한국기업기술가치평가협회 회장

현대사회연구소 연구원, 프랑스 ESA(고등경영대학원) 연구원, 산업연구원 연구원, 산업기술평가원 연구위원, 정책조사단장, 산업자원부 지역특화자문위원, 건설교통부 기업도시선정위원, 혁신분과위원장, 국가균형발전위원회 지역혁신 우수사례 심사 및 편집위원장. 전국전략산업기획단 심사위원(장) 등 역임.

〈저서〉

국내외 첨단산업단지의 현황조사 및 비교분석(2003), 21세기 유망산업기술 발전전략과 과제(2000), 기술마케팅 핸드북(2005), 혁신코리아－기반을 다진다(2005) 등

고종욱

서울대학교 대학원 졸 사회학 석사, 아이오와대학교 사회학 박사

현재, 안양대학교 도시행정학과장, 테라마케팅연구소 연구위원

안양대학교 문리과학대학장 역임, 중부대학교 학생처장, 강화군 도시계획위원, 강화군 투·융자 심사위원, 국가균형발전위원회 지역혁신 우수사례 및 편집위원, 산업자원부 RIS우수사례 평가 및 편찬위원

〈저서〉

현대조직론(번역서), 한울(2000)

SPSS 10.0과 경영조사방법론의 이해, 학현사(2004) 등 공동저자

이선영

이화여자대학교 사범대학원 졸 교육학 석사

현재, 하늘부동산컨설팅 대표, 테라마케팅연구회 부회장, (주)인탑 상무이사, 인탑부동산경제연구소 소장

(주)컨텐츠코리아 대표이사 및 여성정보화포럼대표 역임

안양 포스빌 분양컨설팅, 이문동 KCC 주상복합 분양컨설팅, 대구 범어동 주상복합아파트 개발컨설팅, 부산시 연산동 주상복합개발 개발컨설팅, 평택 팽성 외국인을 위한 레지던스빌라 분양컨설팅, 성북동 성북명가 분양컨설팅, 주상복합아파트 및 오피스, 빌딩 등 다수 중개 거래

〈저서〉

멀티미디어컨텐츠기획(1999), 영진출판사

인터넷정보검색사(1998), 박영사 교재집필위원 등

부동산마케팅 — 전략과 기법

저 자 서상혁 · 고종욱 · 이선영
발행자 한 헌 주
발행처 도서출판 경문사
서울특별시 종로구 평동 19번지
전화 738-7035 / FAX. 722-4678
E-mail : kmsp@korea.com
홈페이지 : http://www.kmsp.co.kr
등 록 1995년 11월 9일 제7-149호
2006년 8월 15일 초판발행
2007년 3월 15일 초판2쇄발행

• 정가 20,000원

ISBN 89-420-0133-5 93320